冢木鸟文丛(2024)

文化艺术的管理逻辑

马 健 著

中国文联出版社

图书在版编目（CIP）数据

文化艺术的管理逻辑 / 马健著 . -- 北京：中国文联出版社，2025.5. -- （啄木鸟文丛）. -- ISBN 978-7-5190-5834-0

Ⅰ . G123

中国国家版本馆 CIP 数据核字第 2025XS5167 号

作　　者	马　健
责任编辑	赵小慧
责任校对	秀点校对
封面设计	孔未帅

出版发行	中国文联出版社有限公司
社　　址	北京市朝阳区农展馆南里 10 号　　邮编：100125
电　　话	010-85923025（发行部）　　010-85923092（总编室）
经　　销	全国新华书店等
印　　刷	廊坊佰利得印刷有限公司
开　　本	880 毫米 ×1230 毫米　1/32
印　　张	11.375
字　　数	284 千字
版　　次	2025 年 5 月第 1 版第 1 次印刷
定　　价	78.00 元

版权所有・侵权必究

如有印装质量问题，请与本社发行部联系调换

2024年《啄木鸟文丛——文艺评论家作品集》编委会

主　编　　徐粤春

副主编　　袁正领

编　辑　　都　布　　王庭戡　　何　美　　张利国

　　　　　　陶　璐　　陈　思　　杨　婧　　蔡　明

　　　　　　艾超南　　薛迎辉

总　序

　　文艺评论是党领导文艺工作的重要手段和方式，是社会主义文艺事业的重要组成部分，是引导创作、推出精品、提高审美、引领风尚的重要力量。中国文艺评论家协会（以下简称"中国评协"）作为文艺评论界的桥梁和纽带，在团结引领文艺评论组织和人才队伍建设、繁荣发展社会主义文艺事业方面肩负重要职责。重任在肩，使命光荣。近年来，中国评协在习近平新时代中国特色社会主义思想特别是习近平文化思想的指引下，紧紧围绕学习贯彻党的二十届三中全会精神、习近平总书记关于文艺工作重要论述特别是关于文艺评论的指示批示精神，以落细落实中宣部等五部门《关于加强新时代文艺评论工作的指导意见》和中国文联《加强新时代文艺评论工作实施方案》为重点，坚持以人民为中心的创作导向，坚持出成果和出人才相结合、抓作品和抓环境相贯通，聚焦"做人的工作"与"引导文艺创作"两大核心任务，锚定中国文艺评论正面、坚定、稳重、理性的正大气象，建体系、强制度、树品牌、立标杆、展形象，在理论建设、示范引领、人才培养、行业评价、平台阵地等方面取得明显成效。我们欣喜地看到，在习近平文化思想的引领下，一支组织有力、架构完整、门类齐全、规模可观的文艺评论人才队伍正在茁壮成长。

为进一步提升中国评协会员服务能力和水平，坚持出成果、出人才、出思想协同发展，激励文艺评论工作者发扬"啄木鸟"精神，涵养褒优贬劣、激浊扬清的品格，经中国文联批准，中国评协、中国文联文艺评论中心、中国文联出版社于 2023 年联合启动《啄木鸟文丛——文艺评论家作品集》（以下简称《文丛》）出版计划，被评论家们誉为"暖心工程"，期待"加强引导引领，不断向上向好"。首批有 10 部作品集列入出版计划，如《以中华美学精神的名义》《高扬以人民为中心的文艺评论导向》《曲艺的嫁衣给谁穿》《云游于艺：网络时代的文艺评论》等，覆盖文学、戏剧、影视、美术、曲艺、书法等多个艺术门类，还包括网络文艺这一新类型，推出后受到广泛好评。2024 年是《文丛》出版计划推进的第二年，《文丛》得到中国文学艺术基金会的资助。面向中国评协会员征集作品，经资格审查、专家评审、会议研究、公示等程序，最终确定 10 部作品集纳入 2024《文丛》，涵盖文学、戏剧、影视、美术、舞蹈、摄影、书法等多个艺术门类，还包括文艺理论、文化产业等领域。作者多为长期活跃于业界的优秀文艺评论家，他们学术视野宽广、理论功底扎实、治学态度严谨、艺术洞察力精准，在各自领域内具有较好的专业声望和行业影响力。相信 2024《文丛》的出版将会有力促进作者学术研究与专业评论的双向互动，持续赋能文艺评论界乃至文艺评论事业的发展，更是对新时代文艺理论与实践探索的有力呼应。

此次《文丛》出版，得到各单位的积极推荐、中国评协会员的踊跃申报，体现了广大文艺评论工作者对于强化文艺理论评论建设的主体意识和切实履行文艺评论使命的专业素养。收入 2024《文丛》的 10 部作品集具有以下共性特征：一是突出主流价值引导，坚定正确评论方向。作者们坚持以马克思主义文艺理论指导学术研究和评论实践，注重同中华优秀传统文化相结合，传承和弘扬中华美学精神，致力于中华优秀传统文化的创造性转化和创新性发展。二是紧跟新时代步伐，聚焦行业发展实践。《文丛》的作者们关注当下的艺术探索和行业现状，立足作品与现象，注重发挥文艺评论的价值引导、精神引领和审美启迪作用，彰显实践品格。三是评论有力有效，论述专业权威。《文丛》所收作品集尊重学术民主、遵循艺术规律、体现多元审美，注重开展建设性文艺评论，坚持以理立论、以理服人，努力营造百家争鸣的学术氛围和评论生态。四是文章文质兼美，文风雅正质朴。积极回应了中国文艺评论家协会发出的"转作风、改文风、树新风"倡议。总之，《文丛》的出版，集中展示优秀文艺评论工作者的评论成果，有助于推动构建理论扎实、多元共生的新时代中国文艺评论话语体系。我们期待《文丛》的作者队伍继续壮大，涌现更多文艺评论工作者。

《文丛》出版工作得到中国文联党组的有力指导，也得益于中国文联文艺评论中心、中国文联出版社的通力合作。同时，也要感谢中国评协各团体会员、各专业委员会等积极推荐，感谢踊跃申报的中国评协会员，以及为书稿的征集、评审和出版付出辛劳的专家和工作人员。希望以《文丛》出版为契机，在习近平文化思想引领下，会聚更多优秀文艺评论人才，推出更多文艺评论佳作，推动新时代新征程文艺评论事业高质量发展。

是为序。

夏　潮

2025年3月

序 一

不久前马健告诉我，他的文集《文化艺术的管理逻辑》入选"啄木鸟文丛"，将由中国文联出版社出版，想请我为该书作序。我与马健相识十多年了，他参与了我担任负责人的国家社科基金艺术学项目"艺术品鉴证体系建构与产业发展模式研究"，在对中国艺术品鉴证及其生态环境的调研中，尤其是面对艺术管理领域中的复杂现象、艺术认知层面的逻辑关系混乱问题，我愿意与他交流彼此的观察与思考，即使这些观察与思考酝酿着现实中的一场新挑战，我们也愿意为中国文化艺术生态环境新格局而尽己之力。如今马健汇总其文化艺术管理研究成果，并在逻辑思考层面归纳编缀成书，我由衷地愿为其新著作序。

中国文化艺术历史悠久，遗产丰厚，其生存、发展、兴衰、演变一直受到文化、科技、政治、经济、教育以及自然、地理等诸多因素的制约与影响。我们因辉煌的古典文化艺术而骄傲，又因其繁荣的当代新格局而充满文化自信，同时我们也关注到，当下的文化艺术认知与管理层面尚存着种种不合情理的混乱现象，而且某些令人担忧的严重问题往往背后隐藏着众多复杂的因素。如果我们将这一切置于现代化、市场化、数字化语境下思考，文化艺术管理领域的繁荣与混乱并存，正是这个历史时期的必然现象和重要特征！因此，我们身处这样一个文化艺术生态环境中,就必须从创作、流传、认知、管理四个层面共同推进,缺一不可。由于文化艺术管理层面存在的问题较多,如何让管理体系跟得上创作、流传、认知体系的需求,就要更加注重文化艺术管理专业水平的提高,更加重视在文化艺术管理行业中发现问题、研究问题,这就必然需要集合逻辑严密、观点明确、立场鲜明的有识之士组建团队,从而形成理论引导与文艺评论监督所应有的战斗力、说服力、影响力。马健就是这些有识之士中的一员,而且他还是一位现实敏感度高、问题意识强、逻辑思维严密的快手,其论文与专著不仅高产,而且具有现实意义和学术价值。新著《文化艺术的管理逻辑》是马健长期从事学术研究与积累的力作,所以我愿在此序言中向广大读者推荐马健,并对其新著及文风有所点评。

一、敢于直面问题,文章言之有物,且不乏尖锐性观点

马健的文章直面文艺与人民、文艺与社会、文艺与市场等现实问题,不远离生活、不脱离实际、不自说自话。他的《精神食粮的"食品安全"与文化企业的"双效统一"》针对中国文化市场的娱乐至上、唯市场化等不良文艺现象,提出制定精神食粮的"食品安全"标准、守住文化产品生产的"环保底线",区分名义社会效益和实际社会效益、防止社会效益的"挡箭牌效应"等对策建议。他所提出的名义社会效益和实际社会效益的概念及其划分方式,不仅颇具创新价值,而且不乏现实意义。他的《文化产业监管政策需设"缓冲期"》针对团队合作完成并已公开发售的文化产品,仅仅由于个别主创人员的个人问题就被否定、被封杀的文艺管理现象,指出这种不可预期的文化产业监管政策波动,不仅造成了文化产业投资者或企业家的焦虑感,而且对文化企业产生了难以预料的突发性冲击,非常不利于文化产业整体

实力的提升和现代文化市场体系的建设，并提出通过设置文化产业监管政策执行的"缓冲期"，给相关文化企业提供一定时间的政策"消化期"，从而尽可能减少因文化产业监管政策的随机性调整所带来的政策性风险。他的《谁来分蛋糕很重要》在国家艺术基金成立之初就敏锐地注意到谁来分蛋糕、怎么分蛋糕、没分好咋办等一系列可能出现的问题，并明确提出：在专家委员会的遴选上，必须考虑艺术创作的特殊规律，坚决打破以体制内专家为主的固有观念和操作方式，无歧视地吸收持不同艺术观念和立场的体制外专家和艺术家；在基金项目结项时，不妨由立项年度的项目竞争对手来参与评价并赋予一定的权重——"竞争对手服，那才是真服"等。

二、具备批评精神，往往切中肯綮，且不乏准确性研判

马健的文章具有"剜烂苹果"的批评精神，敢于向各种不良文艺现象、思潮、行为表明态度，敢于在大是大非问题上表明立场。他的《当代艺术的中国式"镀金"闹剧》针对中国艺术家从第55届威尼斯双年展开始的大规模"镀金"现象，特别是中国艺术家扎堆"占领"肯尼亚国家馆的荒唐现象，尖锐地批评了某些艺术家所主张的"用一种新的殖民来反抗旧的殖民"的不良文艺思潮，并深刻地指出，"这种通过资本的力量来剥夺肯尼亚艺术家参展权的所谓'反抗'，只不过是在以一种极其恶劣的方式延续西方中心主义的旧殖民主义格局"。他的《"做价"：艺术品市场的暗流》不仅批评了贾蔼力油画作品涉嫌"做局假拍"的不良文艺现象，而且提出拍卖人必须严格把关，严禁委托人与拍卖人的合谋"演出"，中国拍卖行业协会也应定期全面公布艺术品拍卖的结算情况，通过"吹牛要交足费和纳够税"来提高"做价"的成本，从而减少"做价"现象等应对之策。

三、说理深刻透辟，读之令人信服，且不乏建设性意见

马健的文章往往秉持客观理性的精神，用足眼力、脑力、笔力研究"真问题"，在掌握问题背后的特点和规律的基础上进行善意的、诚恳的、建设性的批评。他的《应适时叫停文交所邮币卡电子盘交易》在深入分析各地文交所的邮币卡电子盘交易乱象后提出，基于防范金融风险、规范市场秩序和维护社会稳定的目的，政府主管部门应该在尽量确保中小投资者利益的前提下，设计出渐进式时间表，适时全面叫停文交所邮币卡电子盘交易。此后，由中国证监会牵头的清理整顿各类交易场所部际联席会议办公室也明确将邮币卡电子盘交易定性为"涉嫌违法违规"，并要求"限期停止邮币卡等违规交易"。他的《扶持地方画派不宜纳入发展规划》从借助行政力量扶持地方画派不符合艺术规律、有公器私用之嫌、容易影响安定团结三方面，论证了为何不宜借助行政力量扶持地方画派的问题。针对个别美术界人士和个别文化官员扶持画派的违背艺术规律之举，马健提出了扶持地方画派不宜纳入发展规划的建议。有关部门认真听取了马健等专家学者的建议后，尊重专业规律与管理逻辑，做出了相关决定。他的《天府文化强县：为文化强省先行探路》针对四川省文化建设和旅游发展必须"两手都要抓，两手都要硬"的问题，提出了聚力"县域"主战场、建设文化强县的建议，对四川省及其他省（自治区、直辖市）的文化建设都具有积极的参考价值，正所谓"郡县治，天下安"（《前汉纪》），县域强（文化强县），则国家强（文化强国）。此建议得到了中共四川省委宣传部领导的重视，并给予了肯定性批示。随后四川省文旅厅领导组织召开了专题研讨会，进行了可行性论证。

总之，《文化艺术的管理逻辑》是一本拥有学术价值与现实意义的好书，为了加强我国的文化艺术管理工作，提升大众对文化艺术领域的认

知，我建议大家仔细阅读，同时对马健的论著提出宝贵意见。因为理论建构是需要与时俱进不断深入研究的，通过一次次修正才能逐步达到精准而完美。我祝贺马健的新书顺利出版，并期待马健取得更大的进步！

是为序。

尹 毅

2024年9月18日于北京

[作者简介：尹毅，中国艺术科技研究所学术委员会主任，中国艺术研究院特聘研究员，（全国政协办公厅主管智库）丝路规划研究中心副理事长兼艺术发展智库总召集人]

序 二

马健博士出版文集，可喜可贺。文集汇集了马健博士在2013年到2023年期间发表的文章，这段时间正是文化体制改革进入第二个十年、各种理念和矛盾碰撞激烈的关键时期，马健博士直面问题，真研究问题、研究真问题，提出了许多很有价值的学术观点和政策建议。马健博士邀我写序，我想就文集中所涉及的几件事情谈些想法，权当算是读后感，因为这些事件都是我亲身经历过的，也算是作补充。

第一件事：关于叫停文交所邮币卡交易。2015年，马健博士在《上海证券报》发表的《应适时叫停文交所邮币卡电子盘交易》文章，发出了"极易引发系统性和区域性金融风险"的警示，对中央相关部门清理整顿交易场所提供了学理支撑。文交所是文化体制改革的产物，设立的初衷是建立文化要素市场，考虑到文交所的金融属性，全国性文交所只明确上海和深圳两家。各地积极性很高、纷纷仿效，全国先后设立了多家，先是搞艺术品份额化，之后搞邮币卡交易。老实讲，文交所的运行既脱离了要素市场的定位，也脱离了为文化产业服务的轨道，脱实向虚、急功近利的倾向非常明显。马健博士作为学者，敏锐洞察文交所运行过程中的严重风险，不随波逐流，是知识分子风骨的体现，精神可嘉。

第二件事：关于文化立法滞后。2015年，马健博士在《中国文化报》发表的《文化产业监管政策需设"缓冲期"》文章，对文化产业领域立法滞后所引起的文化企业监管系统性风险做出鞭辟入里的剖析。作为曾经牵头起草《文化产业促进法（草案）》的当事人，我深有同感。文化产业是新兴产业，也跟农业一样属于弱质产业，迫切需要国家呵护、政府爱护、政策保护，更需要投入各类生产要素。对文化产业的要素投入、对文化企业的资本投资，最看重的是预期，投资者对投资回报要有合理预期，文化产业和文化企业的投资预期，最突出的就是政策。政策不稳定，预期就不确定，投资者就望而却步。基于上述理念，我们把《文化产业促进法（草案）》定位于促进，立足于稳定预期，侧重于各种激励。

  第三件事：关于社会效益与经济效益相统一。2017年，《美术观察》第12期刊发马健博士《精神食粮的"食品安全"与文化企业的"双效统一"》文章，文章绘制出了文化企业的社会效益与经济效益关系演示图，提出了文化企业实现"双效统一"目标的三条建议。我对马健博士提出的一个观点非常认同，即区分名义社会效益和实际社会效益，防止社会效益的"挡箭牌效应"。我一直觉得社会效益与经济效益是对立统一的关系，二者首先是统一的，没有经济效益，就没有社会效益；二者又是对立的，经济效益不错，但可能社会效益糟糕。应当说，经济效益与社会效益相统一是常态，这是文化产业从业者的职业操守。但不能否认，二者也会发生矛盾，甚至会产生冲突。政府、政策的职责，就是当二者不一致时，对文化企业放弃经济效益、追求社会效益做出一定的经济补偿。2021年，我们在起草国有文化企业深化改革加快发展文件时，就把重点集中在激励文化企业如何在二者不一致时保社会效益上。文化体制改革20余年的实践证明，当强调二者统一的时候，改革就顺利；当强调二者对立的时候，"挡箭牌效应"就显现，改革就会放慢脚步。

第四件事：关于以新供给创造新需求。2017年，马健博士在《从供给侧释放文化经济活力》(《人文天下》2017年第3期)中表示，中央高层对"供给侧结构性改革"密集发声，不仅拉开了"供给侧改革"的大幕，也为新时期的文化经济发展指明了方向，那就是从供给侧发力释放文化经济活力，进而推动文化产业成为国民经济的支柱性产业。我非常赞同马健博士的观点和论证，尤其对"有效内供不足的结果就是外供占领了市场和阵地"的提法，高度认同和赞赏。在供给与需求这对矛盾中，供给不足是矛盾的主要方面，特别是2020年突如其来的新冠疫情，线下文化活动处于停摆状态，线上的数字化文化产品和服务供给不足的问题暴露无遗，加剧了供给与需求的不平衡状况，加快发展文化数字化生产力已经刻不容缓，宣传思想文化战线对新质生产力的理解更深刻。

马健博士的文集涉猎范围很广泛，特别是对艺术品交易、艺术品金融、学科建设、文化遗产保护等领域的研究很深入，我对这些领域的了解不太多，就留给行家们评说。

这本文集是马健博士多年学术探索、实践洞察的结晶，凝结了他的心血，为文化改革发展提供了学理支撑，我愿意向大家推荐。期待马健博士继续弘扬敢为人先的探索精神，提出更多振聋发聩的观点，为社会主义文化强国建设献计献策。

高书生

2024年9月18日于北京

（作者简介：高书生，中共中央宣传部巡视组组长，中共中央宣传部原文化体制改革和发展办公室副主任、一级巡视员，中央文化企业国有资产监督管理领导小组办公室原副主任）

目录

壹 建设社会主义文化强国

新型城镇化的文"化"之道 / 3

综合国力的冰山模型
　　——以文化类因素为基础的综合国力系统分析框架 / 14

区域文化品牌建设路径 / 24

中国文化产业理论研究：回顾与展望 / 29

论文化权 / 42

文化产业管理专业的学科归属与专业设置 / 52

天府文化强县：为文化强省先行探路 / 66

贰 繁荣发展社会主义文艺

谁来分蛋糕很重要 / 73

书法之"名"与作品定价 / 75

当代艺术的中国式"镀金"闹剧 / 80

大互联时代的策展新思维 / 83

美术评论的时代需求与有效供给 / 87

国家艺术基金与青年油画创作 / 100

扶持地方画派不宜纳入发展规划 / 103

叁 深化文化体制改革

文交所交易模式创新难,如何破 / 109

文化产业监管政策需设"缓冲期" / 112

应适时叫停文交所邮币卡电子盘交易 / 114

小微文化企业:不可等量齐观的"毛细血管" / 117

精神食粮的"食品安全"与文化企业的"双效统一" / 121

"新规"之后的艺术品私募基金走向何方 / 127

如何从"金融险区"变身为"投资福地"

——中国艺术品金融化的问题与对策 / 131

国有画院的改革逻辑 / 135

设立成渝城市群文化体制改革与文化产业创新试验区的

战略构想:问题、定位与任务 / 139

文化人才政策的"三重三轻"问题与文创家群体的"有实

无名"现象 / 144

肆 完善公共文化服务体系

以鉴证备案　防偷梁换柱 / 157

以文化扶贫助力民族地区脱贫攻坚 / 160

民族地区基本公共文化服务供需状况研究
　　——来自凉山彝族自治州德昌县H镇的调查 / 163

伍 健全现代文化产业体系

调整行情是难得的买入良机 / 187

艺术品信托：无信何以托 / 190

中国艺术品拍卖市场呈三分之态 / 194

中国艺术金融的野蛮生长 / 197

中国拍卖20年 / 201

"艺术银行"的名目和前景 / 208

艺术品质押贷款支持证券初探 / 211

中国艺术品市场的"新常态" / 215

一家艺术品投资理财公司的倒掉 / 218

艺术品P2P网贷平台的隐忧 / 223

我国艺术品质押典当模式研究 / 227

多层面发挥文交所交易平台功能 / 236

特色文化产业发展的误区与应对 / 239

"做价"：艺术品市场的暗流 / 243

艺术品市场的新常态与中国梦 / 246

如何运作艺术品质押融资 / 252

深耕与前行：艺术品市场亟待转型 / 257

艺术品质押融资：如何因应风险 / 262

困局中的艺博会：艺术品，该怎么卖 / 267

艺术品质押融资的瓶颈与突破 / 271

艺术品电子商务：亟待找准平台位置 / 275

艺术金融学论纲 / 288

从供给侧释放文化经济活力 / 299

中国艺术品市场的特点及趋势 / 304

理性研判艺术品市场数据 / 309

陆 加大文物和文化遗产保护力度

为"既收也卖"正名刻不容缓
——收藏与市场新论 / 319

《功甫帖》真伪之争的社会学思考 / 327

高价回购绝非良策
——流失文物回归的经济学分析 / 332

后　记 / 337

壹 建设社会主义文化强国

新型城镇化的文"化"之道

自从党的十八大提出:"坚持走中国特色新型工业化、信息化、城镇化、农业现代化道路,推动信息化和工业化深度融合、工业化和城镇化良性互动、城镇化和农业现代化相互协调,促进工业化、信息化、城镇化、农业现代化同步发展。"[1]城镇化迅速成为一个全社会关注的热点话题。据不完全统计,仅仅在2013年"两会"期间,关于城镇化的建议和提案就超过了500件。[2]从党的十八大以来的研究状况而言,社会各界关于城镇化的探讨主要集中于四个方面:一是从以人为本的视角、城乡建设的视角、农民市民化的视角、农村发展的视角以及综合的视角对新型城镇化内涵和特征的研究。二是关于如何正确看待城镇化作用的研究。在这个问题上,学术界存在不小的分歧。有人认为,城镇化不仅会创造消费需求,而且会带来投资需求。也有人认为,城镇化主要拉动的是消费,而非投资。还有人认为,不宜夸大城镇化对经济的拉动作用。三是从优化城镇体系结构、城乡共荣发展、强化社

---

[1] 胡锦涛:《坚定不移沿着中国特色社会主义道路前进 为全面建成小康社会而奋斗——在中国共产党第十八次全国代表大会上的报告(2012年11月8日)》,《人民日报》2012年11月18日,第2版。

[2] 新华社:《李克强总理等会见采访两会的中外记者并回答提问》,《人民日报》2013年3月18日,第2版。

会管理、加快城镇化转型和实行多元化模式等不同视角对新型城镇化战略取向的研究。四是从土地制度改革、社会保障制度改革和行政体制改革等角度对如何稳步有序推进市民化进程的研究。[1] 本文则试图从文"化"的角度来探讨新型城镇化应该如何"化"的问题。

一、以文化人：从农民到市民的转化

所谓新型城镇化，既是一个学术概念，更是一个实践问题。根据中国（海南）改革发展研究院主办的"新型城镇化：发展与转型研讨会"与会专家达成的共识，新型城镇化就是"以现代化为目标，以人的城镇化为核心，以市场运作为主导，以内外需为牵引，以创新要素为驱动，以内涵增长为重点，以适度聚集为原则，三化互动，实现低成本、高收益，促进城乡经济、社会、环境全面协调可持续发展的城镇化"[2]。国务院原总理李克强在2013年"两会"期间回答新华社记者提问时也明确指出："我们强调的新型城镇化，是以人为核心的城镇化。"[3]

在以人为核心的新型城镇化进程中，从农民到市民的转化，既是生产方式的转化，更是生活方式的转化。前者主要是经济问题，后者则主要是文化问题。从这个角度来看，如果说新型城镇化的核心是人，那么，以产引人和以文化人就是新型城镇化的两翼。值得注意的是，对于成年人而言，生活方式的转化难度实际上要远远大于生产方式的

---

1 魏后凯：《党的十八大以来社会各界关于城镇化的主要观点》，《经济研究参考》2013年第14期。
2 甘露、马振涛：《新型城镇化的核心是人的城镇化——"新型城镇化：发展与转型研讨会"述要》，《人民日报》2012年10月29日，第23版。
3 新华社：《李克强总理等会见采访两会的中外记者并回答提问》，《人民日报》2013年3月18日，第2版。

转化难度。举例来说，在南京市江宁区淳化镇（现为淳化街道），虽然一些农民已经几乎整村地搬进了城市型公寓，但家中的摆设依然是"农舍式"的。那些年龄在五六十岁以上的农民住进现代公寓后，很多都表示自己"找不到了平衡的感觉，总想找一块空地再种点什么！"[1]这意味着，尽管根植于传统农业基础上的农耕劳作方式和农村生活方式同建立在现代工业基础上的工业劳动方式和城市生活方式之间都存在极大的差异，然而，在新型城镇化进程中，生产方式的工业化相对容易实现，生活方式的市民化却要困难和漫长得多。因为后者主要是包括价值观念的认同、文化心理的转变和社会关系的重构等内容在内的刚性较大的生活方式的缓慢接受和逐渐适应过程。

正如劳伦斯·珀文（Lawrence Pervin）所说："文化通过我们认为可接受的合适的社会行为标准影响着我们与他人的交往方式。"[2]我们尽管未必会意识到"日用而不知"的文化对自己的重要影响，然而，就像水中的鱼在离开水之前意识不到水的重要性，天上的鸟在窒息之前意识不到空气的重要性。文化对人类生活方式的影响也是隐性而强大的。[3]在从农民到市民的生活方式的转化过程中，文化发挥着化人无声的重要作用。

1　扈海鹂：《变动中的生活方式：理解与反思》，《学习时报》2006年3月13日，《党校教育专刊》第148期。

2　[美]L. A. 珀文：《人格科学》，周榕等译，上海：华东师范大学出版社，2001年，第473页。

3　美国人类学家拉尔夫·林顿（Ralph Linton）甚至认为，文化就是指"任何社会的整体生活方式，而不单是指那些被社会认为是比较高级或更有价值的生活方式"。参见[美]拉尔夫·林顿《人格的文化背景》，于闽梅、陈学晶译，桂林：广西师范大学出版社，2007年，第28页。

二、文化安民：保护文化生态是前提

如果我们将中国文化产业划分为以农耕文明为基础的传统文化产业形态、以工业文明为基础的现代文化产业形态和以信息文明为基础的后现代文化产业形态，[1]那么，新型城镇化所面临的首要文化问题，显然并非城镇文化建设问题，而是文化生态保护问题。因为在新型城镇化进程中，物质文化遗产的不可逆破坏、非物质文化遗产的传承困境，以及文化多样性的减少，都是难以回避的重大文化问题。从某种意义上讲，文化生态保护既是新型城镇化的前提，也是文化安民的基础。

就物质文化遗产的保护而言，虽然《中华人民共和国文物保护法》(2013年)第二十九条明确规定："进行大型基本建设工程，建设单位应当事先报请省、自治区、直辖市人民政府文物行政部门组织从事考古发掘的单位在工程范围内有可能埋藏文物的地方进行考古调查、勘探。"但从城市建设中的物质文化遗产保护来看，情况却很不令人乐观。据北京市文物研究所的不完全统计，在2004年至2006年间，北京市约有3万项建设工程，但经过考古发掘的仅有239项，所占比例不到1%。其中，建设单位在工程开工前主动要求文物部门进行考古勘探发掘的只有60项，所占比例仅为0.2%左右。[2]在国家法律已有明文规定的前提下，在所谓"首善之区"尚且出现如此严重的问题，中小城镇和广大农村地区的严峻形势就可想而知了。在这样的大背景下，各级政府必须对新型城镇化进程中的物质文化遗产保护问题给予高度重视和密切关注，并拿出切实可行的物质文化遗产保护方案，才有可能在一定程度上避免城镇化进程对物质文化遗产的不可逆破坏。

---

1 胡惠林：《推动文化产业合规律跨越发展》，《解放日报》2011年10月26日，第13版。
2 刘修兵：《地下文物在呻吟》，《中国文化报》2008年10月18日，第2版。

就非物质文化遗产的保护而言，情况同样不容乐观。举例来说，在20世纪50年代，中国的戏曲剧种有368个。到了20世纪80年代初，已减少至317个，年均减少不到2个。到了2005年，中国的戏曲剧种进一步减少至267个，年均减少2个左右。其中，有一半剧种完全是由业余剧团在演，个别剧种甚至只有"天下第一团"在演。[1] 随着城镇化进程的加快，假如不能引起足够重视的话，消失剧种和濒危剧种数量还会大大增加。事实上，作为一个历史悠久的传统农业大国，中国的文化样态深植于农耕文明，中国的非物质文化遗产大部分都在农村。虽然截至2013年10月，住建部、文化部和财政部已经命名了两批共计1561个中国传统村落，并建立了国家级的《中国传统村落名录》，但这一数字还远远不够。在2012年4月开展的第一次全国性传统村落摸底调查中，全国各地共上报了1.2万多个传统村落，占全国行政村总数的1.9%和自然村落的0.5%。[2] 根据专家的估计，具有较高保护价值的传统村落已经不足5000个了。作为"非物质文化遗产保护的最后防线"，在新型城镇化进程中，中央政府必须圈定若干个具有重要文化保护价值的传统村落作为城镇化的"红点"，当作禁区，严加保护。事实上，随着新型城镇化进程的不断推进，这些具有重要文化价值的传统村落反而会日益凸显出自己独特的文化魅力。

2013年7月22日，中共中央总书记习近平在湖北省鄂州市长港镇峒山村考察时明确指出："即使将来城镇化率达到70%以上，还有四五亿人在农村，农村绝不能成为荒芜的农村、留守的农村、记忆中

1　俞灵：《50年减少上百种　传统戏曲文化面临危机》，《中国民族报》2006年6月20日，第4版。
2　陈晨：《1561个传统村落列入国家保护名录》，《光明日报》2013年10月18日，第10版。

的故园。"[1] 在新型城镇化进程中,各地政府必须充分认识到文化生态保护对于民族文化的保护与传承,以及在从农民到市民的文化心理转变过程中所具有的重要意义。在整体规划时就要具有前瞻性的文化生态保护的"留白"意识,将新型城镇化规划与古村落整体保护有机结合起来,将新型城镇化建设与文化遗产保护工作统筹兼顾。

三、文化惠民:公共文化服务是保障

城乡差距除了体现在经济差距外,在诸如文化、教育、卫生等由政府提供的公共服务方面,差距同样非常巨大。根据河南省农村社会经济调查队的调查,由于经济收入偏低和文化设施匮乏等,河南省农村居民的日常文化生活普遍比较单调。从统计数据来看,河南省农村居民平均每天用于精神文化活动的时间不足 1 个小时,仅为河南省城市居民的 1/3。河南省农村居民人均文化教育娱乐及服务支出仅为河南省城市居民的 1/4。从文化消费意愿来看,42% 的河南省农村居民愿意拿出 5% 的家庭收入用于文化消费,15% 的河南省农村居民不愿花钱用于文化消费。相比之下,83% 的河南省城市居民愿意拿出 10%—20% 的家庭收入用于文化消费。[2] 这显然并非河南省的特殊情况,而是

---

1 吴文娟、胡娅:《一哄而上的"造城"不可取》,《湖北日报》2013 年 8 月 14 日,第 2 版。
2 林嵬:《河南:农民文化消费支出仅为市民的四分之一》,《新华每日电讯》2005 年 11 月 9 日,第 2 版。

很具有代表性的普遍情况。[1] 事实上，城乡文化差距远不只是文化消费支出的差距，更是文化消费观念和文化生活方式的差距。需要指出的是，上述差距实际上是农民在经济收入的硬约束下权衡各种开支重要性后的理性选择，不可简单地以诸如"观念落后"之类的理由来解释。

那么，随着城镇化进程的不断推进，上述差距是不是就会自然而然缩小呢？经验地看，在"旧式"城镇化进程中，经济差距相对比较容易缩小，而文化差距的缩小则要困难得多。例如，在南京市的城郊接合部，随着城镇化进程的加快，许多农民由于拆迁安置，补偿了好几套房，仅房租收入就十分可观。但在"一夜暴富"之后，很多人变得无所事事，整日沉湎赌博，甚至沾染毒品。南京市某基层检察院在本辖区内所做的调查中发现，在拆迁安置人员犯罪中，因赌博和吸毒的犯罪就占到了一半的比例。[2] 又如，在杭州市江干区（今上城区）某农业镇，自2003年以来，随着杭州城市东进步伐加快，该镇农民除了普遍获得上百万元的房屋拆迁补偿款外，还按照每人60平方米的标准分配了安置房。但在家庭经济状况迅速好转的同时，由于缺乏正确的引导和文化服务的配套，许多无所事事的百万富翁在文化生活方面却十分单调。据不完全统计，该镇2012年记录在案的吸毒人员比2003年（城镇化起始年）增加了一倍。据该镇一位镇干部的保守估

---

1 2008年，中国城镇居民的人均可支配收入为15781元，中国农村居民的人均纯收入为4761元，二者的差距之比为3.33∶1。这是自新中国成立以来，城乡居民收入的绝对差额首次突破10000元。值得一提的是，据有关专家估计，"即使是到了2020年，中国城乡居民之间的收入还不可能达到开始缩小的拐点"。参见陈锡文《当前农村改革发展的形势和总体思路》，《浙江大学学报（人文社会科学版）》2009年第4期。相比之下，城乡居民之间的文化消费差距（4∶1）要大于经济收入差距（3.33∶1）。城乡居民之间的文化消费意愿差距就更大了。
2 赵守诚、刘旌：《被征地农民从一夜暴富到一贫如洗 拆出来的财富过山车》，《现代快报》2013年7月7日，第A4版。

计，当地在一夜暴富后又因为赌博和吸毒等原因而返贫的拆迁户至少有10%。[1] 东部发达地区尚且如此，中西部欠发达地区的情况可想而知。

根据"中国北方农民闲暇生活方式差异研究"课题组对河北省5个县（市）的8个村的调查，中国北方农民在闲暇时间从事的休闲活动，以看电视或听广播为首，所占比例为69.5%；第二是串门聊天，所占比例为46.7%；第三是与家里人聊天，所占比例为37.0%；第四是阅读书报杂志，所占比例为27.4%；第五是休息，即"什么也不干"，所占比例为21.9%；第六是逛街赶集，所占比例为17.7%；第七是打麻将，所占比例为16.1%；第八是走亲访友，所占比例为15.1%；第九是打牌下棋，所占比例为10.6%；第十是找亲朋好友了解科技经济信息，所占比例为8.2%。[2] 根据"民族地区农民闲暇分析与新农村建设思考"课题组对湖北省恩施土家族苗族自治州巴东县的调查，当地农民在闲暇时间从事的休闲活动，以打牌和打麻将为主，所占比例分别为69.4%和48.4%；其次是唱歌唱戏，所占比例为41.2%；再次是打球，所占比例为37.1%；最后是编织剪裁，所占比例为25.8%。其他休闲活动所占比例均在15%以下。[3] 从上述调研情况来看，尽管存在一些区域差异和地方特色，然而，农民与城镇化后的"新市民"在文化生活习惯方面依然存在很明显的延续性和相当多的共同点。

虽然自从中共中央办公厅和国务院办公厅下发《关于进一步加强

---

1 王慧敏、冯益华：《拆迁后"一夜暴富"是福是祸？——杭州城郊村农民生存状况调查》，《人民日报》2012年7月15日，第5版。
2 田翠琴、齐心：《中国北方农民闲暇生活方式变迁研究》，2007年5月25日，http://www.sociologyol.org/yanjiubankuai/fenleisuoyin/fenzhishehuixue/nongcunshehuixue/2007-05-25/2030.html，2014年6月20日。
3 孙明福、杨秀芝、马国平：《民族地区农民闲暇分析与新农村建设思考——以湖北恩施土家族苗族自治州巴东县为例》（国家民委2006年度民族工作调研报告），2006年，第6页。

农村文化建设的意见》(中办发〔2005〕27号)以来,农村文化建设步伐大大加快,农家书屋、送戏下乡、广播村村响、电视户户通、农村电影放映、文化信息共享、乡镇综合文化站等重点公共文化服务正在有条不紊地开展,看书难、看戏难、看电影难、收听收看广播电视难的问题基本得以解决,但随着城镇化进程的不断推进,在从失地农民到城镇居民的市民化转变过程中,物质生活的改善也引起了精神层面的剧变。在转型过程中,一方面,作为失地农民,他们的农村生活方式和传统价值观念受到了巨大的冲击甚至颠覆;另一方面,作为城镇居民,他们的城镇生活方式和市民价值观念又未做好重构的准备。因此,在新型城镇化进程中,如何通过公共文化服务正确引导新市民调节身心、应对挑战、适应变化,融入城镇新生活,充分发挥文化在提高城镇文明程度和居民整体素质方面的重要作用,就成为十分重要的文化惠民课题。

四、文化富民:文化产业发展添特色

中国的传统文化产业形态是以农耕文明为基础的。对于广大农村和中小城镇而言,这一得天独厚的优势使文化产业成为新型城镇化的重要驱动力之一。虽然城镇文化产业的发展对于形成城镇特色产业、解决城镇居民就业和增加城镇居民收入的重要意义是显而易见的,但在城镇文化产业发展的过程中,需要特别注意以下三个重要问题。

第一,文化产业不是新型城镇化的"万金油"。2013年初,在北京大学举办的第十届中国文化产业新年论坛上,与会专家普遍认为,在各项政策的有力推动下,中国文化产业将在2013年迎来全面快速发展"元年"。与会专家还表示,新型城镇化为文化产业提供了重要的历史机遇。2013年,文化产业将在各地异彩纷呈的新型城镇化的进程中扮演活跃而多样的角色。[1] 从国家战略和产业发展的角度来看，上述观点是很有代表性的乐观判断。但需要指出的是，新型城镇化为文化产业带来的并非普遍性和均等化的机遇，而是有差异和不均衡的机遇。换句话说，并非所有城镇都有条件发展和能够发展好文化产业，因此，各地政府和企业必须根据自己的实际情况来判断当地发展文化产业的机遇空间和潜在风险。应该有重点地发展城镇文化产业，而不是重点发展城镇文化产业。既不能为了贪图政策红利而效颦学步，也不要被一些专家的美好蓝图迷惑。

第二，城镇文化产业发展必须以市场为主导。假如某个城镇有意"从无到有"地发展文化产业或者进一步"做大做强"文化产业，那么，在城镇文化产业发展的过程中，必须在很大程度上摒弃依靠文化产业"科学"规划的发展思路，高度尊重文化产业自生自发的演化规律。既要杜绝城镇文化产业发展战略决策主要靠地方党政首长"拍脑袋"，具体执行靠职能部门领导"拍胸膛"，出了问题则由相关责任人"拍屁股走人"的"三拍"现象，也要防止城镇文化产业发展战略决策将规划论证程序当摆设走过场的"送票子"，在产业规划前先由领导"定调子"，在现场论证时专请"好好先生"来"念稿子"的"三子"现象。前者是备受诟病的"拍脑袋"决策，后者则是程序完善的"伪科学"决策。显而易见，后者的隐蔽性更强，渎职风险更小，危害程度更大。在城镇文化产业发展的过程中，必须坚持以市场需求为主导，政府只是妥善引导的路子，才有可能因地制宜地真正抓住新型城镇化给城镇文化产业带来的历史性机遇。

第三，城镇文化产业发展要警惕产业单一化。对于那些确实具有

---

[1] 宋凯、李忠峰：《文化产业迎来全面快速发展"元年"》，《中国财经报》2013年1月10日，第6版。

丰富的历史文化资源或者产业竞争优势的城镇而言，不只需要考虑文化产业的可持续发展，而且应该考虑支柱产业单一化的风险。从城镇文化产业发展的历史经验来看，以广东省中山市"一镇一品"为代表的产业发展模式产生了影响深远的示范效应。例如，有"中国灯饰之都"之称的古镇镇、有中国游戏游艺产业特色的港口镇、有中国电子音响行业产业优势的小榄镇，以及有"中国红木家具生产专业镇"之称的大涌镇就都在中山市境内。值得注意的是，虽然以"一镇一品"为特色的中山模式成就斐然并且有目共睹，但国内其他城镇却鲜有成功模仿者。这意味着，事后总结出来的文化产业发展经验与实干中摸索出来的文化产业发展体验，即使结论相同，理论与实践却不完全是同一回事。与此同时，一批曾经"十几年从来不愁销路"的传统文化产业特色城镇却因为专业人才缺乏、创意能力不足、市场意识滞后、生产技术落后、内部管理混乱和营销环节薄弱等种种原因而面临着很难"再上一层楼"的产业发展瓶颈，要么"关门"，要么"出走"，早就风光不再了。问题是，由于长期以来的产业单一化，城镇的支柱性产业一旦亮起红灯，所引发的就不仅是经济问题，而是波及整个城镇的社会问题。这就是新型城镇化进程中必须高度警惕的文化产业发展的产业单一化风险问题。

[原载于胡惠林、陈昕主编《中国文化产业评论（第19卷）》，上海：上海人民出版社，2014年，第111—119页]

综合国力的冰山模型

——以文化类因素为基础的综合国力系统分析框架

一、综合国力研究的现状

从古到今,无论是心怀家国天下的学者,还是治国平天下的政治家,都在苦苦思索国家治乱兴衰之道。那么,何为国家之兴?何为国家之衰?相比之下,综合国力可谓衡量国家兴衰的最重要指标。既然是综合国力,其组成就不免显得多样。例如,汉斯·摩根索将国力的构成要素分为九大类:地理、自然资源、工业能力、军事准备、人口、民族性格、国民士气、外交的质量和政府的质量。值得一提的是,作为国际法学"权力政治学派"的缔造者,摩根索不仅关注有形的国力(工业能力和军事准备),而且重视无形的国力(民族性格和国民士气)。他指出:"在影响国家权力的具有定性性质的三项人的因素中,民族性格和国民士气是突出的因素,因为我们难以对它们进行合理的预测,也因为它们对于一个国家在国际政治的天平上的重量有着持久的并且经常是决定性的影响。"[1]

---

1 [美]汉斯·J.摩根索:《国家间政治——寻求权力与和平的斗争》,徐昕等译,北京:中国人民公安大学出版社,1990年,第175页。

在诸多学者中，富克斯、克莱因和福岛康仁等人都试图对综合国力进行定量分析。其中，以克莱因提出的国力方程为代表的综合国力定量评估方法当属最具代表性和影响力的思路。这一国力方程的表达式为：$Pp = (C+E+M) \times (S+W)$。其中，Pp 表示被确认的国力，C 表示基本实体，E 表示经济能力，M 表示军事能力，S 表示战略意图，W 表示贯彻国家战略的意志。克莱因认为，这五类因素构成了一国的国力。具体来说，国力方程的计算方法如下：

一是基本实体的评估。克莱因的基本实体评估主要涉及人口和领土面积两个方面，二者的分值各为 50 分，共计 100 分。就人口而言，他将人口数量划分为三个等级：1500 万、5000 万和 2 亿以上。人口数量在 2 亿以上的国家计为满分 50 分，但如果人口过多以至于超过了国家的经济负担能力则要适当减分。就领土而言，他将领土面积在 800 万平方公里以上的国家计为满分 50 分。面积较小但战略位置特别重要的国家可适当加分，面积虽大但可耕地所占比例较小的国家则适当减分。

二是经济能力的评估。克莱因的经济能力评估主要涉及国民生产总值和产业结构两个方面，二者的分值各为 100 分，共计 200 分。就国民生产总值而言，他将美国的国民生产总值计为 100 分，其他国家则参照同美国的差距来评分。就产业结构而言，他将其划分为能源、矿产、工业、农业和外贸五个部门，每个产业部门的分值为 20 分，共计 100 分。

三是军事能力的评估。克莱因的军事能力评估主要涉及战略性核力量和常规力量两个方面，二者的分值各为 100 分，共计 200 分。具体而言，战略性核力量的评估包括攻击性核力量的结构、核弹头的数量与运输、核防御能力等内容，常规力量的评估则包括武器效能、军队素质、后勤保障等内容。

四是战略意图的评估。克莱因认为，战略意图是国家根本利益的集中体现，其最高分值为 1 分。在他看来，大多数国家的战略意图都是自卫性和保护性的，这类国家的得分居中（约为 0.5 分），战略意图非常明确和坚定的国家得分大于 0.5 分，战略意图模糊和摇摆的国家得分则小于 0.5 分。

五是贯彻国家战略的意志的评估。克莱因认为，贯彻国家战略的意志反映了国内可动员的民众对国防政策和政府外交的信心大小和支持程度，其最高分值也为 1 分。具体而言，取决于三方面的因素：被评估国的民族凝聚力强弱（约占 33%），政府首脑的领导水平和效率高低（约占 34%），人民大众对国家战略与国家利益的关心程度（约占 33%）。[1]

相比之下，前三类因素都属于综合国力的物质基础，这三类因素的分值共计 500 分；后两类因素则决定了综合国力的物质基础的有效发挥程度，这两类因素的分值共计 2 分。如果后两类因素的得分之和接近于 1，国家的综合国力就基本等于物质基础得分之和；如果后两类因素的得分之和小于 1，国家的综合国力就低于物质基础得分之和；如果后两类因素的得分之和大于 1，国家的综合国力就高于物质基础得分之和。

二、综合国力研究的困境

总的来看，综合国力的定量分析至少面临三大问题：一是如何将性质不同且量纲各异的诸多因素纳入同一个方程？二是如何评估诸如战略意图之类的难以准确量化的软性指标？三是如何描述综合国力的整体结构以及各组成因素间的关系？

---

1 黄硕风：《综合国力论》，北京：中国社会科学出版社，1992 年，第 24—25 页。

针对第一个问题，学术界的主要解决思路是进行无量纲化处理。简单地说，就是忽略诸如人口数量和领土面积之类性质不同且难以相互替代的各种因素的量纲，将其转化为无量纲的相对值，然后强行相加。例如，将人口数量在2亿以上的国家计为50分，将领土面积在800万平方公里以上的国家计为50分。从定性的角度来看，这些因素性质各异，因素之间缺乏共性。虽然无量纲化处理可以解决因量纲不同而导致的计算难题，但强行相加的结果到底能够描述什么状况、体现什么意义，目前尚无有说服力的解释。

针对第二个问题，学术界的主要解决思路则是通过专家调查法来处理。简单地说，就是请若干专家来打分，从而将定性描述定量化。例如，根据评估的内容制订出具体的评估标准：战略意图非常明确和坚定的国家得分大于0.5分，战略意图模糊和摇摆的国家得分则小于0.5分。再邀请若干专家对某国的战略意图打分，最后将专家打分的结果进行汇总和计算。问题是，专家对问题的判断通常带有一定的随意性。除此之外，即便使用同样的数据，数据合成方法不同，结果的差异也会不小。

至于第三个问题，则依然未能解决。事实上，相比之下，综合国力的整体结构以及各组成因素间的关系才是最值得深入研究的问题。因为即使综合国力定量分析能够精确地计算出各国综合国力的得分和排名，也并不能说明综合国力的整体结构，更不能解释各类因素之间的关系。这样的量化分析，无论解释力，还是预测力，都大有问题。举例来说，在苏联解体前，苏联在世界主要国家综合国力的绝大多数排名中，基本上都稳居第二位。在克莱因的排名中，苏联甚至多次名列第一。然而，这个综合国力曾经数一数二的超级大国却解体，不复存在了。就今天的情况来看，美国的综合国力依然遥遥领先，"国力较强的国家较多,包括英国、法国、德国、加拿大、日本、俄罗斯和中国,它们综合国力的得分差异不大,由于方法的差异会有排位先后的不同,属于国力次强的国家"[1]。由此可见,尽管传统的综合国力研究能够部分地描述和比较综合国力现状,然而,它既不能很好地解释各国的综合国力为何如此,也不容易成功地预测各国的治乱兴衰。从某种意义上讲,这正是关于综合国力的定量分析未能解决第三个问题所造成的结果。

事实上,关于综合国力定量研究的最大问题,是这类研究还没有搞清楚综合国力构成因素之间的逻辑关系,就将具有千丝万缕联系的因素简单地割裂并进行数据合成,尤其是强行将难以准确量化的软性指标通过定性描述的方式加以量化,并且在数据合成的过程中极大地低估了这类软性指标的重要性,其结果就是诸多综合国力定量研究的唯一命运:精确地错。但显而易见的是,在综合国力的研究上,与其精确地错,不如模糊地对。同绝大多数关于综合国力的定量分析相比,小约瑟夫·奈对世界主要国家综合国力的模糊评估显然并不逊色,甚至由于误导性小而更有价值。就综合国力构成要素中硬性因素和软性因素的关系而言,随着科学技术的发展和各国交往的频繁,同有形的硬性因素相比,无形的软性因素所发挥的作用呈现出日益显著的趋势(见表1)。

---

[1] 王玲:《关于综合国力的测度》,《世界经济与政治》2006年第6期。

表 1　16 世纪以来世界主要国家及其力量源泉[1]

时期	主要国家	力量源泉
16 世纪	西班牙	黄金、殖民贸易、雇佣军、王朝联系
17 世纪	荷兰	贸易、资本市场、海军
18 世纪	法国	人口、农业、公共管理、军队、文化
19 世纪	英国	工业、政治凝聚力、金融和借贷、海军、自由主义规范、岛国位置
20 世纪	美国	经济规模、科学技术领导地位、地理位置、军事力量和同盟、全球化文化和自由主义的国际制度
21 世纪	美国	技术领导地位、军事和经济规模、软实力、跨国通信枢纽

三、综合国力的构成因素

通过对综合国力构成因素的系统梳理，可以将综合国力的构成因素分为六大类：资源类因素、科技类因素、经济类因素、政治类因素、军事类因素、文化类因素。这些因素间的关系并不像绝大多数综合国力定量研究所描述的那样呈现并列关系，并可强行相加。事实上，这些因素是彼此密切联系、互为因果关系的。（见图 1）

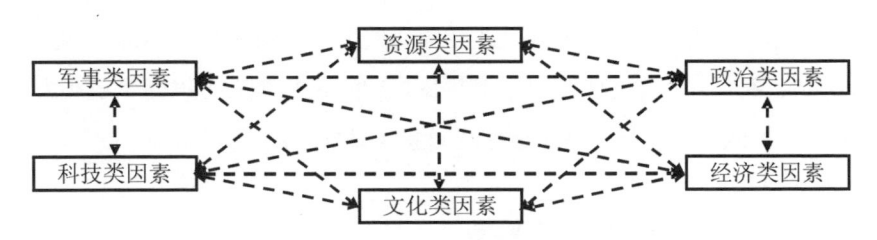

图 1　综合国力构成因素间的关系

---

[1] ［美］约瑟夫·奈：《美国霸权的困惑：为什么美国不能独断专行》，郑志国等译，北京：世界知识出版社，2002 年，第 14 页。

当然，除了小约瑟夫·奈根据可见性标准将综合国力的构成因素分为有形方面（硬实力）和无形方面（软实力）外，显然还存在其他划分方式。划分方式不同，视角和思路也自然各异。事实上，我们还可以以人为中心，将综合国力的构成因素划分为与人有关的方面和自然资源方面，文化类因素、科技类因素、经济类因素、政治类因素和军事类因素属于与人有关的方面。

传统的综合国力研究最重视的是可见的各类因素，综合国力定量研究则是抓住横截面数据大做文章。但从时间序列的视角来看，这些因素无时无刻不在变化。因此，很多学者试图从动态的角度来探寻决定国家兴衰的深层次原因，如保罗·肯尼迪从经济和科技视角对国家兴衰的分析、曼瑟尔·奥尔森运用集体行动理论对国家兴衰的探讨、道格拉斯·诺斯和罗伯特·托马斯借助制度变迁理论对西方世界兴起原因的研究、戴维·兰德斯以社会进程中的文化因素对国家兴衰的解释。但实际上，国家兴衰的经济和科技决定论并未厘清其中的因果关系，因为不同的政治环境和制度安排显然会在很大程度上影响经济发展的水平和科技进步的速度。按此思路，国家兴衰的政治决定论、制度决定论和文化决定论也都存在类似的问题。事实上，综合国力构成因素间的联系非常紧密甚至呈现胶着关系。例如，因核技术的重大突破而制造出的核武器可以在极短时间内改变原有的军事力量格局乃至综合国力格局；又如，因文化冲突和派系斗争导致的人心涣散可以使军事实力强悍的部队不战而降，从而迅速改变综合国力格局。

四、综合国力的冰山模型

在科技活动、经济活动、政治活动和军事活动中发挥着自觉能动性的人，其意识和行为都深植于一定的文化土壤，尽管人们未必会意识到"日用而不知"的文化对自己的巨大影响力。正如珀文所说:"文化实际上影响着我们人格机能的每个方面。我们选择追求的目标和我们如何努力实现它们都受着文化的影响。例如,我们看待成就是根据个人努力还是根据群体合作,以及我们看待成功是根据事业目标还是根据家庭目标,文化对此的影响非常大。文化通过我们认为可接受的合适的社会行为标准影响着我们与他人的交往方式。而且明显的是,文化甚至影响我们生物机能的特性。"[1]这意味着,在与人有关的综合国力构成因素中,实际上存在着一条清晰的逻辑线索:文化能够影响个人的意识和行为乃至人际间的关系。

进一步看,"文化对人格发展的影响,有两种不同的种类。其一,是由文化模式的行为引导出的其他个人对儿童的影响。这种影响自人一出生就开始起作用,并且在婴儿时期是很重要的。其二,是个体通过观察社会行为模式或在这方面所受教育的影响。这些模式中,许多并不直接影响他,但是提供给他对各种情境的习惯性反应的范本。这些影响在婴儿期不算重要,却在以后的一生中一直影响着他"[2]。最典型的例子莫过于虽然散居世界各地,但在文化的传承上远强于很多民族的犹太人。据不完全统计,从1901年首次颁发诺贝尔奖到1995年为止,获得诺贝尔奖(物理学奖、化学奖、生理学或医学奖、文学奖、和平奖、经济学奖)的个人共计623人。其中,不同国籍的犹太人或犹太裔人士多达119人,占获奖个人总数的19.1%。韦中燊的研究也发现,在诺贝尔物理学奖获得者中,犹太民族所占比例比其他任何一

---

1 [美]L.A.珀文:《人格科学》,周榕等译,上海:华东师范大学出版社,2001年,第473页。
2 [美]拉尔夫·林顿:《人格的文化背景》,于闽梅、陈学晶译,桂林:广西师范大学出版社,2007年,第109页。

个民族都要高,即所谓"犹太伟人现象"[1],并认为这一现象"从本质上讲,应归结为'犹太民族文化现象'"。"两千年来,犹太人几十代与异族杂居。在与异族杂居的过程中,一方面他们顽强地保持着自己的文化传统,另一方面又积极地吸收所在国家和民族的文化精华。许多犹太家庭主动与当地居民接触,大量汲取这些民族的文化养料,并将它们融合到自己的文化中。这样的一种特殊经历,使得犹太民族的文化底蕴极其丰富,有着极强的开放性。犹太民族杰出的科学创造力,正是源于这个民族所特有的开放式的复合型文化形态。"[2]

基于对综合国力构成因素的上述认识,可以将综合国力的整体结构描述为一座冰山(见图2):关乎综合国力的资源类因素、科技类

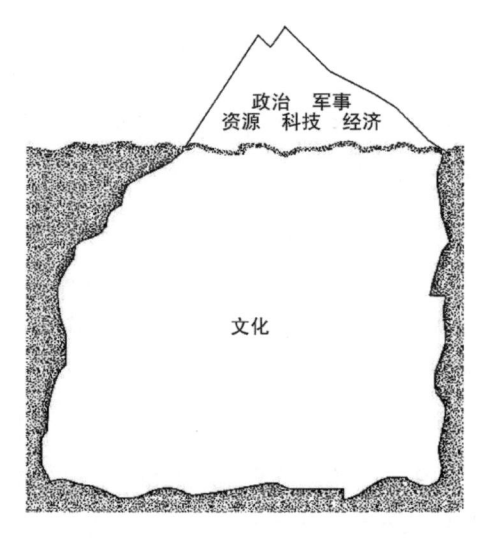

图2 综合国力的冰山模型

---

1 "犹太伟人现象":韦中燊将超过八分之一的诺贝尔物理学奖获得者都是犹太人或是具有犹太血统的现象称作"犹太伟人现象",并认为从本质上讲,这种现象应归结为"犹太民族文化现象"。
2 韦中燊:《诺贝尔物理学奖获得者中的"犹太伟人现象"》,《物理通报》2003年第4期。

因素、经济类因素、政治类因素和军事类因素是最容易被观察和度量的物质性因素，但这仅是可见的浮于水面之冰山一角。容易观察到的综合国力因素之所以呈现出这般面目，在很大程度上取决于影响人类意识和行为，但处于水面之下、体积庞大得多的冰山部分——文化类因素。

（原载于《领导科学》2016年第14期）

区域文化品牌建设路径

目前区域文化品牌建设普遍存在着"有符号、无品牌"的概念混淆化现象,"政府热、企业冷"的建设者缺位现象突出,"品牌多、关系乱"的品牌株连风险比较大等问题。

区域文化品牌建设实践中最普遍的问题就是地方政府部门对区域文化品牌的误解。很多地方往往将历史名人、名山大川和某文化发源地等当地文化资源所凝练出来的区域文化符号视为区域文化品牌。但事实上,区域文化符号并不等于区域文化品牌。品牌(brand)的原意是指生产者烙到产品上的印章。品牌满足的是同产品和服务相对应的消费者的精神和情感需求。因此,没有文化产品和服务,就没有所谓的文化品牌。正所谓"皮之不存,毛将焉附?"区域文化品牌是对某区域优势文化产业进行整体命名的特定名称。它既是一个具有差异性的品牌识别系统,也特指某区域内的优势文化产业集群。一般来说,区域文化品牌主要由三个部分构成:视听识别是其外在的表现,区域文化是其内在的精神,文化产品和服务则是其现实的存在。在区域文化品牌建设过程中,具有一定知名度的区域文化符号虽然很容易被地方政府部门认定为当地的"文化金名片",但这仅仅同区域文化品牌的前两个部分有关系。假如没有相应的文化产品和服务作为现实的支撑,那么，所谓的区域文化品牌其实是根本无法成立的。换句话说，一个没有文化产品和服务来支撑的区域文化符号是不能被称为区域文化品牌的。遗憾的是，这种将区域文化符号混同为区域文化品牌的现象可谓非常普遍，从而导致区域文化品牌的"空壳化"现象。

区域文化品牌建设所面临的最大经济难题是区域文化品牌的"公地悲剧"。在区域文化品牌的产权主体不明晰的条件下，区域文化品牌就成为具有非竞争性、非排他性和外部经济性等特征的公共物品。一方面，区域内的每一家企业都有权利使用区域文化品牌，与此同时，区域内的任何一家企业都难以独占区域文化品牌。其结果就是，没有一家企业愿意投入资源进行区域文化品牌建设。另一方面，很多地方的政府部门都将区域文化品牌建设作为当地的文化发展战略或文化产业规划的重要内容，并且寄予厚望。其结果就是"政府热、企业冷"的建设者缺位现象突出。四川省雅安市的蒙顶山作为中国种茶业和茶文化的发源地之一，被称为"世界茶文化圣山"。尽管蒙顶山茶文化是雅安市重点打造的区域文化品牌，名山区也拥有上千家茶叶企业，然而，从产业发展的角度来看，小微企业多、龙头企业少、产品品牌杂、产品品质乱等现象非常突出。因此，蒙顶山茶中的优质茶在相当长一段时间内都以西湖龙井的"原料茶"身份出现在茶叶市场上。西湖龙井与蒙顶山茶之间的差价，在很大程度上就是由于区域文化品牌建设者缺位和品牌建设工作滞后而造成的。

区域文化品牌建设所面临的最大风险是区域文化品牌的株连效应。区域文化品牌是一个属概念，涵盖了某区域内的多种文化产品品牌。文化产品品牌则是一个种概念，是区域文化品牌的组成部分和现实支撑。通常来说，区域文化品牌与该区域内的文化产品品牌的关系存在两种情况：一是有区域文化品牌，无文化产品品牌；二是既有区域文化品牌，也有文化产品品牌。具体而言，后者又包括了两种情况：一是群龙无首仅有弱文化产品品牌，二是诸多文化产品品牌中有龙头品牌。但不管哪种情况，都存在文化品牌的株连风险。以绵竹年画为例，国家级非物质文化遗产代表性传承人、绵竹年画南派传人陈兴才是唯一被绵竹市人民政府授予"年画艺术大师"的民间艺人。虽然陈兴才已于2012年10月15日辞世，但在其离世之后，绵竹仍然在源源不断地生产陈兴才"亲手制作"的年画。而且，由于品牌和版权保护意识淡薄，一些粗制滥造，并不具备绵竹年画特征的年画也被冠以所谓"绵竹年画"之名。此外，绵竹近年来相继研发的陶版年画、刺绣年画、金丝年画、银丝年画、木雕年画、竹编年画等创新型年画品种也不同程度地遭遇盗版仿制。

针对各地在区域文化品牌建设实践过程中出现的问题和困境，实施"树区域文化品牌，创文化产品名牌"的母子品牌协同发展战略是一条行之有效的区域文化品牌建设路径。

开放性赛事设计品牌。直观而言，区域文化品牌分为两个部分：区域文化品牌名称和区域文化品牌标志。在区域文化品牌建设实践中，地方政府确定区域文化品牌标志有两种做法：一是直接由下属相关部门或者委托一家机构进行区域文化品牌标志设计，至于设计实力和视觉效果，只要基本满足要求即可。二是通过公开渠道正式发布招标信息，甚至专门登门邀请知名设计机构进行区域文化品牌标志设计，最终的选择取决于主要领导的个人偏好。这两种状况虽然比较极端，却最为常见。事实上，在当今区域文化品牌建设过程中，只有走"互联网+"的全面海选和"大数据+"的大众投票才符合社会发展潮流。具体做法是，由地方政府公开发布区域文化品牌标志设计的开放性赛事信息，吸引全国乃至全球的设计人才关注和参与，通过互联网随时进行沟通和反馈，最终入选方案由经过大数据分析、排除组织拉票和数据造假的大众投票结果来定，从而选出一个更容易被大众接受和喜爱的区域文化品牌标志。

市场化机制运营品牌。"树区域文化品牌，创文化产品名牌"的母子品牌协同发展战略的风险管理，关键是设计了区域文化品牌（母品牌）和文化产品品牌（子品牌）的防火墙隔离机制。区域文化品牌是公益性和服务性的，文化产品品牌则是经营性和营利性的。通过政府推动、协会主导、企业参与、分类授权、有偿使用、奖惩分明的市场化机制，来高效率地运营区域文化品牌和文化产品品牌。其中，地方政府是推动区域文化品牌建设的支撑与后盾。行业协会是保障区域文化品牌公益性和服务性的核心与关键。企业是文化产品品牌培育和名牌创建的主角与基础。一般性授权和排他性授权同时进行的分类授权模式灵活地满足了龙头文化企业、小微文化企业、个体经营者和文创工作室等不同品牌建设主体的多层次需求。不以营利为目的的区域文化品牌有偿使用机制不仅让区域文化品牌使用者树立成本意识和更加珍视品牌，而且部分解决了区域文化品牌建设的资金问题。通过返还使用费以奖励文化产品品牌建设先进者、惩罚给区域文化品牌抹黑者，以及终止品牌授权乃至列入黑名单等多种方式的奖惩分明的激励—约束机制，则从根本上保证了区域文化品牌运营的效率和效果。

利益共享池同建品牌。区域文化品牌的培育工作应该由地方政府主管、行业协会牵头成立的区域文化品牌无形资产管理有限公司来具体实施。首先，在地方政府的授权和行业协会的支持下，由区域文化品牌无形资产管理有限公司全面注册同该区域文化品牌相关的所有商标，从而为此后的分类授权商标做好准备并预防侵权。具体来说，以"证明商标"注册为"母商标"，相关企业则注册"子商标"。区域文化品牌的整体推广必须依靠有计划、有特色、有互动、有反馈的公益性区域文化品牌培育活动。通过建立开放性的区域文化品牌利益共享池，将区域文化品牌的知名度和公信力转化为文化产品品牌的美誉度和竞争力，让文化产品品牌建设者有动力为区域文化品牌的培育做出积极的贡献，从而分享区域文化品牌增值所带来的溢价效应，实现区域文化品牌和文化产品品牌的品牌价值共振效应。

（原载于《中国党政干部论坛》2016年第9期）

中国文化产业理论研究：回顾与展望

一、大众文化研究热

从 20 世纪 80 年代开始，早期的中国文化产业理论研究主要集中在大众文化研究方面。20 世纪 90 年代末，大众文化研究出现了前所未有的高潮。作为 20 世纪西方马克思主义的主要流派之一，法兰克福学派继承了马克思主义对资本主义的批判传统，因此，其大众文化批判理论很容易被长期接受马克思主义熏陶的中国人接受，并且顺理成章地成为对大众文化进行激烈批判的理论武器。但总的来看，这类研究大都直接或间接地引用霍克海默（Horkheimer）和阿多诺（Adorno）等法兰克福学派代表人物的观点，简单套用法兰克福学派的大众文化批判理论。

以《上海文论》1991 年第 1 期刊登的关于"大众文艺"的系列文章为标志，文化界开始对大众文化的基本特性和运行机制，以及大众文化的生产、流通和消费等重要问题展开大讨论。以《读书》1997 年第 2 期组织的关于"大众·文化·大众文化"的笔谈为标志，文化界对大众文化的大讨论达到了高潮，并形成了批判与支持的截然不同的观点。陶东风较早地借鉴了法兰克福学派的大众文化批判理论对大众文化进行抽象的批判。他指出，大众文化提供的是一种虚假满足。这种虚假满足让人们丧失了现实感和批判性，从而有利于维护极权统治；大众文化的文本是贫困的，并且是缺乏独创性的；大众文化的观众缺乏积极性和批判性，他们不能对文本进行积极的、有选择性的阅读。[1] 以张汝伦为代表的学者对大众文化进行了非常猛烈的批判。张汝伦认为："大众文化注定是平庸与雷同的。大众固然制约大众文化的风格和内容，但却被它塑造和改造。在大众文化强大而又无所不在的影响下，大众丧失了自己的头脑和判断能力，成为纯粹被动的文化消费者。大众文化是现代社会中的一种垄断性权力，它正在侵入和剥夺人的私人生存空间。对大众文化的批判是一个困难但又是必要的任务。"[2]

随着时间的推移，人们不仅在研究法兰克福学派的理论，而且开始接触伯明翰学派的观点，并且对此前的盲目批判进行了反思。金元浦认为："当代文化工业既有着它兴起的历史必然性与合理性，又带着与生俱来的反艺术的基本品格。这是一个历史和现实交给我们的悖论。"[3] 潘知常更是明确表示："作为市场经济的主要消费形式，'文化工业'是完全应该被理直气壮地加以提倡、推广和保护的。尤其是在我们这样一个几千年来一直以'存天理，灭人欲'为天职的国家，更应该这样去做。"[4] 陶东风进一步指出："在援用西方文化批判理论的时候，就应该清醒地意识到它在理解与分析中国问题时的适用性是有限的。否则，机械地将西方批判理论套用到中国社会文化研究上，必将遮蔽

1　陶东风：《新"十批判书"之三——欲望与沉沦——当代大众文化批判》，《文艺争鸣》1993年第6期。
2　张汝伦：《论大众文化》，《复旦学报（社会科学版）》1994年第3期。
3　金元浦：《试论当代的"文化工业"》，《文艺理论研究》1994年第2期。
4　潘知常：《文化工业：美学面临着新的挑战——当代文化工业的美学阐释之一》，《文艺评论》1994年第4期。

或模糊一些重要的理论问题，造成认识的盲点与评价的误区。"他认为，"法兰克福学派对于总体化意识形态的批判理论"，用来分析与解剖"文化大革命"时期的文化专制倒是十分有效，"而用它来批评改革开放以后出现的中国大众文化却反而显得牵强"。[1]以戴锦华的专著《隐形书写——90年代中国文化研究》[2]的出版为标志，中国学者开始试图摆脱西方大众文化研究的固有框架和研究套路，并且尝试对20世纪90年代的中国本土大众文化进行描述和阐释。

这场关于大众文化的大讨论一直持续到20世纪90年代末，最终的结果是人们大都接受并认可了大众文化。大众文化被承认"是处于消费时代或准消费时代的，由消费意识形态来筹划、引导大众的，采取时尚化运作方式的当代文化消费形态。它是现代工业和市场经济充分发展后的产物。是当代大众大规模地共同参与的当代社会文化公共空间或公共领域，是有史以来人类广泛参与的，历史上规模最大的文化事件"[3]。总的来看，"1990年代初期，特别是1993年以后流行的中国本土大众文化，以及几乎同时的关于'人文精神'的讨论，构成了大众文化批判理论流行的重要语境"[4]。

二、文化市场研究热

如果说，大众文化研究热主要局限于学术界的理论探讨，那么，文化市场研究热则具有相当鲜明的实践特色。1980年2月23日至

1　陶东风：《批判理论与中国大众文化批评——兼论批判理论的本土化问题》，《东方文化》2000年第5期。
2　戴锦华：《隐形书写——90年代中国文化研究》，南京：江苏人民出版社，1999年。
3　金元浦：《定义大众文化》，《中华读书报》2001年7月25日，第20版。
4　陶东风：《大众消费文化研究的三种范式及其西方资源——兼答鲁枢元先生》，《文艺争鸣》2004年第5期。

3月14日举办的全国省、市、自治区文化局长会议直陈了传统文化体制的弊端。时任文化部部长的黄镇要求:"文化部门的各级领导干部都要努力熟悉文艺创作与艺术生产的特点和规律,熟悉和掌握一些经济方面的知识,提高组织艺术创作和艺术生产、组织人民文化生活的能力,学会文化事业的经营管理。"[1]

1983年元旦,时任文化部部长的朱穆之发表了著名的"元旦讲话":"农业改革的基本精神与原则一般也适用于文化艺术事业,就是要实行责任制,联产承包。"他的讲话实际上已经涉及了文化体制改革的一些关键问题。随后,全国各地陆续开始了以承包经营责任制为主要形式的艺术院团改革。[2]1988年8月24日至29日,文化部社会文化事业管理局等单位举办了第一届全国文化市场理论研讨会,对"文化市场的内涵、文化市场的管理体制、文化市场的立法原则以及如何繁荣文化市场以不断满足人民群众日益增长的文化生活需求"等问题进行了讨论。余耕水、钱祖惠和文芳九分别就文化市场的立法问题、文化市场与表演艺术的关系问题、管理文化与文化市场管理问题进行了比较深入的探讨,代表了这一时期文化市场理论研究的新进展,标志着人们对文化市场的认识开始逐渐深化。

1988年2月,文化部和国家工商行政管理局联合下发《关于加强文化市场管理工作的通知》,在官方文件中第一次明确使用了"文化市场"的概念。该通知指出:"文化市场作为社会主义精神产品的生产和消费的中介,对繁荣我国文化事业、丰富人民群众的文化生活有着积极的作用,必须在坚持改革开放,促进文化市场活跃繁荣的同时,加

---

1 新华社:《黄镇在全国省、市、自治区文化局长会议上讲话 加强和改善党对文艺工作的领导》,《人民日报》1980年3月4日,第4版。
2 刘筠梅:《我国艺术表演团体体制改革探寻》,《内蒙古大学学报(哲学社会科学版)》2008年第6期。

强管理使其健康发展。"这标志着，文化市场的发展得到了官方的正式认可，在中国文化市场发展进程中具有里程碑意义。此后，中国文化市场逐步放开，民办文化企业随之出现，文艺团体开始试行聘任制。文化体制改革进入"事业体制、政府行为"与"产业运作、市场行为"的双轨制阶段。从 1988 年初开始，《中国文化报》组织了关于"文化市场"的大讨论，先后发表了陈德述的《社会主义文化市场及其特点》、程云瑞的《文化经营的体制基础》、田子馥的《对文化体制改革的几点思考》、刘玉珠的《文化管理体制改革的原则和目标》、王文章的《艺术表演团体体制改革的几个问题》和张绵厘的《论艺术产品的商品属性和非商品属性》等一系列重要文章，并取得了实质性的理论进展。

1989 年，经国务院批准，文化部设立了文化市场管理局，"归口管理文化市场"，推动演出市场、电影、音像市场、书刊市场、文物市场、字画市场、文艺游乐场所及其他提供精神产品与文化服务的社会市场的健康发展。[1] 文化部文化市场管理局的成立，标志着全国文化市场管理体系初步形成。总的来看，20 世纪 80 年代的文化市场研究热体现出了强烈的问题意识和鲜明的实践特色。与大众文化研究的浓烈"火药味"相比，从文化产业实践出发的文化市场研究则是共识多于争议。

三、文化战略研究热

1986 年 2 月 17 日，中共广州市委宣传部等单位共同发起的广州文化发展战略研讨会举行首次会议，揭开了中国大陆文化战略研究的

---

[1] 参见洪明星《认同视域中的文化体制缘起与变迁》，《贵州社会科学》2014 年第 12 期。

序幕。1986年12月11日至17日召开的中国共产党广州市第五次代表大会原则上同意了经30多次大小研讨会反复研究和讨论后形成的《广州文化发展战略纲要（草案）》。以这次研讨会的举办为契机，《广州研究》刊登的许士杰、于光远、蔡穗声等人的一系列论文也成为国内较早的一批文化战略研究成果。

1986年5月10日至14日，中共上海市委和上海市政府召开了上海文化发展战略研讨会。上海的400多位专家在进行大量调查，并撰写了100多篇论文和调查报告的基础上，拟定了《关于制定上海文化发展战略的建议（草案）》。1986年7月，上海市制定了《关于上海文化发展战略的汇报提纲》，提出"上海文化发展远期战略目标是将上海建成亚太地区最大的文化中心之一，近期目标是创建一个开放的、多样化的、鼓励创新的文化环境"。[1]1987年2月，中共中央书记处审议了《关于上海文化发展战略的汇报提纲》，同意上海为进行文化发展战略的试点。

进入20世纪90年代以后，区域文化战略研究热开始兴起，全国许多省（自治区、直辖市）都开始研究和制定本地区的文化发展战略。在各地政府的主导下，政府部门、高等院校和科研院所的许多专家学者纷纷加入了区域文化战略研究的行列。截止到2008年1月，"全国已有23个省（自治区、直辖市）提出将文化强省或文化大省作为奋斗目标的战略"[2]。这一方面反映了区域文化战略研究的火爆，另一方面则说明各地的区域文化发展目标缺乏个性。

事实上，肇始于20世纪80年代中期、兴盛于20世纪90年代以

---

1 参见樊人龙、黄辛猗《上海文化发展的若干问题散论》，《上海大学学报（社会科学版）》1989年第3期。
2 傅琰：《23个省区市要建文化强省 创意人才不足成瓶颈》，《人民日报》2008年1月24日，第11版。

后的文化战略研究热所存在的最大问题就是国家层面的文化战略长期缺失，其直接结果就是，各地的文化发展战略缺乏统一指导，各地的文化发展未能整体统筹规划。虽然早在20世纪80年代末，季羡林、冯惠明和方延明等学者就对中国文化发展战略问题进行了一些研究，但总的来看，这些研究显得比较零散，不成系统。直到20世纪90年代中后期，随着方延明、胡惠林等学者的深入研究，这一重要课题才开始逐渐受到学术界的重视。2003年7月至8月，《中国文化报》陆续刊登了一系列无署名文章。这批文章站在战略机遇期中华文化崛起的高度，对文化战略在国家战略中的重要作用，以及文化战略的方向选择、时代坐标和历史坐标进行了深入探讨，并在此基础上提出了战略机遇期的四大基础性文化战略：文化与经济、政治协调发展战略，保护性开发文化遗产和文化资源战略，文化创新战略，文化事业与产业两业并举战略。这一系列文章的发表，意味着人们对中国国家文化战略的认识不断深化，并且开始逐渐达成共识。

2004年9月19日，党的十六届四中全会通过的《中共中央关于加强党的执政能力建设的决定》明确要求"加强文化发展战略研究，抓紧制定文化发展纲要和文化体制改革总体方案"。这不仅意味着文化战略研究开始受到中央的极大关注，而且标志着国家层面文化战略的制定已提上了议事日程。2004年11月19日，中共中央宣传部、中共广东省委宣传部和中共深圳市委共同主办了主题为"文化发展战略与全面建设小康社会"的中国文化发展战略论坛，首次从国家层面专门探讨文化发展战略问题，会后还出版了《文化发展战略论坛文集》一书[1]。2006年9月13日，中共中央办公厅和国务院办公厅印发了《国

1　中共中央宣传部文化体制改革和发展办公室、中共深圳市委宣传部编：《文化发展战略论坛文集》，广州：广东人民出版社，2005年。

家"十一五"时期文化发展规划纲要》，成为第一个国家层面的中长期文化发展战略规划，中国文化战略研究从此进入了一个新的历史阶段。虽然《国家"十一五"时期文化发展规划纲要》还无法同韩国于1998年提出"文化立国"战略和英国于1999年提出的"创意英国"战略等国家层面的文化发展战略相比，但从理论研究的角度来看，这个领域很快成为一个充满吸引力的学术热点。

随着研究的不断深入，中国文化安全战略问题也开始进入学术界的视野。1999年8月，林宏宇率先提出："文化安全是国家安全的重要组成部分，是国家安全的深层主题。"[1]2005年，胡惠林陆续出版了《中国国家文化安全论》《文化产业发展与国家文化安全》和《中国国家文化安全报告》，首次将文化安全问题提到国家"大战略"的高度，并从不同角度对中国国家文化安全问题进行了全面、系统和深入的研究。如果说林宏宇的论文《文化安全：国家安全的深层主题》拉开了中国文化安全战略研究的序幕，那么，胡惠林这三本专著的出版则掀起了学术界研究文化安全战略的热潮。

总的来看，文化战略研究热是在国家层面的文化战略长期缺失的情况下，由区域文化发展战略研究热而引发的学术现象。尽管各地的区域文化发展战略研究由于缺乏统一指导和统筹规划而存在一些显而易见的问题，然而，区域文化发展战略研究热也在很大程度上改变了计划经济时代的文化战略制定权高度集中于中央政府的情况，体现出了文化战略研究的多样性面貌和本土化特色。

---

[1] 林宏宇：《文化安全：国家安全的深层主题》，《国家安全通讯》1999年第8期。

四、文化产业研究热

从文化产业理论史的角度来看，文化经济与文化管理研究是中国文化产业理论研究的重要源头之一。早在20世纪80年代初，李军就开始了文艺管理学方面的探索。1986年5月，在中共上海市委和上海市政府主办的上海文化发展战略研讨会上，于光远首次倡导开展文化经济学研究。此后，李军的《困扰与转机——文化艺术管理学初探》、于敏的《文化管理研究》和严行方的《文化经济学》等一批关于文化经济和文化管理的著作陆续出版。《外国经济与管理》1985年第1期刊登的文摘——《日本第三产业的最新分类》在国内最早提到了"文化产业"的概念。1985年4月5日，在国务院办公厅转发的国家统计局《关于建立第三产业统计的报告》中，"文化"被首次纳入第三产业的范畴，从而在国民经济核算体系中获得了"产业"的身份。

1991年6月10日，国务院批转的文化部《关于文化事业若干经济政策意见的报告》在肯定"以文补文"的同时，正式提出了"文化经济政策"的命题。1992年6月16日，中共中央和国务院作出的《关于加快发展第三产业的决定》，将"文化卫生事业"作为"加快发展第三产业的重点"。1992年10月12日，江泽民在党的十四大报告中明确提出"完善文化事业的有关经济政策"。1993年，国务院研究室专门成立了"完善文化事业有关经济政策"课题组，对文化经济政策进行了较为系统的初步研究，提出"完善文化经济政策要着眼于调整文化的产业结构和布局，改革文化管理体制和文化运行机制，使文化产业在政策的扶持下，增强造血功能，在市场经济的竞争中赢得自身的发展"的基本原则。[1]

---

[1] 国务院研究室课题组编著，解思忠、郭兴旺主编：《完善文化经济政策》，北京：北京师范大学出版社，1994年，第17页。

在这一时期，人们以文化产业实践为基础，对文化产业的认识不断深化。谢名家指出："文化的产业化是社会物质生产和精神生产发展的必然要求，是社会化大生产和市场的开放化和扩张性的当然结局。顺应这一时势，经济文化时代来临之日，我们要树立崭新的大文化观念，制定正确的产业政策。"[1]钱来忠在总结中国文化产业的发展历程后呼吁："文化产业作为产业形态出现，必须突破原有的文化事业型框架，形成以市场为导向，以文化资本为载体，同时辅以非文化产业支撑的多元化产业体系。"[2]在文化产业的产业属性终于受到政府部门和学术界认可的同时，金元浦却意识到了文化产业的"产业性与文化性的矛盾"。他提出"迅速建立和健全当代文化保护机制"。因为"当代文化保护机制是保证市场条件下文化的全面综合均衡发展的根本制度，是解决产业性与文化性矛盾的重要配伍措施"。[3]刘润为则从文化产业与资本主义的关系入手，对文化产业进行了激烈的批判，成为批判文化产业的重要代表。他认为："为了实现资本增殖的目的，将文化作为商品进行大批量的生产，是资本主义独有的文化生产方式。""要实现全社会对于经济、文化的共同控制，让他们服务于人的全面、自由、健康发展的目的，就必须超越资本主义。"[4]但总的来看，学术界对文化产业研究的大趋势已经从批判性研究走向了建设性研究。

1997年9月12日，江泽民在党的十五大报告中明确提出："深化文化体制改革，落实和完善文化经济政策。"1998年，在国务院机构改革大幅削减机构和人员编制的大背景下，文化部却增设了文化产业司。文化部文化产业司的成立，标志着文化产业终于获得了中央政府的认

1　谢名家：《关于发展文化产业的哲学思考》，《广东社会科学》1995年第5期。
2　钱来忠：《关于文化产业问题的思考》，《天府新论》1995年第6期。
3　金元浦：《文化市场与文化产业的当代发展》，《社会科学战线》1995年第6期。
4　刘润为：《文化工业论》，《文艺报》1997年9月2日，第2版。

可，中国文化产业的发展开始进入勃兴期，文化产业的研究文献也呈几何级数增长。2002年11月8日，江泽民在党的十六大报告中指出："发展文化产业是市场经济条件下繁荣社会主义文化、满足人民群众精神文化需求的重要途径。"这是党的全国代表大会报告中首次使用"文化产业"的概念，并首次对文化事业和文化产业进行了区分。无论对中国文化产业发展来说，还是就文化产业理论研究而言，这都具有非常重要的意义。文化产业研究成为学术界的热点问题。学术界开始意识到，文化产业是"新的经济增长点"，文化产业将成为"支柱产业"，应该"大力发展文化产业"。值得一提的是，中国在2001年底正式加入世界贸易组织前后，学术界也同时出现了一个研究"入世"对文化产业的"影响和对策"、"入世"给文化产业带来的"机遇和挑战"等问题的热潮，中国文化产业理论研究的学术视野逐渐开阔起来。

2004年4月1日，国家统计局印发了由中共中央宣传部牵头成立的"文化产业统计研究"课题组在《国民经济行业分类》基础上制定的《文化及相关产业分类》，首次从政府统计的角度对文化产业的概念和中国文化产业的范围进行了权威界定。2005年1月6日，国家统计局印发的《文化及相关产业统计指标体系框架》从业务活动、财务状况、就业人员和补充指标方面对文化产业进行了描述。2006年5月19日，国家统计局首次发布了中国文化产业的统计数据。统计数据显示，虽然中国文化产业已经初具规模，但依然存在"文化产业单位规模偏小，人均创利较少"、"文化产业对国民经济的贡献和影响低于发达国家"、"文化产业区域发展不均衡的问题突出"这三大问题。[1]这次统计数据的发布，不仅标志着中国文化产业告别了以模糊描述为主、统计

---

1 胡谋、李南玲、王攀、闻白：《国家统计局首次发布我国文化产业统计数据——文化"家底"精确计量》，《人民日报》2006年5月22日，第11版。

无据可依的时代，而且宣告着中国文化产业理论研究从单一的定性研究进入了定性研究与定量研究相结合的新时代。2012年7月，以教育部哲学社会科学研究重大课题攻关项目《我国文化产业发展战略研究》课题组的阶段性成果《中国文化产业发展指数报告》的发布为标志，中国文化产业理论的定量研究和指数编制又进入了一个新的探索阶段。

五、结论与讨论

除大众文化研究热、文化市场研究热、文化战略研究热和文化产业研究热等学术热点以外，中国文化产业理论研究主题高度集中于关于文化产业的概念和性质之类的基本问题、文化产业的宏观管理问题，以及文化产业的具体业态等领域。尽管30多年来的中国文化产业理论研究取得了巨大的成就，然而，"在对文化产业理论研究的巨大需求与建设性成果的有限供给之间，依然存在巨大的落差"[1]。在这样的大背景下，从研究方法的视角来探讨中国文化产业研究存在的主要问题及其解决之道就显得非常重要了。

虽然就学术渊源而言，脱胎于文化研究的文化产业研究，天生就应该具有跨学科、超学科，甚至反学科的特点。因为"文化研究在跨学科的范畴之内运行，涉及到社会理论、经济学、哲学、政治学、历史学、传媒研究、文学和文化理论、哲学及其他的理论话语"[2]。但中国文化产业理论研究的现状却是研究方法比较单一、研究方法不够规范。其直接后果就是那些原本具有整体性意义的文化产业基础理论问题被强行分解成了单一学科问题，解决这些问题的学术工具也因此被局限

---

1 中国社科院文化研究中心课题组：《开阔视野 创新机制 加快文化产业发展——2006—2007年中国文化产业形势分析与预测》，《中国经贸导刊》2007年第3期。

2 金元浦：《文化研究：学科大联合的事业》，《社会科学战线》2005年第1期。

在某个学科的视野内,从而使这些基础理论问题失去了本来的价值,或者由于研究方法的局限性而难以对症下药地解决问题。这也使得中国的文化产业理论建构工作因为失去了文化研究的传统方法论优势而踯躅不前,难以取得重大突破。中国文化产业理论研究能否以及如何形成跨学科范式,甚至超学科范式,直接决定着中国文化产业理论研究的空间大小。

(原载于《改革与战略》2017年第2期)

论文化权

从文化规制的角度来看，文化权的核心问题就是文化规制者的权力与被规制者的权利问题。从本质上讲，这对矛盾背后涉及的实际上是文化权力与文化权利的冲突与调和。更准确地讲，主要涉及文化公权力与文化私权利的冲突与调和。这是因为，文化规制的实施是以被规制者让渡自己的部分文化自由为前提，而文化权力的行使又对文化权利具有天然的侵害性，因此，必须处理好文化权力与文化权利，尤其是文化公权力与文化私权利的关系问题。

一、文化与权力

正如张曙光指出的那样，在西方思想理论界，文化与权力的关系问题早就是学术研究的一大热点问题。当安东尼奥·葛兰西（Antonio Gramsci）提出"文化霸权"的概念后，西方思想理论界已相当普遍地承认了文化与权力的内在关联性。[1] 理查德·约翰生（Richard Johnson）在论及文化与权力的关系时承认，文化研究实践之所以必

---

1 张曙光：《权力话语与文化自觉——关于文化与权力关系问题的哲学思考》，《社会科学战线》2008 年第 5 期。

须被置于权力的语境之中,是因为无论将文化视为比较抽象的公共知识,还是将文化作为私人领域的研究客体,文化研究都必然被深深地卷入权力关系之中。它构成了它试图描述的那些线路的组成部分。[1] 布劳尼斯娄·马林诺夫斯基(Bronislaw Malinowski)则坦言,"文化,是对人类能力、身体机能和有效行动能力的动员机制"。因此,文化可以被扭曲为一种权力工具。它既可以导致破坏性的结果,也可以导致建设性的结果。[2]

米歇尔·福柯(Michel Foucault)对疯癫和监狱的研究发现,在现代社会,知识与权力通过教训、话语、符号和公共道德的表象,直接相互连带地对人的思想和行为共同实施着越来越强的监控和约束。在福柯看来,权力可以通过一种集体的和匿名的凝视,通过被看见的方式加以实施。他甚至认为,完全没有必要发展军备、增加暴力和加强控制,只需要有注视的目光就够了。每个人在这种注视的目光所形成的压力之下,"都会逐渐自觉地变为自己的监视者",从而实现自我监禁。福柯觉得,这个办法妙极了。因为"权力可以如水银泻地般地得到具体而微的实施,而又只需花费最小的代价"。[3]

皮埃尔·布尔迪厄(Pierre Bourdieu)在研究文化权力问题后认为,文化本身就是一种权力。更准确地讲,文化是一种符号权力。这种符号权力能够将各种社会安排合法化。尽管在现代社会,文化独立于经济和政治,然而,文化权力却能够同经济资本和政治权力相互交

---

1 参见罗钢、刘象愚主编《文化研究读本》,北京:中国社会科学出版社,2000年,第3—50页。
2 [英]布劳尼斯娄·马林诺夫斯基:《自由与文明》,张帆译,北京:世界图书出版公司北京公司,2009年,第156页。
3 包亚明主编:《权力的眼睛——福柯访谈录》,严锋译,上海:上海人民出版社,1997年,第157—158页。

换。[1]从某种意义上讲，布尔迪厄将资本的概念与权力的概念相联系，使得权力的概念涵盖了物质权力、文化权力和社会权力等多种形式。这样一来，资本的概念就从原先的物质化形态广泛延伸到了文化符号领域。在布尔迪厄眼里，"文化从来都不能断绝与社会支配权力之间的姻亲关系"。他直言不讳地指出："文化是命名合法权力、确定高贵头衔的'软性'暴力，文化也是政治性的。"[2]

二、文化权力：作为权力的文化

在文化研究的语境里，文化本身就是一种权力。或许正是出于这个原因，虽然关于文化霸权、文化安全、文化消费和文化资本等问题的研究都或多或少涉及了文化权力问题，以"文化权力"或者"文化与权力"为主题的研究也并不少见，但在文化权力的定义上，却出现了似乎无须定义直接使用即可的状况。这也难怪，因为权力这个概念本身就是一个貌似人人都懂、根本无须多言、直接使用即可的常见概念。正如丹尼斯·朗（Dennis Wrong）所说，权力一直是人人都在使用而不需要适当定义的字眼。权力既被视为个人、群体或者更大社会结构所拥有的品质或者属性，也被视为个人或者集体参与者之间的主动和互动过程或者关系的指标。此外，权力还被应用于物理现象和物理过程。[3]但如果我们试图定义权力，又会发现遇到的麻烦不小。丹尼斯·朗指出，虽然关于社会权力的定义多达成百上千种，但我们没有理由不用熟悉和简明的定

---

1 参见［美］戴维·斯沃茨《文化与权力：布尔迪厄的社会学》，陶东风译，上海：上海译文出版社，2006年，第147—148页。
2 张意：《文化与符号权力：布尔迪厄的文化社会学导论》，北京：中国社会科学出版社，2005年，第123、126页。
3 参见［美］丹尼斯·朗《权力论·第三版引言》，陆震纶、郑明哲译，北京：中国社会科学出版社，2001年，第1—2页。

义。例如略经修改过的伯特兰·罗素（Bertrand Russell）的定义：权力是某些人对其他人产生预期效果的能力。[1]

事实上，丹尼斯·朗的这个选择是非常明智的。那么，罗素又是如何理解权力的呢？罗素认为："权力，它的涵义与物理学的基本概念是能量相同的。和能量一样，权力具有多种形式，如财富、军队、行政机关、舆论控制。这些形式中，没有一种可以视为隶属于它种形式，而且无一是源于它种形式的。"[2]在罗素眼里，与能量一样，权力必须被视为能够不断从一种权力形式转化为另一种权力形式。因此，对这些转化法则的探索，应该成为社会科学研究的任务。时至今日，把任何一种权力形式单独分开的企图，尤其是把权力的经济形式单独分开的企图，曾经是，而且现在仍然是实践中屡犯重大错误的根源所在。显而易见，罗素的权力观是一种整体权力观。对于文化权力而言，这种整体权力观显然比单纯从法学视角或者政治学视角入手来理解文化权力更能够抓住其本质以及文化权力同其他权力形式的区别。正如米歇尔·福柯所说，"如果我们在看待权力的时候，仅仅把它同法律和宪法，或者是国家和国家机器联系起来，那就一定会把权力的问题贫困化。权力与法律和国家机器非常不一样，也比后者更复杂、更稠密、更具有渗透性"[3]。如果我们将权力理解为"某些人对他人产生预期效果的能力"，那么，文化权力就是对他人的文化生活产生预期效果的能力。而且文化权力也是权力的具体形式之一。文化权力与其他形式的权力不仅关系密不可分，而且能够相互转化。

---

1 [美]丹尼斯·朗：《权力论》，陆震纶、郑明哲译，北京：中国社会科学出版社，2001年，第3页。
2 [英]伯特兰·罗素：《权力论——一个新的社会分析》，靳建国译，北京：东方出版社，1988年，第4页。
3 包亚明主编：《权力的眼睛——福柯访谈录》，严锋译，上海：上海人民出版社，1997年，第161页。

三、文化权利：来自实践的界定

如果说人们对文化权力的兴趣主要限于文化研究领域，那么人们对文化权利的关注则更多地体现在文化实践领域（见图1）。经验地看，文化权利可以分为三大类：第一类是文化生活参与权，包括文化生活平等权、文化生活自由权和文化生活认同权。第二类是文化成果分享权，包括文化成果接近权、文化成果创造权和文化成果选择权。第三类是文化收益保护权，包括物质收益保护权和精神收益保护权。艺衡等人研究发现，关于文化权利的界定主要散见于联合国和一些专门机构的全球性或地区性文件。由于这些文件并非完整的条约或者宣言，因此人们可以任意组合它们。有时候，文化权利是指作为一种权利的一个整体，即对文化所拥有的权利。具体而言就是人人都有受教育的权利，参与文化生活的权利，享受科学发展的权利，享受保护一切科学、文学和艺术作品的精神利益和物质利益的权利。有时候则被分得更细，欧洲议会有关文化权利的草案认为，文化权利包括九个方面：遗产、身份、语言、文化、传媒、体育、初等教育、中等教育、高等教育。有的文件则进一步具体化为信息权、受教育权、言论自由权、宗教自由权和国际文化合作权等。换句话说，文化权利既是集体权利，也是个人权利。有些时候这两种维度还会产生冲突。[1] 虽然早在1948年12月10日，联合国大会就通过了旨在维护人类基本权利的《世界人权宣言》，但该文件并非具有强制性的国际公约。不过，《世界人权宣言》却为此后颁布的两份具有强制性的联合国人权公约奠定了坚实的基础。

---

[1] 参见艺衡、任珺、杨立青《文化权利：回溯与解读》，北京：社会科学文献出版社，2005年，第3—4页。

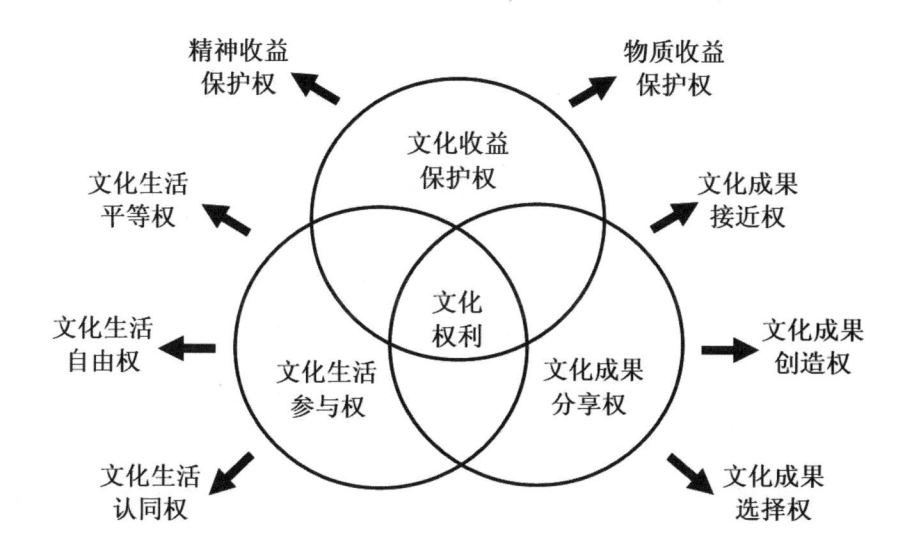

```
                精神收益                      物质收益
                保护权                        保护权
                         文化收益
     文化生活              保护权
     平等权                                       文化成果
                                                  接近权
                          文化
                          权利
     文化生活
     自由权           文化生活    文化成果           文化成果
                    参与权      分享权             创造权

     文化生活                                      文化成果
     认同权                                       选择权
```

图 1　文化权利的内容构成

1966 年 12 月 16 日，联合国大会通过了两份重要的国际公约：《经济、社会及文化权利国际公约》和《公民权利和政治权利国际公约》。《经济、社会及文化权利国际公约》第十五条指出："一、本公约缔约各国承认人人有权：（甲）参加文化生活；（乙）享受科学进步及其应用所产生的利益；（丙）对其本人的任何科学、文学或艺术作品所产生的精神上和物质上的利益，享受被保护之利。二、本公约缔约各国为充分实现这一权利而采取的步骤应包括为保存、发展和传播科学和文化所必需的步骤。三、本公约缔约各国承担尊重进行科学研究和创造性活动所不可缺少的自由。四、本公约缔约各国认识到鼓励和发展科学与文化方面的国际接触和合作的好处。"

《公民权利和政治权利国际公约》第十九条指出："一、人人有权持有主张，不受干涉。二、人人有自由发表意见的权利；此项权利包括寻求、接受和传递各种消息和思想的自由,而不论国界,也不论口头的、书写的、印刷的、采取艺术形式的、或通过他所选择的任何其他媒介。三、本条第二款所规定的权利的行使带有特殊的义务和责任,因此得受某些限制,但这些限制只应由法律规定并为下列条件所必需:(甲)尊重他人的权利或名誉;(乙)保障国家安全或公共秩序,或公共卫生或道德。"值得一提的是,该公约也指出,个人文化权利并非没有边界的。例如,第二十条指出:"一、任何鼓吹战争的宣传,应以法律加以禁止。二、任何鼓吹民族、种族或宗教仇恨的主张,构成煽动歧视、敌视或强暴者,应以法律加以禁止。"又如,第二十七条特别强调:"在那些存在着人种的、宗教的或语言的少数人的国家中,不得否认这种少数人同他们的集团中的其他成员共同享有自己的文化、信奉和实行自己的宗教或使用自己的语言的权利。"

2001年11月2日,联合国教科文组织大会第三十一届会议通过的《世界文化多样性宣言》第五条专门涉及了文化权利方面的内容,并将其视为"文化多样性的有利条件"。该宣言第五条指出:"文化权利是人权的一个组成部分,它们是一致的、不可分割的和相互依存的。富有创造力的多样性的发展,要求充分地实现《世界人权宣言》第二十七条和《经济、社会、文化权利国际公约》第十三条和第十五条所规定的文化权利。因此,每个人都应当能够用其选择的语言,特别是用自己的母语来表达自己的思想,进行创作和传播自己的作品;每个人都有权接受充分尊重其文化特性的优质教育和培训;每个人都应当能够参加其选择的文化生活和从事自己所特有的文化活动,但必须在尊重人权和基本自由的范围内。"

四、文化公权力与文化私权利

如果说，文化权力可以被分为文化公权力和文化私权力，那么，文化权利也可以被分为文化公权利和文化私权利。于是，就自然而然地形成了文化公权力—文化公权利、文化公权力—文化私权力、文化公权力—文化私权利、文化私权力—文化私权利、文化私权力—文化公权利、文化公权利—文化私权利这六组关系的互动和博弈。显而易见，文化公权力—文化私权利是各种文化权力—文化权利组合中至关重要和最为核心的部分，也是各种文化权力—文化权利关系的出发点和归宿点，这是因为：第一，文化公权力来源于文化私权利。从历时性的角度来看，在人类文化发展史上，文化权利要先于文化权力而存在。同样，文化私权利也先于文化公权力而存在。文化公权力实际上是由文化私权利让渡和转化而来。因此，没有文化私权利，也就没有文化公权力。文化私权利是文化公权力的基础。第二，文化公权力以文化私权利为目的。文化公权力的行使是为了服务于公共文化利益，否则就会出现文化公权力的异化。公共文化利益并非抽象的概念，而是私人文化利益的集合，因此，离开私人文化利益的公共文化利益是不存在的，这就是说，行使文化公权力的最终目的是为了实现文化私权利。

问题是，文化公权力的实际拥有者并非抽象的公共文化部门，而是一个个活生生的个人。拥有文化公权力的特定个人是否能够真正出于维护公共文化利益和推动文化发展的目的行事，在很大程度上其实取决于文化公权力的运行机制，因为是人就有各种欲望，就有滥用权力的可能性。而且经验地看，在缺乏监督和不够透明的条件下，滥用权力可以说是极大概率事件。正如孟德斯鸠所说："一切有权力的人都容易滥用权力，这是万古不易的一条经验。有权力的人们使用权力一直到遇有界限的地方才休止。"[1]阿克顿勋爵更是断言:"历史并不是由道德上无辜的一双双手所编织的一张网。在所有使人类腐化堕落和道德败坏的因素中,权力是出现频率最多和最活跃的因素。"[2]文化公权力一旦被滥用,文化公权力的异化就在所难免,这是因为,文化公权力的形式主体是特定的个人,所以一旦文化公权力同形式主体所代表的实质主体相分离,那么,文化公权力就势必转化为形式主体的文化私权力,进而侵害文化私权利乃至公共文化利益。(见图2)

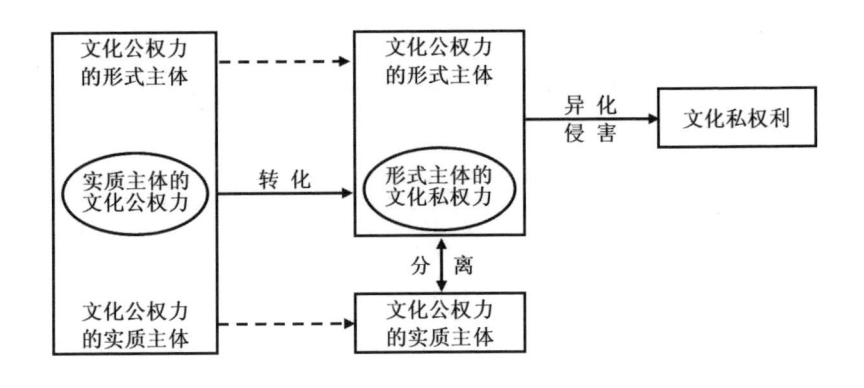

图2 文化公权力的异化

不仅如此,被异化的文化公权力在侵害文化私权利时,所打的旗号依旧是形式上的公共文化利益,但这种名义的公共文化利益只是为了掩盖形式主体所滥用的文化公权力,因为实质上的公共文化利益一定是建立在私人文化利益之上的利益集合,但这种文化公权力的异

---

1 [法]孟德斯鸠:《论法的精神(上册)》,张雁深译,北京:商务印书馆,1961年,第154页。
2 [英]阿克顿:《自由与权力》,侯健、范亚峰译,北京:商务印书馆,2001年,第342页。

化却造成了文化公权力和文化私权利的极度紧张。具体来说，文化公权力的异化可分为三大类：第一类异化是文化公权力的地方化（例如"渭南书案"）；第二类异化是文化公权力的部门化（例如"魔兽事件"）；第三类异化是文化公权力的私有化（例如"彭水诗案"）。无论文化公权力以哪种方式异化，文化私权利都往往首当其冲。

虽然文化公权力侵害文化私权利的过程也存在文化公权力与文化私权力的对抗，但二者根本不在同一个能量级别，而是处于严重的能量不对称状态。在强大的文化公权力面前，文化私权力只能是以铢称镒，即便如此，当文化公权力侵害文化私权利时，竟然也拿出狮象搏兔的精神，动用一切可以动用的资源，采取任何能够采取的措施，基本不顾及任何社会影响，甚至急不择言、慌不择路，更为可怕的是，当文化公权力侵害文化私权利时，国家机器也经常被随意动用甚至滥用，从而出现了文化公权力的暴力化倾向。

文化私权利是维持个人生存和发展的最基本文化权利，也是文化人权的核心和基础，当我们面对这些触目惊心的鲜活案例时不得不意识到，在文化公权力和文化私权利的能量极不对称的情况下，严格限制文化公权力，尽力保护文化私权利的重要性和现实紧迫性。事实上，就文化公权力和文化私权利的关系而言，"对于公权力，法不授权不得行，法有授权必须为；对于私权利，法无禁止皆权利，法无禁止不得罚"。这就是说，文化公权力的行使必须首先树立文化规制的边界意识，从而防止文化公权力对文化私权利的过度侵害。

（原载于《新闻传播》2017年第3期，收入本书时有删改）

文化产业管理专业的学科归属与专业设置

十三届全国人大四次会议表决通过的《中华人民共和国国民经济和社会发展第十四个五年规划和2035年远景目标纲要》提出，到2035年建成文化强国的远景目标，并强调从提高社会文明程度、提升公共文化服务水平、健全现代文化产业体系三个方面推进社会主义文化强国建设。[1]在推进社会主义文化强国建设的新征程上，队伍是基础，人才是关键。文化产业管理专业的学科归属调整与专业设置优化问题，不仅是文化产业学界和业界一直关注的重要议题，而且是激发文化创造活力、推进文化强国建设的重要基础。

一、引言

中共中央办公厅、国务院办公厅印发的《关于实施中华优秀传统文化传承发展工程的意见》（中办发〔2017〕5号）明确提出："加强中华优秀传统文化相关学科建设。"[2]《中华人民共和国文化产业促进法

---

[1] 《中华人民共和国国民经济和社会发展第十四个五年规划和2035年远景目标纲要》，《人民日报》2021年3月13日，第1、5版。
[2] 《关于实施中华优秀传统文化传承发展工程的意见》，《人民日报》2017年1月26日，第6版。

(草案送审稿)》要求:"积极推动文化产业及相关学科专业建设,支持有条件的高等学校、中等职业学校、技工学校开设与文化产业相关的专业和课程,采取多种方式培养适应文化产业发展需要的人才。"然而,文化产业管理专业的学科归属不当和专业名称不妥等问题,直接影响到文化产业人才的培养方向和培养质量。

首先需要说明的是,我国的学科设置包括两大体系:一是由原国家质量监督检验检疫总局、国家标准化管理委员会发布的中华人民共和国国家标准《学科分类与代码》;二是由国务院学位委员会、教育部印发的《学位授予和人才培养学科目录》和教育部印发的《普通高等学校本科专业目录》。前者主要适用于基于学科的信息分类、共享和交换,也适用于国家宏观管理和部门应用。例如,南京大学中国社会科学研究评价中心开发的"中文社会科学引文索引"对 CSSCI 来源期刊的学科分类就基本上以《学科分类与代码》为划分依据。后者的情况则比较复杂。《学位授予和人才培养学科目录》分为学科门类、一级学科(学科大类)、二级学科(学科小类)三级,主要适用于学士、硕士、博士的学位授予与人才培养,并用于学科建设和教育统计分类等工作。《普通高等学校本科专业目录》分为"学科门类"、"专业类"(对应于《学位授予和人才培养学科目录》中的"一级学科",下同)和"专业名称"(对应于"二级学科")三级,主要适用于普通高等学校本科专业的设置和调整,以及安排招生、授予学位、指导就业,并用于教育统计和人才需求预测等工作。本文所要讨论的学科归属与专业设置问题主要涉及第二个体系。

二、以"文化经济与管理"替代"文化产业管理"的缘由

根据教育部历年公布的《普通高等学校本科专业备案和审批结

果》，截至2019年底，全国已有223所高校开设了文化产业管理（专业代码：120210）本科专业（见图1）。从开办该专业的高校数量来看，文化产业管理专业不可谓不火。然而，由于文化产业管理专业的学科归属不当、专业名称不妥、培养方向不清，极大地影响到文化产业的科学研究、学科建设、人才培养。

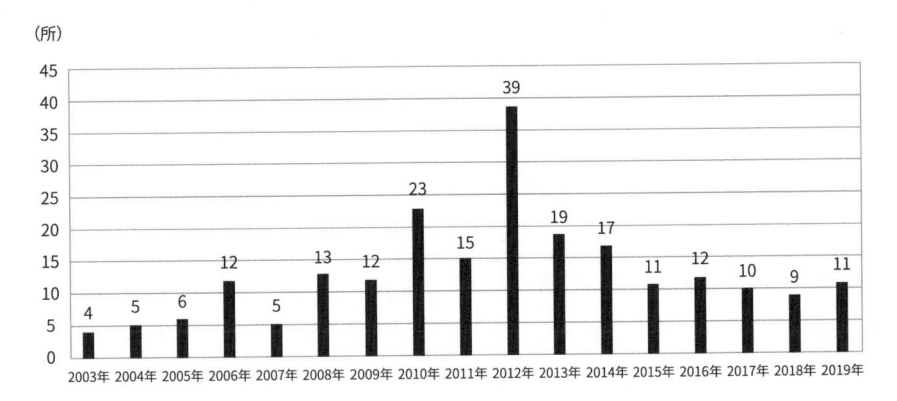

(所)

年份	数量
2003年	4
2004年	5
2005年	6
2006年	12
2007年	5
2008年	13
2009年	12
2010年	23
2011年	15
2012年	39
2013年	19
2014年	17
2015年	11
2016年	12
2017年	10
2018年	9
2019年	11

图1　历年来新开设文化产业管理本科专业的高校数量（2003—2019年）

从文化产业管理专业的学科归属来看，2004年，教育部在少数高校试点开设的目录外专业——文化产业管理（专业代码：110310S[1]）曾被归入公共管理类（专业代码：1103）专业类别。一方面，这说明当时的教育行政部门，强调的仍是文化的事业属性，还没有足够重视其产业属性。另一方面，专业名为文化产业、学科归属却是公共管理的内在矛盾也注定了学科归属调整的命运。2012年，教育部将文化产业管理调整到工商管理类（专业代码：1202）专业类别，专业代码也从110310S变更为120210。这一变更说明两点：一是专业代码后"S"的消失，意味着文化产业管理专业从试点的目录外专业转正为目录内

---

[1] 专业代码说明：专业代码后带"S"的表示在少数高校试点的目录外专业。

的正式专业;二是学科归属从公共管理变为工商管理,也反映了教育行政部门对文化的产业属性的认识深化过程。但是,文化产业管理专业的学科归属问题并未得到根本解决。因为工商管理学科既不足以容纳文化产业管理专业的丰富内容,也无法从理论和方法上完全正确地指导文化产业领域的经营管理活动。习近平总书记多次强调:"衡量文化产业发展质量和水平,最重要的不是看经济效益,而是看能不能提供更多既能满足人民文化需求、又能增强人民精神力量的文化产品。要坚持把社会效益放在首位、社会效益和经济效益相统一。"[1]这显然不是以营利性组织为主要研究对象的工商管理学科的现有理论所能合理解释和正确指导的。事实上,教育部在第四次修订《普通高等学校本科专业目录》时,专门注明文化产业管理专业"可授予管理学或艺术学学士学位",也从侧面说明了文化产业管理之于工商管理的特殊性。因此,将文化产业管理专业归入工商管理一级学科(专业类别),实际上并不合适。

从文化产业管理的专业名称来看,根据教育部印发的《普通高等学校本科专业目录》,文化产业管理专业是所有本科专业中唯一一个以"产业管理"命名的专业。按照《大辞海》的定义,文化产业管理是指"有关组织和机构对文化产业发展的一种管理活动。包括宏观管理和微观管理两个方面。前者指国家权力对文化产业的管理活动。后者指文化企业管理,即对文化企业的生产经营活动进行计划、组织、指挥、协调和控制等"[2]。依据上述定义,就专业设置和人才培养的角度而言,文化产业管理专业显然很难真正涉及宏观管理的范畴,而只能涉及微

---

[1] 习近平:《在教育文化卫生体育领域专家代表座谈会上的讲话(2020年9月22日)》,北京:人民出版社,2020年,第7页。
[2] 夏征农、陈至立主编:《大辞海·文化 新闻出版卷》,上海:上海辞书出版社,2013年,第17页。

观管理，即文化企业管理的范畴。严格来说，关于文化产业的管理实际上属于中观管理[1]的范畴，关于文化企业的管理才属于微观管理的范畴。然而，文化企业管理又不能完全同微观层面的管理画等号。因为微观层面的管理不仅包括文化企业管理，而且包括经营性文化事业单位[2]和文化类民办非企业单位[3]等市场主体的管理。在这种情况下，以"文化经济与管理"替代"文化产业管理"这个颇为"词不达意"的专业名称，或许是比较好的方案。此外，在专业名称上淡化工商属性，也更有助于培养能够"坚持把社会效益放在首位、社会效益和经济效益相统一"的管理人才。

从文化产业管理专业的培养方向来看，教育部在对《普通高等学校本科专业目录》进行第三次修订时，就将文化艺术事业管理（专

---

1 20世纪70年代，德国经济学家汉斯·鲁道夫·彼得斯（Hans-Rudolf Peters）首次提出中观经济（Meso Economy）这一有别于宏观经济（Macro Economy）和微观经济（Micro Economy）的新概念。中观经济的研究对象主要包括部门经济、地区经济、集团经济。与此对应，中观层面的管理则主要以部门和地区为研究对象。参见王慎之《中观经济管理》，《管理世界》1987年第5期。
2 所谓经营性文化事业单位，是指"从事新闻出版、广播影视和文化艺术的事业单位"。事实上，不少已完成"转企改制"任务，组建为企业集团的报业集团、广电集团、出版集团、发行集团、演艺集团等文化产业类集团，仍然带有比较浓厚的"事业性"特征，在实际运营过程中也不同程度地普遍存在"事企难分"的问题。
3 文化类民办非企业单位的情况相对比较复杂。文化类民办非企业单位是指"企业、事业单位、社会团体和其他社会力量以及公民个人利用非国有资产举办的，从事非营利性文化服务活动的社会组织"。文化产业的市场主体不仅包括营利性文化机构，也包括非营利性文化机构。一方面，文化类民办非企业单位"非营利性"的外在形式并不排除某些民办非企业单位参与文化市场竞争的客观事实；另一方面，由于文化类社会组织的分类不合理，某些文化类民办非企业单位确实存在"以公益之名，行营利之实"的现象。湖北省宜昌市甚至直接"将文化类民办非企业单位纳入产业引导基金支持范围。对文化类民办非企业单位的场馆建设、开展的公益性活动以及提供的文化产品等，产业引导基金以参股、补助、贴息等方式给予扶持"。

业代码：050442）专业并入公共事业管理（专业代码：110302）专业。此后，原本属于公共管理类专业类别的文化产业管理（专业代码：110310S）专业又被划入工商管理类专业类别（专业代码也随之变更为120210）。问题是，文化事业管理人才的培养方向反倒因为文化产业管理专业的学科归属调整而缺失了。然而，社会对文化事业管理人才的需求却并未因文化产业管理专业的学科归属调整而消失。其结果就是：虽然各大高校的文化产业管理专业培养目标试图兼顾文化事业和文化产业，但在事实上造成了培养目标不清的现象，并且在课程设置、教学计划、教学实践等方面产生了一系列问题。[1] 此外，当文化产业管理专业毕业生报考公务员和事业单位时，还会由于某些用人单位对考试职位的专业要求（如限制为公共管理类专业类别）而丧失报考资格。因此，在调整文化产业管理专业名称的同时，还应考虑到社会对文化事业管理人才的现实需求，设置公共文化服务与管理专业[2]，并在合适的时机将二者统一到文化管理类[3]或文化学类[4]专业类别名下。

---

[1] 虽然文化产业管理专业目前的学科归属为工商管理，但时至今日，包括西安建筑科技大学、浙江工商大学、广东财经大学在内的不少高校仍将文化产业管理专业归入公共管理学院。

[2] 在高等职业教育（专科）层面，教育部在"文化服务类"（专业代码：6504）专业类别设有"公共文化服务与管理"（专业代码：650403）专科专业。该专业接续的本科专业为文化产业管理、公共事业管理、公共艺术。

[3] 截至2020年，已连续举办17届的"全国高校文化管理类学科建设联席会议"就以"文化管理类学科"命名。作为我国文化管理类学科领域历史最为悠久、规模最大、影响力最为深远的全国性学术会议，这一会议名称对学科和专业的命名都大有启发。

[4] 在高等职业教育（专科）层面，教育部在"文化艺术大类"专业大类中设有"民族文化类"（专业代码：6503）和"文化服务类"（专业代码：6504）专业类别，以及若干相关专科专业。其中，"文化服务类"专业类别中的"文化创意与策划"（专业代码：650401）、"文化市场经营管理"（专业代码：650402）、"公共文化服务与管理"（专业代码：650403）等专科专业都可接续文化产业管理本科专业。

三、学科归属与专业设置的三种方案

总的来看，文化产业管理专业的学科归属与专业设置，有三种可行的方案：

第一种方案是在《学位授予和人才培养学科目录》的工商管理（学科代码：1202）一级学科下，将旅游管理（学科代码：120203）二级学科调整为文旅管理（学科代码不变）；在公共管理（学科代码：1204）一级学科下，新设公共文化管理（学科代码：120406）二级学科。（见表1）与此对应的是，在《普通高等学校本科专业目录》的管理学门类下，将原属工商管理类专业类别的文化产业管理（专业代码：120210）专业归属调整到文旅管理类专业类别，并更名为文化经济与管理（专业代码：120905）专业；在公共管理类专业类别新设公共文化服务与管理（专业代码：120415）专业。（见表2）在国务院将原文化部和原国家旅游局的职责整合并组建文化和旅游部的大背景下，将旅游管理二级学科调整为文旅管理，显然有利于进一步从人才培养的角度统筹文化产业发展和旅游资源开发，推动文化和旅游的深度融合发展。[1]

---

[1] 2019年全国文化和旅游厅局长会议强调，"习近平总书记高度重视文化和旅游融合发展，发表了一系列重要论述，科学分析了文化和旅游的关系，阐明了文化和旅游融合发展的重要性、必要性，提出了融合发展的具体要求，为我们推动工作指明了方向。各地要坚持'宜融则融、能融尽融'，着力推进理念融合、职能融合、产业融合、市场融合、服务融合、对外和对港澳台交流融合，要尊重规律、因地制宜、稳中求进、鼓励创新"。参见石羚《文旅融合，拥抱诗和远方》，《中国文化报》2019年1月18日，第3版。

表1 《学位授予和人才培养学科目录》新旧学科对照表（方案一）

学科代码	学科门类、一级学科、二级学科名称	原学科代码	原学科门类、一级学科、二级学科名称
12	学科门类:管理学	12	学科门类:管理学
1202	一级学科:工商管理	1202	工商管理
120203	二级学科:文旅管理	120203	二级学科:旅游管理
1204	一级学科:公共管理	1204	一级学科:公共管理
120406	二级学科:公共文化管理	无	无

表2 《普通高等学校本科专业目录》新旧专业对照表（方案一）

专业代码	学科门类、专业类、专业名称	原专业代码	原学科门类、专业类、专业名称
12	学科门类:管理学	12	学科门类:管理学
1204	**专业类别:公共管理类**	**1204**	**专业类别:公共管理类**
120415	专业:公共文化服务与管理	无	无
1209	**专业类别:文旅管理类**	**1202**	**专业类别:工商管理类**
120905	专业:文化经济与管理	120210	专业:文化产业管理

　　第二种方案是在《学位授予和人才培养学科目录》的管理学（门类代码：12）学科门类下，新设文化管理（学科代码：1206）一级学科，以及公共文化管理（学科代码：120601）和文化经济管理（学科代码：120602）二级学科。（见表3）与此对应的是，在《普通高等学校本科专业目录》的管理学门类下，新设文化管理类专业类别，并开设公共文化服务与管理（专业代码：121001）和文化经济与管理（专业代码：121002）专业。（见表4）从长期来看，这种方案更有利于持续推动公共文化服务水平的提升和现代文化产业体系的健全。

表3 《学位授予和人才培养学科目录》新旧学科对照表（方案二）

学科代码	学科门类、一级学科、二级学科名称	原学科代码	原学科门类、一级学科、二级学科名称
12	学科门类:管理学	12	学科门类:管理学
1206	一级学科:文化管理	无	无
120601	二级学科:公共文化管理	无	无
120602	二级学科:文化经济管理	无	无

表4 《普通高等学校本科专业目录》新旧专业对照表（方案二）

专业代码	学科门类、专业类、专业名称	原专业代码	原学科门类、专业类、专业名称
12	学科门类:管理学	12	学科门类:管理学
1210	**专业类别:文化管理类**	无	无
121001	专业:公共文化服务与管理	无	无
1210	**专业类别:文化管理类**	**1202**	**专业类别:工商管理类**
121002	专业:文化经济与管理	120210	专业:文化产业管理

第三种方案是在《学位授予和人才培养学科目录》的交叉学科（门类代码：14）学科门类下，新设文化学（学科代码：1403）一级学科，以及文化理论与文化史（学科代码：140301）、马克思主义文化理论与政策（学科代码：140302）、传统文化（学科代码：140303）、地域文化（学科代码：140304）、公共文化（学科代码：140305）、文化产业（学科代码：140306）等二级学科。（见表5）与此对应的是，在《普通高等学校本科专业目录》新设的交叉学科学科门类下，新设文化学类专业类别，并新设公共文化服务与管理（专业代码：140301）专业；将原属工商管理类专业类别的文化产业管理（专业代码：120210）专业归属调整到文化学类专业类别，并更名为文化经济与管理（专业

代码随之调整为140302）专业；将原属历史学类专业类别的文化遗产（专业代码：060107T）专业归属调整到文化学类（专业代码随之调整为140303）专业类别。（见表6）上述专业皆可授予文化学学士学位。

表5 《学位授予和人才培养学科目录》新旧学科对照表（方案三）

学科代码	学科门类、一级学科、二级学科名称	原学科代码	原学科门类、一级学科、二级学科名称
14	学科门类:交叉学科	14	学科门类:交叉学科
1403	一级学科:文化学	无	无
140301	二级学科:文化理论与文化史	无	无
140302	二级学科:马克思主义文化理论与政策	无	无
140303	二级学科:传统文化	无	无
140304	二级学科:地域文化	无	无
140305	二级学科:公共文化	无	无
140306	二级学科:文化产业	无	无

表6 《普通高等学校本科专业目录》新旧专业对照表（方案三）

专业代码	学科门类、专业类、专业名称	原专业代码	原学科门类、专业类、专业名称
14	学科门类:交叉学科	无	无
1403	**专业类别:文化学类**	无	无
140301	专业:公共文化服务与管理	无	无
1403	**专业类别:文化学类**	**1202**	**专业类别:工商管理类**
140302	专业:文化经济与管理	120210	专业:文化产业管理
1403	**专业类别:文化学类**	**0601**	**专业类别:历史学类**
140303	专业:文化遗产	060107T	专业:文化遗产

设置文化学交叉学科的理论依据是：文化学（culturology）广泛地涉及哲学、社会学、心理学、外国语言文学、新闻传播学、艺术学理论等多个一级学科，以及符号学、语用学、解释学、谱系学、叙事学、神话学等多个新兴人文学科和地理学、生态学、建筑学、系统科学、生物医学工程、网络空间安全等自然科学学科，具有典型的交叉性、边缘性、综合性特征。设置文化学交叉学科的现实意义是：在建设社会主义文化强国的新征程上，从学科建制的角度大力推动文化学的科学研究、学科建设、人才培养，既有利于提升文化软实力，也有利于维护国家文化安全，更有利于提高社会文明程度。对国家发展、文明传承、文化安全而言，都具有至关重要的意义和作用。

按照教育部公布的《完成备案的学位授予单位（不含军队单位）自主设置交叉学科名单（截至2020年6月30日）》，已有30余家学位授予单位设置了文化学领域的交叉学科（按照二级学科管理）。其中，至少20个交叉学科都同公共文化管理和文化经济管理密切相关。（见表7）这些学位授予单位在什么是文化学交叉学科、怎样建设文化学交叉学科、如何依托文化学交叉学科开展人才培养工作等问题上，都进行了大量有益的探索，并取得了丰硕的成果。这都是设置文化学交叉学科及相关二级学科的前期基础和有力保障。

表7　学位授予单位（不含军队单位）自主设置的部分相关交叉学科名单

单位名称	自设学科名称	所涉及的一级学科（排名不分先后）
北京航空航天大学	文化传播与管理	教育学、公共管理、设计学
首都师范大学	文化创意产业与媒介素养教育	哲学、教育学、中国语言文学
北京第二外国语学院	国际文化贸易	应用经济学、外国语言文学、工商管理

续表

单位名称	自设学科名称	所涉及的一级学科（排名不分先后）
中国传媒大学	文化产业	新闻传播学、艺术学理论、音乐与舞蹈学、戏剧与影视学、设计学
山西财经大学	文化产业管理	应用经济学、管理科学与工程、工商管理
华东政法大学	文化产业管理	应用经济学、公共管理
苏州大学	媒介与文化产业	应用经济学、中国语言文学、中国史
杭州师范大学	公共文化管理学	中国语言文学、公共管理、艺术学理论
济南大学	文化产业管理	应用经济学、管理科学与工程、工商管理
济南大学	文化产业史	应用经济学、社会学、工商管理
山东财经大学	文化产业管理	应用经济学、工商管理、公共管理
武汉大学	文化产业管理	应用经济学、公共管理、图书情报与档案管理
华中师范大学	文化资源与文化产业	中国语言文学、中国史、管理科学与工程、公共管理
吉首大学	非物质文化遗产学	民族学、中国语言文学
吉首大学	文化创意产业	民族学、中国语言文学、工商管理
中南大学	文化产业学	哲学、法学、工商管理
湖南师范大学	文化产业管理	中国史、世界史、工商管理
暨南大学	文化创意与文化产业	应用经济学、中国语言文学
四川大学	文化遗产与旅游开发	考古学、中国史、工商管理
陕西师范大学	文化资源与文化产业	中国语言文学、中国史、地理学

注：此统计名单截至 2020 年 6 月 30 日。

四、结语

就微观而言，由于文化产业管理专业的学科归属不当、专业名称不妥、培养方向不清，极大地影响了文化产业的科学研究、学科建设和人才培养。以文化经济与管理替代文化产业管理这个颇为词不达意的专业名称，是比较好的可选方案。就宏观而论，文化产业管理专业的学科归属与专业设置，有三种可行的方案。第一种方案是：在学科归属上，将旅游管理二级学科调整为文旅管理；在专业设置上，将原属工商管理类专业类别的文化产业管理专业归属调整到文旅管理类专业类别，并更名为文化经济与管理专业；在公共管理类专业类别新设公共文化服务与管理专业。第二种方案是：在学科归属上，在管理学学科门类下，新设文化管理一级学科，以及公共文化管理和文化经济管理二级学科。在专业设置上，新增文化管理类专业类别，并开设公共文化服务与管理和文化经济与管理专业。第三种方案是：在学科归属上，在交叉学科学科门类下，新设文化学一级学科，以及文化理论与文化史、马克思主义文化理论与政策、传统文化、地域文化、公共文化、文化产业等二级学科。在专业设置上，在新设的交叉学科学科门类下，新增文化学类专业类别，并新设公共文化服务与管理专业；将原属工商管理类专业类别的文化产业管理专业归属调整到文化学类专业类别，并更名为文化经济与管理专业；将原属历史学类专业类别的文化遗产专业归属调整到文化学类专业类别。

当然，上述三种方案各有利弊，而且实施难度各异。事实上，文化产业管理专业的学科归属与专业设置，首先需要文化产业学界乃至文化学界同人深入探讨，形成共识。在将文化产业学乃至文化学的学科意识统一起来，形成学科归属与专业设置共识的基础上，再通过多方协调，共同呼吁，合力推进学科归属调整与专业设置优化工作，持续推进社会主义文化强国建设,加快培育新时代高水平文化管理人才。笔者谨以此文抛砖引玉,以期引发对上述问题的广泛关注与深入探讨。

(原载于《艺术管理》2021年第2期,收入本书时有修改)

天府文化强县：为文化强省先行探路

党的二十大报告关于"推进文化自信自强，铸就社会主义文化新辉煌"的新部署和关于"增强文化自信，围绕举旗帜、聚民心、育新人、兴文化、展形象建设社会主义文化强国"的新要求，为加快建设新时代文化强省、全面建设社会主义现代化四川进一步指明了方向。

一、四川高度重视文化建设

党的十八大以来，四川高度重视文化建设工作、大力推动文化繁荣兴盛。2019年，中共四川省委、四川省人民政府印发的《关于大力发展文旅经济加快建设文化强省旅游强省的意见》明确提出"把我省建设成为社会主义核心价值观广泛践行、文化事业繁荣发展、文旅产业深度融合的文化高地和世界重要旅游目的地"。在文化建设方面，四川印发的《建设文化强省中长期规划纲要（2019—2025年）》聚焦和突出"强"这个关键词，进一步提出"实现文化建设由'大'到'强'的根本转变，到2025年基本建成文化强省"的发展目标。在旅游发展方面，四川印发的《关于开展天府旅游名县建设的实施意见》则聚焦和聚力"县域"主战场，进一步提出通过建设天府旅游名县，统筹县域旅游高质量发展和县域经济创新发展的战略举措。

（一）文化强省建设的现实基础

四川省文化和旅游厅资料显示，四川已在"十三五"时期构建起全国战线最长、数量最多、服务最广的公共文化服务网络；四川省统计局数据显示，"十三五"时期全省文化及相关产业增加值年均增长11.4%，高于同期全省地区生产总值现价年均增速1.4个百分点。"十三五"时期文化产业对全省地区生产总值增长的贡献率为4.6%，对四川经济社会发展起到重要的支撑作用。

（二）文化强省建设的客观条件

国家统计局数据显示，2021年四川文化及相关产业增加值（2441亿元）占地区生产总值的比重（4.51%）不仅低于全国平均水平（4.56%），而且同广东（6910亿元，5.54%）、江苏（5814亿元，5.00%）、浙江（4944亿元，6.70%）等省差距明显。从全省范围来看，《2021年成都市数字文创产业发展报告》显示，2021年成都文化创意产业实现增加值2074亿元，占全市地区生产总值的10.4%，占全省文化及相关产业增加值的84.97%。省内文化产业发展不平衡不充分的问题较突出。

（三）旅游名县建设与文化强县建设

2021年，四川印发《天府旅游名县评选办法》《天府旅游名县考评评分细则》《关于进一步做好天府旅游名县建设工作的通知》等一系列政策措施，旨在推动全省各县形成对标先进、比学赶超、竞相发展的"赛马"格局。截至2022年9月，全省已评选和命名四批共39个天府旅游名县，可在推进天府旅游名县建设的同时，建设天府文化强县。通过县域文化建设和县域旅游发展"两手"并抓，确保文化强省建设和旅游强省建设的齐头并进。

二、为建设文化强省夯基铺路

（一）文化强县和旅游名县可互为补充

文化建设和旅游发展必须"两手都要抓，两手都要硬"，否则难以真正建成文化强省、旅游强省。聚力"县域"主战场，可以营造县域文化竞相发展的良好氛围，增强县域文化体制改革的动力、激发县域文化创新创造的活力、提升县域公共文化服务的效能、推动县域文化产业高质量发展、夯实巴蜀文化繁荣发展的基础，为全省的县域文化建设闯出新路。

（二）文化强县是文化强省的有力抓手

建设文化强县，重在充分激发各县在文化建设方面的能动性，提高全社会文明程度、繁荣发展文化事业和文化产业、增强中华文明传播力影响力，这一过程中探索出的县域文化建设经验，能够为高水平建设文化强省先行探路。

（三）文化强县的可参与范围广阔

客观而言，并不是所有地方都有条件建设天府旅游名县，天府文化强县建设的可参与范围更广。围绕建设具有强大凝聚力和引领力的社会主义意识形态、广泛践行社会主义核心价值观、提高全社会文明程度、繁荣发展文化事业和文化产业、增强中华文明传播力影响力这五条主线，每个县都大有可为。通过各县积极参与、调动各方力量、整合各种资源，能够不断满足人民群众日益增长的精神文化需求、提升人民群众的精神风貌，为建成社会主义文化强国夯基铺路。

三、持续提升文化强县建设水平

（一）加强组织领导

建设天府文化强县，是推动县域文化繁荣发展、推进新时代文化强省建设的重大举措。在省级层面，天府文化强县建设的组织领导工作宜由多单位共同参与，形成以天府文化强县建设为有力抓手，高水平建设新时代文化强省的工作机制。在县域层面，遵循以评促建、以评促变、评建结合、重在建设的原则，以县（区）、乡镇（街道）、村（社区）三级为单元，着眼凝聚群众、引导群众、以文化人，推进文化自信自强，为铸就社会主义文化新辉煌奠定坚实基础。

（二）完善管理制度

完善指标体系。围绕主流思想引领力显著增强、巴蜀文化影响力显著增强、文艺精品创造力显著增强、文化服务供给力显著增强、文化产业竞争力显著增强、文化发展保障力显著增强等内容，不断完善天府文化强县的考评指标体系。突出考评重点，坚持客观公正、优中选强、突出重点的原则，在择优评定综合成绩靠前县的同时，优先考虑具有示范效应的县。强化动态管理。对天府文化强县实施目标量化和动态管理，采取定期复查、暗访检查、大数据评价等方式推动天府文化强县持续提升文化建设水平。

（三）健全激励机制

在财政上，可由省财政给予天府文化强县一定数额的资金奖励；在项目上，优先支持天府文化强县申报各级各类重点文化项目；在用地上，优先保障天府文化强县的公共文化设施、重大文化产业项目和文化产业园区建设用地需求，优先支持天府文化强县申报城乡建设用地增减挂钩实施规划；在人事上，加大对天府文化强县的干部培养考察力度，优先支持天府文化强县的文化人才培养和职业技能培训。

（原载于《四川省情》2023年第3期）

贰 繁荣发展社会主义文艺

谁来分蛋糕很重要

国家艺术基金的成立，虽然意义非常重大，但意义究竟有多大，主要取决于实际操作。在我看来，国家艺术基金主要存在三个方面的问题。

第一，谁来分蛋糕？

作为一个既有"国字号"名头，又有资金支持的国家级艺术基金，"年度申报指南"出来之后，必定是你争我夺的肥肉。无论是由理事会和管理中心的直接管理，还是专家委员会的同行评议，都存在事关"公平"的问题。相对来说，专家同行评议可能是最公平合理的。但"专家"二字并不是抽象的概念。谁有资格当专家？谁能够进入专家库？这才是问题的关键。我的建议是，在专家委员会的遴选上，必须考虑艺术创作的特殊规律，坚决打破以体制内专家为主的固有观念和操作方式，无歧视地吸收持不同艺术观念和立场的体制外专家和艺术家。否则的话，国家艺术基金只能是体制内人士的自娱自乐。

第二，怎么分蛋糕？

国家艺术基金的蛋糕怎么分，首先涉及资助范围的问题。根据国家艺术基金理事会理事长蔡武的介绍，国家艺术基金的资助范围包括艺术创作生产、宣传推广、征集收藏、人才培养四个方面。但蛋糕一共就这么大，顾此的结果就是失彼。因此，怎么分蛋糕是个大问题。我的建议是，在创作生产上，国家艺术基金应该重点资助创作成本较高、经济效益较低的艺术门类；在宣传推广上，国家艺术基金应该重点资助审美教育，受众的美育比艺术宣传推广更重要，这才是从根本上增强宣传推广效果的关键；在征集收藏上，当代艺术作品的收藏应该建立起以艺术荣誉为主、资金奖励为辅的长效收藏机制；在人才培养上，国家艺术基金应该建立起鼓励坚持自主性的青年文艺人才的发现和培育机制。

第三，没分好咋办？

任何基金的运作，都会出现这样那样的问题。出现问题并不可怕，可怕的是视而不见甚至掩盖问题。国家艺术基金只有真正做到公平、公正、公开，才有可能尽量减少问题。在国家艺术基金的运作机制设计上，首先要解决基金项目竞争的公平问题；其次要解决基金项目信息的公开问题；再次要解决"立项难，结项易"的问题；最后要解决争议的申诉渠道公开问题。例如，为了解决公平性问题，本着透明性原则，虽然反对立项的专家信息理所当然应该保密，但支持立项的专家信息却大可公开，从而对专家行为起到一定的约束作用。又如，在基金项目结项时，不妨由立项年度的项目竞争对手来参与评价并赋予一定的权重。竞争对手服，那才是真服。诸如此类的管理制度，都可以进行深入研究。

（原载于《美术报》2014 年 1 月 25 日）

书法之"名"与作品定价

一、佳书与孬画

所谓书画，顾名思义，既包括书法，也包括国画。古往今来的许多大书画家都曾表达过诸如此类的观点："以书入画，书为画骨。"例如，自称"三十学诗，五十学画"的吴昌硕就承认，自己"平生得力之处在于能以作书之法作画"。在艺术创作上，吴昌硕的书法和篆刻功力非常深厚。他以狂草作葡萄，用篆笔写梅兰，将书法的行笔和篆刻的运刀巧妙地融入绘画之中，形成了独具特色的"金石味"画风。中国画讲究"提、按、顿、挫"等技法，重视"浓、淡、疏、密"等布局，对入画的每一笔都讲求筋骨神韵。因此，书画家常常讲"书画同源"。有意思的是，尽管人们几乎都承认"书画同源""书为画骨"，然而，在二三十年来的中国书画市场上，国画与书法的价格之差，却是天上人间，不可以道里计。不仅顶级国画家的国画作品的价格与顶级书法家的书法作品相去甚远，而且即使是书画兼长的书画家的国画与书法价格也难以相提并论。这就是人们通常所说的"佳书不如孬画"。

二、字数与尺幅

纵观中国书法市场史，书法定价大致经历过两个阶段：以字数定价和以尺幅定价。以字数定价始于何时，现在已经很难考证了。早在春秋时期就已出现的受雇抄书的"籍工"和"佣书"，或许可以视为以字数定价的雏形。但这种雇佣关系更注重的是字体的工整和清晰，而不是书法的结体和布局。魏晋以降，书法作品"以字品定单价，以字数定总价"的定价方式开始形成，并且沿用成俗。曾任翰林供奉的唐代书法理论家张怀瓘在《书估》中指出：

> 夫丹素异好，爱恶罕同，若鉴不圆通，则各守封执，是以世议纷糅。何不制其品格，豁彼疑心哉！且公子贵斯道也，感之，乃为其估，贵贱既辨，优劣了然。因取世人易解，遂以王羲之为标准。如大王草书真字，一百五字乃敌一行行书，三行行书敌一行真正，偏帖则尔。至如《乐毅》、《黄庭》、《太师箴》、《画赞》、《累表》、《告誓》等，但得成篇，即为国宝，不可计以字数，或千或万，惟鉴别之精粗也。他皆仿此。[1]

张怀瓘提出的以王羲之的楷书和行书作为书法作品估价基准，以书法作品字数计价的定价思路对后世的影响十分深远。例如，明代书画家文徵明在品鉴王羲之《二谢帖》（36字）后估价："每一字当得黄金一两，其后三十一跋，每一跋当得白银一两。更有肯出高价者，吾不论也。"[2] 按此标准，文徵明为《二谢帖》的估价高达36两黄金外加

---

[1] 上海书画出版社、华东师范大学古籍整理研究室选编校点：《历代书法论文选》，上海：上海书画出版社，2014年，第150页。

[2] 〔明〕李诩撰：《戒庵老人漫笔》，魏连科点校，北京：中华书局，1982年，第174页。

31两白银。虽然这只是估价，但绝非信口开河。举例来说，明代万历年间的大古董商吴廷从明代诗人王穉登处购入王羲之《快雪时晴帖》（28字）的价格就高达1800两白银，每字约值64两白银。明代书画家文震亨在《长物志》中总结道：

> 书价以正书为标准，如右军草书一百字，乃敌一行行书，三行行书，敌一行正书；至于《乐毅》、《黄庭》、《画赞》、《告誓》，但得成篇，不可计以字数。[1]

由此可见，当时的书法作品定价不仅以字数论价，而且以楷书为定价基准：楷书价格高于行书价格，行书价格高于草书价格。当然，特殊情况，另当别论。

由于中国古代的书法家多为文化人，深受"君子喻于义，小人喻于利"的传统观念影响，往往"耻于谈钱"。因此，以尺幅定价究竟始于何时，同样难以考证。记载明确并且广为人知的案例是清代书画家郑板桥在乾隆二十四年（1759）对外公布的书画润格：

> 大幅六两。中幅四两。小幅二两。书条、对联一两。扇子、斗方五钱。凡送礼物、食物，总不如白银为妙。公之所送，未必弟之所好也。送现银，则中心喜乐，书画皆佳。礼物既属纠缠，赊欠尤为赖账。年老神倦，亦不能陪诸君子作无益语言也。画竹多于买竹钱，纸高六尺价三千。任渠话旧论交接，只当秋风过耳也。乾隆己卯，拙公和上属书谢客。[2]

---

1 〔明〕文震亨原著：《长物志校注》，陈植校注，南京：江苏科学技术出版社，1984年，第139页。
2 卞孝萱编：《郑板桥全集》，济南：齐鲁书社，1985年，第243—244页。

在这里，郑板桥不仅明确公布了书画作品价格，而且强调了现银交易的重要。鸦片战争以后，以尺幅定价基本上取代了以字数定价，成为主流的书法定价方式，并且一直影响至今。

三、当代书法作品定价的三个特点

当代书法作品的定价方式与古代迥异。由于一些古代书法作品的文物价值非常高，不少书法家都拥有极高的社会知名度。因此，近年来，许多古代书法作品的价格都在屡创新高。进一步看，虽然同为古代书法，宋元及以前的书法和明清书法也完全不在同一等级。由于宋元以前的书法可谓凤毛麟角，只是偶尔在市场上露面，因此明清书法成为古代书法板块的领头品种。例如，在2013年5月13日举办的中国嘉德春季拍卖会"中国古代书法"专场上，成交价排名前10位的作品中，明代书法占了2件，清代书法占了8件。由于书法创作的效率远高于很多艺术门类，因此，从市场供给的角度来看，存世量只减不增的古代书法和存世量只增不减的当代书法，自然不可以同一定价思路视之。

书法定价的标准因作者而有侧重。在中国书画市场上，有一个词叫"名人字画"。从某种意义上讲，价格与名气从来都是如影随形的。但进一步看，这里所谓的"名"至少可分为三类：因社会知名度而带来的"名"、因绘画知名度而带来的"名"，以及因书法艺术本身而带来的"名"。因此，从书法定价的角度来看，名人书法主要侧重于作者本人的社会知名度（如莫言）；画家书法主要侧重于画家绘画价格的参照系（如范曾）；书家书法主要侧重于书法艺术本身的艺术性（如张海）。只有从这个角度，我们才能更好地理解，为什么专业书法家的书法时常卖不过非专业的名人书法和往往不够专业的画家书法。主要原因就是作者类别不同，影响价格的权重因子有别。

　　各级书协扮演着书法家准入资格把关人的角色。就中国书法市场的现状而言，收藏者大都不够成熟。同一般的艺术类社会团体相比，书协的书法家资质认定功能还是要强得多。正因如此，才导致了收藏者对书协资质认定的"迷信"以及由此而带来的书协的种种异化现象。在多种因素的约束之下，书协只有扮演好书法家资质认定的把关人角色，才能避免整体水准下降和专业声誉受损的命运。为此，书协可以参照国际惯例，将会员分为两大类：专业会员和名誉会员。前者必须坚持将艺术标准和学术标准作为入会的不二标准；后者则可以放宽上述标准，吸收书法爱好者和书法活动家。与此同时，必须加强对艺术腐败的打击力度。

（原载于《中国文化报》2014年6月15日，收入本书时有删改）

当代艺术的中国式"镀金"闹剧

2015年4月9日，第56届威尼斯国际艺术双年展肯尼亚国家馆参展新闻发布会在南京举行。肯尼亚国家馆的参展新闻发布会不在肯尼亚或者意大利，而在中国召开，原因之一是此次展览的赞助方是南京某企业；原因之二则是，此次参展的艺术家，除了一位生于肯尼亚但长居于瑞士的艺术家和一位生于意大利但长居于肯尼亚的艺术家外，剩下的参展艺术家全部来自中国。而上述两位外国艺术家与肯尼亚的当代艺术圈几乎没有太多联系。一时间，诸如"威尼斯之耻""肯尼亚被代表""中国艺术家镀金"乃至"新文化殖民主义"之类的议论甚嚣尘上。

事实上，中国艺术家在2013年举办的第55届威尼斯双年展上就开始了大规模"镀金"。当时的"镀金"方式主要是通过"平行展"。从威尼斯双年展的组织方式来看，可分为三类：由组委会任命的总策展人策划的主题展区、由各国家馆构成的国家馆区，以及由各艺术机构策划的平行展构成的外围展区。与主题展区和国家馆区相比，参加外围展区的展览要容易得多。只要策展人的申请获得组委会审查通过即可自行组织，当然，一切费用均由申请方独自承担。因此，坦率地讲，外围展区的平行展参展作品质量可谓参差不齐。以第55届威尼斯双年展为例，参加该届双年展平行展的中国艺术家竟然超过了360人，其中的一些艺术家即使在国内艺术界也是名不见经传。但某些艺术家在参加完该平行展后，故意混淆上述几类展览的性质，夸大宣传所参加展览的价值，从而实现市场溢价的目的。

中国艺术家此次扎堆"占领"肯尼亚国家馆，则可以被视为当代艺术的中国式"镀金"的极致化：资本的力量已经完全无视基本的底线，肆无忌惮地利用参展规则上的漏洞，通过资本话事的逻辑赤裸裸地剥夺肯尼亚艺术家的参展权，这正是该事件持续发酵的重要原因。值得一提的是，连续两次参加肯尼亚国家馆双年展的艺术家兼地产大亨阿曼多·坦兹尼（Yvonne Amolo）坦言，是他出钱帮肯尼亚获得了第55届威尼斯双年展的参展机会。如果没有他个人的努力，肯尼亚没办法获得展馆，因为肯尼亚政府无力承担相应的建馆和参展费用。第56届威尼斯双年展不完全是他出资，还有其他赞助人。但显而易见的是，出资方而非策展人才是参展艺术家名单的最终决定者。面对国内外艺术界的质疑，肯尼亚国家馆的某参展艺术家回应道："西方让我们不舒服了那么多年，我们让他们不舒服几天，也算是个开始……西方会慢慢习惯，中方反殖民的情况……"这种狭隘的民族主义立场不仅完全无视最基本的全人类共同价值，而且主张用一种新的殖民来反抗旧的殖民。这种通过资本的力量来剥夺肯尼亚艺术家参展权的所谓"反抗"，只不过是在以一种极其恶劣的方式延续西方中心主义的旧殖民主义格局。

当然，中国艺术家在威尼斯双年展肯尼亚国家馆的这场中国式"镀金"闹剧也具有值得肯定的积极意义。一方面，人们将进一步搞清楚威尼斯双年展的主题展区、国家馆区、外围展区的展览体制与参展价值；另一方面，则将进一步消解威尼斯双年展的"权威"以及国内艺术界和收藏界对威尼斯双年展的"迷信"。

(原载于《中国文化报》2015 年 4 月 19 日）

大互联时代的策展新思维

互联网技术和高清数字技术的迅猛发展对人类的生活方式产生了前所未有的巨大冲击。人与人、人与物、物与物之间开启了日益广泛的互联互通,我们也由此进入了大互联时代。就本质而言,艺术展览实际上就是一种传播媒介。因此,作为传播媒介的艺术展览更需要,也应该积极拥抱,而不是排斥"互联网+"。事实上,无论从内容上讲,还是从形式上看,大互联时代的艺术展览都同农耕文明时代和工业文明时代的艺术展览有着本质的区别,并且由此对策展人的策展新思维提出了更高的要求。

一、互动:参与者思维

每个人都有自我表达的内在欲望,都有参与到艺术过程的潜在愿望。从某种意义上讲,让一个人付出比给予更能让他产生参与感、认同感和成就感。互联网则让个人的表达和表现成为可能。随着时代的发展和技术的进步,艺术展览的参观者年龄逐渐由"50后""60后""70后"向"80后""90后"甚至"00后"倾斜。那些伴随着互联网成长起来的新一代不太会被动地接收信息,也不会满足于简单地观看艺术展览。对于他们来说，艺术展览是一种主动的选择，而不是被动的接受。因此，策展人必须将传统的以内容为核心的策展人思维更新为以互动为重点的参与者思维。

事实上，对于当代艺术而言，"参与"的概念并不新鲜。早在20世纪60年代，欧美发达国家就产生了"参与性艺术"。经过半个多世纪的发展，强调合作、参与、互动和社会介入的参与性艺术早已成为主流的艺术展览形式之一。例如，在银川当代美术馆开馆时的首展中，由银川当代美术馆艺术总监谢素贞策展的主题为"娃娃外传——镜屋魔幻师"的儿童互动艺术展就秉承了"人人都是艺术家"的原则，以家庭为单位参与互动。这不仅改变了传统的艺术展览模式，实践了社会雕塑的理念，而且拉近了银川当代美术馆与公众间的距离，真正达成了同展览参与者的互动。相比之下，传统水墨依然停留在艺术家创作和展示作品、参观者观看和评判作品的传统展览模式。事实上，对于大互联时代的艺术展览来说，参与者思维不仅包括当代艺术已经在进行的艺术创作的合作式和参与式实践，而且涵盖各种艺术展览的其他所有环节。换句话说，艺术家和策展人应该将艺术参与权交给参与者，让参与者实实在在地参与到艺术展览的过程中。

二、传播：社会化思维

社会化思维是指策展人利用社会化媒体、社会化工具和社会化网络，重塑艺术家和参与者的沟通关系，以及展览组织和宣传推广的思维方式。一提到"社会化"的概念，我们第一时间想到的可能还是那些在微博和微信等社会化媒体上做的诸如关注、点赞、评论和转发之类的宣传推广活动。事实上，"社会化"的发展早已过了只是将社会化媒体用于艺术展览的宣传推广的初级阶段。简单地讲，社会化思维的关键字就是"网"。由于艺术展览的参与者是以网络的形式存在的，因此，为了实现最佳的传播效果，作为传播媒介的艺术展览必须利用好社会化媒体。除了线上和线下同时进行的艺术展览，就连一些纯粹利用社会化媒体传播的虚拟艺术展览也会产生令人意想不到的效果。例如，自认为不是"画家"的美术史学者易英的微信艺术展"另一面——作为画家的易英"一经发出就得到了众多艺术界人士的认可和回应，引起众人疯狂转发，火爆了微信朋友圈。

总的来看，目前的社会化媒体已经对人的关系网络，甚至生活习惯产生了极大的影响。策展人从前所熟悉的通过报刊向参观者传播信息的传统宣传推广模式，以及由此而形成的以开幕展或研讨会为重头戏的传统艺术展览模式，正在受到社会化网络和参与者习惯的巨大挑战。艺术展览的影响力和生命力早已不再仅仅局限于展览场馆之内和展览期限之中，而是以跨越空间和时间的方式同时存在于真实世界和虚拟世界里。因此，在大互联时代，评价艺术展览成功与否的标准显然也应当从单纯的"线下效果"延伸到包含"线上效果"在内的综合标准。

三、策展：简约化思维

大互联时代的信息爆炸，碎片化的信息无处不在，人们的耐心也越来越少。在筹备传统的艺术回顾展或文献展时，艺术家和策展人总是希望通过各阶段的代表性作品和个人文献资料，尽可能全面地展现艺术家的成长经历、创作过程和发展历程。然而，在艺术展览的参与者所面对的信息量极其庞大，而且对信息拥有完全的自主选择权的新形势下，大而全的艺术展览已经越来越显得不合时宜了。当然，这并不是说建立在深度研究基础上的大型总结性回顾展或文献展没有意义，而是说那些生怕挂一漏万、费尽心思做的展览究竟能在多大程度上吸引关注、留下印象、引发思考？这个关系到展览的实际传播效果，而不仅仅是内容和形式完美性的问题。这其实才是至关重要的。

　　事实上，无论现场展览，还是艺术传播，都需要首先做到专注。正所谓"大道至简"，在艺术传播实践中，越简单的东西越容易被传播。对于策展人来说，广度和深度在很多时候是很难兼顾的。与其追求大而全的广度，不如追求小而专的深度。不易以展览的形式传播的学术内容，不妨以其他的形式进行记录和传播。不要片面地为了追求展览的所谓学术性和全面性，而导致展览参与者的迷茫和无感。只有用专注的心打造主题明确、重点突出、细节感人的艺术展览，才有可能在短时间内抓住展览参与者的心。在艺术展览多如牛毛的今天，如何从众多的展览中脱颖而出，而不是淹没于展览之海中，落得热闹的开幕式一过就几乎无人问津的命运，这是考验策展人智慧的一道大题。

（原载于《美术报》2016年1月9日）

美术评论的时代需求与有效供给

一、现状：美术批评为什么常被批评

虽然美术评论与美术批评被普遍认为是可以相互替换的同义词，但从美术评论的具体内容来看，却明显存在着"批评"与"捧评"两类风格迥异的评论，并且出现了"美术批评常被批评"[1]的美术现象。尽管"常被批评"的并非真正意义上的美术批评，而是变质和异化了的"美术捧评"，为行文方便起见，本文除特别之处（例如引用文献或语境特殊时），还是使用显得更为中性的美术评论一词。

对于这种由来已久的现象，美术界其实早已关注多时。在贾方舟看来，当三十余位评论家在20世纪90年代初发布《部分评论家共同立约维护智力劳务权益》的"公约"后，美术批评就走上了评论家的文字升值（但由文字构成的"批评"却贬值）之路了。因为该"公约"既是评论家"在市场胁迫下的一次'自我拯救'，也是一次集体性的

---

[1] 陈履生：《美术批评常被批评值得深思》，《新快报》2016年3月27日，第A22版。

'自我伤害'"。[1]黄丹麾较早地意识到了美术批评对于艺术市场的"异常重要"的作用。他提出，评论家在商业交换中应该始终坚持学术品位。[2]但问题的症结恰恰在于，评论家如何才能在面对市场利益巨大诱惑的时候，普遍并且长期坚持独立立场和学术品位？

梁智敏锐地指出，当评论家被"金钱资本"阉割，当美术批评变成了金钱的附庸和艺术家的奴隶之后，美术批评也就自然而然地扮演了欺骗和愚弄外行的角色。但他找不到能够阻止美术批评被金钱牵引而行的解决之道。退而求其次的做法或许是建立"美术批评的市场化"与"对美术批评市场化的揭示与批判"这样一个平衡结构。[3]非常遗憾和尴尬的事实是，梁智于十年前作出的这个判断至今仍未过时。

叶青指出，美术批评在被市场左右之后，成为艺术炒作的推手。评论家和艺术家的利益高度相关，导致美术批评与美术创作形成了吹捧与被吹捧的"和谐共生"关系，从而直接影响了美术批评的公信力和学术性。[4]李昌菊在审视美术批评所遭遇的空前的公信力危机之后，直指美术批评的制度性症结：评论家在收取酬金后，说真话就变得十分艰难了，因为真话往往并不符合付酬者的期待。所以，最终结果就是评论家与艺术家形成了利益共同体，成为艺术市场利益的分享者。[5]事实上，由艺术家、评论家和部分市场参与者共同构成的"利益共同体"正是当下中国美术生态环境的真实写照。

陈履生不无遗憾地承认，在经历了政治化批评的时代之后，商业化时代的美术批评，其商业化在所难免。他还悲观地表示，当代的美

1　贾方舟：《批评的力量——中国当代美术演进中的批评视角与批评家角色》，《文艺研究》2003年第5期。
2　参见黄丹麾《美术作品与美术批评的商品价值》，《西北美术》1995年第2期。
3　参见梁智《美术批评在今天还有意义吗？》，《美术观察》2006年第3期。
4　参见叶青《当代美术评论要重塑批评精神》，《中国文艺评论》2015年第2期。
5　参见李昌菊《当下美术批评异象之忧思》，《中国文艺评论》2015年第3期。

术批评成为实现商业目的的最常规的推销法和商业手段，美术批评已经很难发挥其应有的功能了。[1] 梁江也直言不讳地指出，美术批评已经成为名副其实的服务性行业，批评文章则成为"文字花篮"。美术批评被深深地打上了商品属性，可以在市场上流通。而且，评论家的名气越大，价格越高，流通性也越好。他认为，出现这种状况，评论家负有很大的责任。为此，他提出，评论家的职业底线是对自己的文字负责，评论家应该对此进行自我反思。[2] 虽然梁江的立场代表了大多数"批评美术批评"者的态度，但除了职业道德方面的诉求，评论制度层面的重建或许显得更为重要和必要。

二、需求端：美术评论的意义与功能

传统之见认为，美术评论是美术欣赏的深化，是对美术作品或美术现象的价值判断和理论分析。这是美术评论的意义，但并不是全部的功能（见图1）。从需求端的角度来看，美术评论至少具有三个方面的意义与功能。

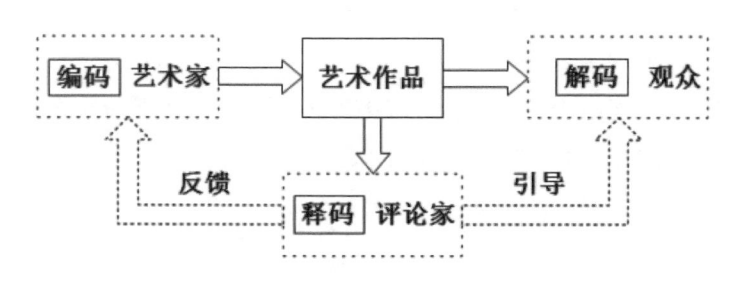

图1 艺术作品的传播模型

---

1 参见陈履生《变味、变质的美术批评》，《国画家》2010年第4期。
2 参见梁江《美术批评已经变成服务性行业》，《新快报》2014年5月25日，第18版。

(一) 引导观众审美

美术评论的首要功能就是深化美术欣赏、引导观众审美。普通观众是美术评论的最重要和最主要读者。同直接欣赏美术作品相比，美术评论可以帮助观众从自己可能从未意识到的视角更深刻地欣赏和理解美术作品。在此基础上，评论家可以进一步地恰当运用某些美术概念和美术理论对美术作品的风格和技法进行深入浅出的解读。在某些情况下，还可以结合美术史，对美术作品及其美术流派进行分析和定位。总之，评论家心中的读者应该是观众，美术评论的功能之一就是引导观众审美。这是美术评论的最重要和最基本功能，也是美术评论存在的基础和意义。

(二) 帮助作者进步

美术评论是美术创作的镜子和药方。好的美术评论是帮助作者进步的良药（"剜烂苹果"的"批评"）。从某种意义上讲，评论家是艺术家的老师。正所谓艺无止境，好的美术评论能够切中要害地发现作者在美术创作中存在的问题，指出美术作品本身存在的缺点和改进的方向，从而推动艺术家的美术创作。坏的美术评论（庸俗吹捧的"捧评"）则是阻碍作者进步的毒药。这类美术评论往往满篇只讲优点，只字不提缺点，云山雾罩地不知所云或者毫无底线地大肆吹捧艺术家及其美术作品。这类废话连篇的话语垃圾不仅起不到丝毫帮助作者进步的作用，而且会使作者产生自满错觉和创作误判。

(三) 为收藏者把关

在健康的艺术市场上，评论家扮演着艺术市场把关人的重要角色。尤其是在收藏者的艺术鉴赏力有待进一步提高和作为一级市场主体的画廊处于相对弱势地位的情况下，这一角色显得更为关键。因为同艺术家和其他具有利益相关性的市场参与者相比，具有相对独立性的评论家的意见理应是更为中立和客观的参考意见。从这个意义上讲，美术评论与艺术市场天生就具有扯不清的微妙关系。但目前的美术评论与艺术市场的关系早已由早期的"红包批评关系"逐渐变为了更为赤裸裸和商业化的可以根据甲方具体需求定制，甚至可以批量化流水线生产的"甲方—乙方委托代理关系"。但中国艺术市场需要的显然是具有职业底线和独立见解、能够作为收藏指南的美术评论。就此而论，中国美术评论显然满足不了收藏者的真正需求。

三、供给侧：内容分析及其成因探讨

从美术评论的内容来看，以五种具有代表性和影响力的美术类报刊在 2016 年刊登的 100 篇美术评论为例，这些美术评论的内容大致可以分为六大类：一是对艺术家成长历程及其代表作的介绍和观感；二是对艺术家某一系列作品的介绍、感触和定位；三是对艺术家风格和技法的特点及其价值的提炼；四是对艺术家为人及双方交往经历的回顾性介绍；五是将艺术家置于某种社会和文化背景下的述评；六是将艺术家置于美术史背景下对时代性的强调。（见表 1 和图 2）进一步看，这些美术评论的基调无一例外都是中性或者"捧评"，几乎没有一篇美术评论明确指出了艺术家的缺点与不足，甚至根本看不出评论家的鲜明态度和批评立场。

表1 中国美术评论内容的六大类型

类型	例子
对艺术家成长历程及其代表作的介绍和观感	(……)是我国当代知名画家,著名画家(……)的弟子,多年来他坚持砚田笔耕,硕果颇丰。他不仅擅长(……)、(……),而且在(……)题材和(……)领域,开辟了一片新的天地。近年来,他所创作的作品格调清新、见解独特、富有时代气息,给人清新自然的艺术享受,引起美术界的关注,受到了广泛的赞誉。
对艺术家某一系列作品的介绍、感触和定位	(……)近期创作的(……)系列,以其前人未有过的艺术表现形式,将中国(……)推向了一个崭新的高地。
对艺术家风格和技法的特点及其价值的提炼	(……)对于光感和空气感的表现,不论是省略了人物背景的作品,还是以焦点透视交代空间关系的作品,都在笔墨与造型、人物与空间的结合上,巧妙地融合了中西,吸收了西画的光色因素,把自由而抒情的笔墨、准确状物的造型与情境交融的空间境象有机地结合在一起。由于光照和空气的表现,恰到好处,或者形成了抒情的统调,或者强化了"(……)"的意境。
对艺术家为人及双方交往经历的回顾性介绍	我和(……)是同龄人,相识30余年。认识初期,他已担任(……)领导,不时来京(……),我得便请教技法创新,他回答毫无保留,几句话就道出了(……)的奥妙。其后,在各种美术活动中时常见面并看到他的新作,近日《(……)作品选》即将问世,我有幸先睹为快。
将艺术家置于某种社会和文化背景下的述评	在(……)的视觉表征及他所构建的自我图像体系背后,唤起的不仅仅是他这一代人的生活经验和文化记忆,而充斥其间的对人的生存状态和精神困惑的文化关注,也让我们看到社会结构的转型所带来的思想观念和生活方式的变化。
将艺术家置于美术史背景下对时代性的强调	(……)的新水墨画,从一个方面显示了中国画在新时期的发展,他的宝贵经验也为大家提供了有益启示。然而,他的绘画既是灵性的艺术,又是睿智的艺术,靠的是自由心灵的敏悟,依赖的是厚积薄发的积累,得益于心灵悸动和心手相忘。

注:"(……)"为对美术评论所描述的具体信息的省略。

图 2　中国美术评论中出现的高频关键词

细究起来，这种状况的出现，主要是三个方面的原因。

一是关系。在美术界，评论家和艺术家可谓"低头不见抬头见"。因为一篇讲实话的美术评论而使评论家和艺术家交恶，甚至因此而诉诸法律之事可谓不胜枚举。假如讲实话（不一定是真话）[1]的美术生态环境如此恶劣，麻烦和后患如此之多，那么，评论家讲实话的动机与动力自然显得不足。与其说那些"费力不讨好"甚至麻烦不断的实话，不如说些不痛不痒或者皆大欢喜的大话和空话。

二是利益。同美术作品的创作一样，美术评论也是一种需要耗费时间和心力才能完成的作品。然而，同可以在艺术市场上出售并获得可观经济回报的美术作品相比，除了艺术家及其与之利益相关的经营

---

[1] 实话和真话的区别在于：实话是描述自己内心真实想法的话，真话是客观描述事物实际状况的话。

者和推广者外，美术评论往往缺乏愿意为之付费的市场需求者。同艺术家出售美术作品的经济回报相比，评论家发表美术评论的稿酬收入更是少得可怜。美术评论的"变现"渠道极其有限。很多讲实话的美术评论根本不受付费方的欢迎。

三是平台。传统的美术评论发布平台主要是（展览后的）研讨会、（画册类的）图书和报刊。前两类渠道大都是艺术家及其利益相关者组织或出版的，欢迎的是"抬花轿"和"戴高帽"的"文字花篮"，并不欢迎具有说服力和战斗力的声音。至于很多美术类报刊，在恶劣的中国美术生态环境下，不仅不支付稿费，而且还要向发表者收取费用不菲的版面费。其结果就是，独立撰写美术评论往往不仅没有经济收益，而且还要付费才能发表。那些指名道姓的美术批评更是常常由于出版方不愿多惹是非而难以面世。

由此可见，中国美术评论的现状，不仅是评论家群体的问题，而且是整个中国美术生态环境的问题。解决目前的困境，显然也不能只寄希望于评论家群体的反躬自省或者口号空洞的大声疾呼，而是需要从中国美术评论制度建设的角度进行价值取向的引导、精神和物质的双重激励、对职业道德的底线约束，以及对评论家批评权的保护。

四、着力点：中国美术评论制度建设

中国美术评论制度的建设和完善，可以从五个方面入手：美术评论荣誉制度、美术评论基金制度、多人匿名评论制度、评论家排行榜制度和美术批评权的保护。（见图3）

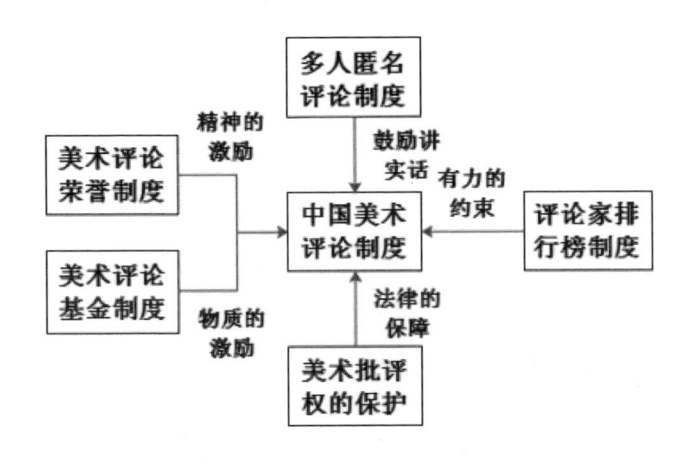

图3 中国美术评论制度的基本构架

（一）美术评论荣誉制度

在传统的学术评价体系中，美术评论的实际地位要远远低于美术史和美术理论的地位。在很多高等院校、科研院所和文化机构，美术评论也并不被纳入学术成果的考核和奖励范畴。这实际上是一种学术判断上的偏颇和错误。如果说美术史和美术理论是美术学中的基础学科，那么美术评论就是美术学中的应用学科。美术评论是评论家综合运用美术史和美术理论的概念和框架分析具体美术作品和某种美术现象的应用性研究。因此，美术评论应该被纳入学术成果的考核和评价体系内，成为与学术论文同等重要的科研成果，并逐步建设和不断完善多层次的美术评论荣誉制度。

（二）美术评论基金制度

评论家在中国艺术市场上的"把关人"角色缺失问题，不能只是单方面地归因于评论家"失节",而要从艺术市场利益分配制度入手,建立起中国艺术市场的所有参与者成为美术评论的"甲方",而不仅是艺术家及其与之利益相关的经营者和推广者是"甲方"的单一"甲方"独大局面。只有当艺术市场愿意并且能够为那些立场鲜明、褒优贬劣、激浊扬清的具有褒贬甄别功能的优秀美术评论"埋单"时,才能逐步建立起能够有效激励评论家讲实话的市场机制。这是通过市场化的手段解决中国艺术市场发展过程中出现的美术生态失衡问题的有效途径。近年来,一些收藏界和企业界的有识之士已经开始有计划和有步骤地资助美术史领域的教学和研究工作。事实上,在面临"甲方委托式"美术评论的巨大利益诱惑的状况下,对优秀美术评论写作的资助和奖励所起到的导向和保障作用可能更为明显和重要。为此,有关部门应该鼓励和支持有志于助力中国美术生态环境建设的收藏爱好者和市场参与者出资成立完全独立、运作透明的美术评论基金会,为评论家撰写不受甲方委托的独立美术评论提供经济支持,促使更多具有褒贬甄别功能的"把烂的剜掉,把好的留下来吃"的美术评论面世,从市场机制的角度直面和解决中国美术评论界日趋严重的"劣币驱逐良币"的逆淘汰问题。

(三)多人匿名评论制度

在中国美术评论制度建设的过程中,尤其是在初期,评论家可能还会有很多的顾虑。由于中国是非常典型的"人情社会",美术界的"圈子"更是小得"低头不见抬头见"。这就使得,虽然很多评论家在私下场合可以直陈美术作品和美术现象的问题与弊端,但往往不太愿意白纸黑字地写作和发表这些意见。因为抹不开面子,不愿或不敢批评的状况非常普遍。为了在现有国情和现实人情的约束条件下鼓励评论家讲实话,美术界亟须借鉴学术论文匿名评审制度的优点,建设中国匿名美术评论平台以及相应的匿名美术评论制度。具体做法是建立"中国匿名美术评论网",有计划、有步骤地建立和完善中国艺术家的美术批评档案,匿名发表注册网友(评论家)的美术评论。当然,只建立徒有其名的"中国匿名美术评论网"是无法从根本上解决问题的。重要的是切实鼓励和大力支持注册网友(评论家)抹开面子,敢于批评,同时也让艺术家逐渐习惯听到针对自己作品的不同的、尖锐的、甚至是刺耳的声音。更重要的是从制度上保证"中国匿名美术评论网"不因压力和利益问题而删帖或者发帖。在现实生活中,后者的难度恐怕远胜于前者。因此,相关的制度设计就显得尤为重要。然而,当以"批评自由、兼容并包"为宗旨的"中国匿名美术评论网"真正能够坚持不忘初心、不断前进的时候,那么,它也将成为中国艺术市场最具权威性和公信力的收藏指南,成为保护中国美术生态环境的"利器"和"屏障"。

(四)评论家排行榜制度

中国美术评论制度的建立和完善,不仅需要激励机制,而且需要约束机制。从某种意义上讲,后者的意义在现阶段可能显得更为重要。很多学者的研究和评论家的反思都强调评论家应该具有专业立场和职业底线。但问题是,对于普通观众和一般读者来说,实在无力了解和区分评论家的操守和水平,而往往只能从其身份(例如评论家的供职单位及其职务和职称)和名气(例如在各类媒体和社会活动中的曝光率)来判断其说话的"分量"。那些经常不能坚持专业立场和不时丧失职业底线却由于经常"露脸"而"混"得风生水起的评论家,很可能根本没有遇到过在公开场合批评其言行的人。其结果就是越来越多的评论家由于这种"示范效应"而被卷入了丧失专业立场和职业底线的以"甲方—乙方委托代理关系"为特征的"文字花篮"式美术评论生产机制中。为了能够有效建立起中国美术评论界的约束机制，就必须以信息透明和运作独立的方式科学编制和定期发布"年度／五年度／十年度"的中国美术评论家排行榜，以独立和客观为原则，建立和完善中国美术评论家排行榜的科学评价标准，通过对评论家每年公开发表的美术评论进行科学的统计研究和内容分析，以评分和排名的方式将评论家中的"批评家"与"捧评家"置于聚光灯下，以大数据量化分析的方式将抽象的"职业底线"和"专业水准"具体化为精确的数据和清晰的排名。中国美术评论家排行榜的编制和发布，不仅可以为评论家的美术评论写作提供镜鉴，从而起到警醒和约束作用，还可以为美术作品的观众、美术评论的读者，乃至艺术家及其与之利益相关的经营者和推广者提供一个具有数据支撑的参考依据，从而解决单纯以身份和名气为评论家"贴标签"的问题。

（五）美术批评权的保护

《中华人民共和国宪法》第三十五条规定："中华人民共和国公民有言论、出版、集会、结社、游行、示威的自由。"虽然法律同时也规定了公民行使言论自由权时不得损害他人名誉等内容，但在现实生活中，评论家以及刊发美术评论的媒体由于某篇美术评论而被艺术家以"批评文章侵犯其名誉权"为由诉诸法律之事还是不时见于报端，而且还出现评论家及相关媒体败诉的判例，令很多评论家和媒体"心有余悸"。此外，尤为值得一提的是，艺术家及其与之利益相关的经营者和推广者对评论家所撰写的美术评论进行断章取义，只讲优点，回避批评的抉瑜掩瑕现象则是对美术批评权的另一种特殊侵犯形式。事实上，评论家在从事美术批评的过程中，由于个人认知和客观条件的限制，不可能做到百分之百的真实和准确，哪怕行文有过激言辞和偏颇之处，当事人也应该以宽容的心态对待。只有这样，评论家才有底气和勇气对各种美术作品和美术现象表明真实态度，坦诚褒贬甄别，使美术评论真正成为引导创作、多出精品、提高审美、引领风尚的重要力量。

（原载于《中国文艺评论》2017年第6期）

国家艺术基金与青年油画创作

国家艺术基金将培育青年艺术创作人才作为重要工作之一，专门设立青年艺术创作人才项目，资助40周岁以下青年艺术人才的创作活动。对于增强青年油画工作者的文化自信、引领创作导向、鼓励原创动力、激发创作活力、推出创作新人和培育后备人才，都具有非常重要的作用。

如果说"青年是艺术创作的生力军，是艺术事业繁荣发展的根基"，那么，青年更是油画创作的主力军，是油画事业繁荣发展的关键。无论翻开西方油画史，还是中国油画史，我们都会发现，为数众多的油画家都在自己的青年时代就创造出了一生中最具代表性，甚至是最重要的作品。青年油画工作者在创新意识、创造能力、创作精力等方面都具有巨大的优势。假如能够在审美理念和绘画语言上抓住时代性、民族性和地域性的特征，就很有可能创作出无愧于时代的优秀作品甚至伟大作品。

从油画历史来看，西方油画已经有500多年的历史，而中国油画只有100多年的历史。从精神内核来看，油画是西方文化的产物，不仅体现了古希腊文化的优美，而且体现了基督教文化的崇高。由于文化背景的差异，中国人学习油画要比西方人困难得多。中西方艺术的造型和色彩，分属两种不同的观察体系，中国水墨艺术更多的是看线条和平面（线条语言），相比之下更重"神"，西方油画艺术更多的是看体积和空间（体积语言），相比之下更重"形"。因此，中国油画家只有跳出固有的思维，从西方人的观察体系来研习油画，才有可能画好原汁原味的油画。

仅仅画好原汁原味的油画，是远远不够的。中国油画家从西方人的视角来深入研习油画，是为了从基础上更好地掌握"西法"。掌握"西法"的目的还是为了"中用"——以高度的文化自觉和坚定的文化自信，用西方油画技法来进行当代中国文化表达。为此，青年油画工作者不仅要追求真、善、美，更要培养较高的审美能力、艺术品位、艺术个性，才能创作出内涵丰厚、形象鲜活、笔触生动、艺术精湛的油画作品。不仅如此，青年油画工作者还要借助油画艺术这种世界性的艺术语言，书写和记录中国人民的伟大实践和新时代的进步要求。通过反映实现中华民族伟大复兴中国梦的有筋骨、有道德、有温度的油画作品的国际艺术交流，彰显新时代中国人的信仰之美、崇高之美，进而弘扬中国精神、凝聚中国力量。

根据国家艺术基金管理中心公布的《国家艺术基金2019年度项目评审报告》，2019年度的青年艺术创作人才项目申报数为3243项，占申报总量的34.9%。从申报数量来看，青年艺术创作人才项目的申报数量占申报总量的34.9%；从立项情况来看，青年艺术创作人才项目的立项资助数量为393项，立项率仅为12.1%。上述数据，一方面说明青年艺术工作者的申报热情日益高涨，另一方面也反映出资助力度还不能满足青年艺术工作者的热情期待。为此，或可从三个方面加以改进。

第一，在青年艺术创作人才项目的资金预算有限的约束条件下，将原有的"定额资助"方式改为"定额+奖励"方式。减少立项资助额度,扩大项目资助幅度。通过验收者,将给予其荣誉奖励甚至滚动资助,从而激励更多的青年艺术工作者以更为饱满的热情和动力投入到立项项目的艺术创作中去。

第二,从申报条件来看,亟待简化诸如"由所在领域不少于三位具有副高级及以上职称的专家或知名人士出具推荐意见"之类有碍于青年艺术工作者,尤其是体制外自由艺术工作者的申报条件和申报流程。只有用新的政策和方法来团结和吸引青年艺术工作者,才能更好地引导他们成为繁荣社会主义文艺的有生力量。

第三,不同艺术门类的艺术工作者,其艺术生命周期曲线的特点与走势也不尽相同。那么,能否通过研究不同艺术门类的艺术工作者的年龄与艺术创作成就之间的相关关系和区间分布,在资助名额方面对那些更易于在40周岁以下达到艺术生命巅峰的艺术门类予以区别对待,甚至在某些比较"晚熟"的艺术门类,将"年龄不超过40周岁"的申报条件放宽至"年龄不超过45周岁",从而给予青年艺术工作者更大的支持?

(原载于《中国美术报》2020年6月8日)

扶持地方画派不宜纳入发展规划

借助行政力量扶持地方画派是近年来兴起的一种社会文化现象和文化行政现象。据不完全统计，目前全国已有逾 60 个旗帜鲜明的所谓"画派"。具体来说，这些画派大致可分为五类：一是以地理名称命名（如漓江画派），二是以创作理念命名（如道生画派），三是以创作技法命名（如重彩画派），四是以创作题材命名（如三峡画派），五是以特色文化命名（如敦煌画派）。

由于认识问题和历史原因，一些地方还将扶持地方画派的内容写入有关部门文件，甚至写入当地的五年规划。然而，纵观十余年来各地斥资实施的"地方画派扶持工程"或"地方画派建设项目"，不仅未能实现有关部门当年提出的预期目标，而且未能形成出精品、出人才的生动局面，甚至还出现了不利于"百花齐放、百家争鸣"的一系列问题。

首先，借助行政力量扶持地方画派不符合艺术规律。所谓画派，是绘画流派的简称。从概念上讲，正如美术史学家薛永年所说，画派大致可分为两类：一类是艺术传派（画家传派），另一类是地域群体（地方画派）。所谓艺术传派，是因师承传授和风格影响而成的画派，开派者创造性的画风，引起了无数追随者的学习，主宰了这一派的风格。所谓地域群体,是因思想、风格和创作条件相近而形成的区域艺术圈。这种群体,往往不止一名代表人物,若干代表画家的风格既有一致性,又各擅胜场。每个代表人物也都各有传派。但无论历时性的画家传派(如南方山水画派、北方山水画派),还是共时性的地方画派(如松江画派、吴门画派),都不仅要有创造了新艺术风格的开宗立派者,而且要有将其发扬光大的继承创新者。

从艺术规律来看,纵观古今中外的所有画派,都是由在绘画风格上具有鲜明艺术特色和独特创作个性的极少数画家开创,并有其他画家追随、模仿、传承和发展,经过美术史的检验,最终被美术史学家发现并公认的。事实上,对于一个地区的美术事业而言,重要的并非当地是否新创了所谓的地方画派,而是该地区是否拥有"百花齐放、百家争鸣"的文化生态环境和艺术繁荣景象,能否不断创作出思想精深、艺术精湛、用笔精妙的美术精品,能否不断涌现出深入生活、潜心创作、勇于创新的美术名家。总的来看,目前全国各地所扶持的地方画派,几乎很少有具备形成画派基本条件的。借助行政力量,人为强行扶持地方画派,实际上并不符合艺术发展的客观规律。

其次,借助行政力量扶持地方画派有公器私用之嫌。观察发现,地方画派的扶持过程往往是:一些有一定影响力的人物首先提交提案或方案提请地方有关部门及主要领导办理或批复。接着,在相关政策的扶持甚至财政拨款的支持下,通过举办写生、笔会、展览、出版、培训班、学术研讨会、新闻发布会等各类活动进行宣传和推广。在这一过程中,获益最多的通常是那些入选地方画派名单的极少数画家。

显然,这就有拉领导"站台"、用公共资源搞宣传炒作,并由此"定调"排斥异己之嫌。

再次,借助行政力量扶持地方画派容易影响团结。地方画派的倡导者和支持者在获得有关部门"背书"后,重要工作之一就是"发帽子"。例如,在"某某画派卓越成就代表人物"和"某某画派影响力代表人物"等所谓的代表人物名单中,"某某画派"的代表人物居然被毫无逻辑地按艺术门类分为四大板块:国画家、油画家、版画家、书法家。有的地方仅"某某画派第一批代表人物"名单就发了上百顶"帽子"。甚至一些在艺术上同当地并无直接关系的画家,仅仅因为出生于此地或籍贯为此地,就被"某某画派"的鼓吹者拉来装点门面或做顺水人情。此外,这其中还常常涉及美术界固有且严重的门户之见陋习,成为影响当地美术界安定团结的不稳定因素。

习近平总书记指出:"人类文艺发展史表明,急功近利,竭泽而渔,粗制滥造,不仅是对文艺的一种伤害,也是对社会精神生活的一种伤害。"[1]在美术史上,没有哪个画派是由官方组织或某个机构刻意扶持出来的。即使院体画派,也并非由皇家"钦定",而是由美术史学家发现并公认的。所谓开宗立派,假如既没有公认的极具影响力和号召力的领军人物,也没有独特的艺术理念和艺术符号,甚至连画派究竟为何物都没有搞清楚,就开始大张旗鼓地扶持和推广所谓的地方画派,这种功利性极强之举,不仅无助于当地的文化建设和文化繁荣,而且有害于当地的文化生态环境和整体艺术声誉。

(原载于《中国文化报》2021年5月16日)

---

[1] 习近平:《在文艺工作座谈会上的讲话(2014年10月15日)》,北京:人民出版社,2015年,第9—10页。

叁 深化文化体制改革

文交所交易模式创新难，如何破

不久前，几十名索账3年未果的郑州文交所的投资者"占领"了河南省金融办资本市场处的办公室，要求解决郑州文交所的历史遗留问题。自2011年出现艺术品份额化交易模式以来，国内文交所动辄处于风口浪尖。

文交所是文化艺术品类交易所的统称。总的来看，目前国内文交所可分为两大类：一类是以上海文化产权交易所和深圳文化产权交易所为代表，主要从事文化产权交易和相关投融资综合服务的文化产权交易所；另一类是以天津文化艺术品交易所和山东泰山文化艺术品交易所为代表，主要从事文化艺术品新型交易模式的文化艺术品交易所。

此前，文交所推出的所谓艺术品份额化交易，是把艺术品的产权进行等额拆分，再将拆分后的份额合约上市交易。艺术品份额合约挂牌交易之后，投资人就可以通过持有份额合约，分享艺术品价格波动所带来的收益，同时承担相应的投资风险。由于某些文交所运作上的"三不公"——交易信息不公开、对问题的处理不公正、文交所和投资者的地位不公平，份额化交易一度陷入乱象丛生的局面。出于防范金融风险、规范市场秩序、维护社会稳定的原因，文交所的艺术品份额化交易模式被政府部门叫停。

在艺术品份额化交易被叫停之后，各大文交所开始探索新的发展方向。

2012年1月，南方文化产权交易所在南方传媒大厦举办了"迎春艺术品拍卖会"，此次拍卖会一共上拍389件艺术品，成交率达73.58%。此后，浙江文化艺术品交易所、杭州文化产权交易所等文交所也纷纷推出了拍卖会。在文交所举办拍卖会确实是探索盈利模式的新产物，然而，从本质上讲，又回到了传统的艺术品拍卖交易上，并没有太多探索价值和创新意义。

展销会是国内很多文交所推出过的交易模式之一。2012年1月，福建海峡文化产权交易所推出每月一期的"艺术品交流会"。操作方式是先由福建海峡文化产权交易所征集艺术品，经专家组鉴定评估后，选出适合交易的艺术品，通过定期举办交流会展览，明码实价进行销售。首届海峡艺术品交流会寿山石专场的成交额为361.23万元，成交率突破60%；第二届海峡艺术品交流会沉香象牙专场的成交额为170.32万元，成交率为49.2%；第三届海峡艺术品交流会寿山石专场的成交额为254.37万元，成交率为56.6%。此外，山东文化产权交易所、潍坊文化产权交易所也推出了奇石紫砂博览会、文化艺术展示交易会等类似的展销会。如果说文交所的拍卖会交易模式是在学习拍卖公司，那么文交所的展销会交易模式就是在模仿艺术品博览会。

2013年10月，南京文化艺术产权交易所钱币邮票交易中心的全国首家钱币邮票实物挂牌交易平台正式上线，国内文交所开始探索电子化交易模式。首批挂牌交易的7个钱币邮票品种开盘首日就全部封涨停板（按照交易规则，首日的涨跌停板限制为30%）。截止到2014年7月23日收市时，南京文化艺术产权交易所钱币邮票交易中心综合指数报收在234.73点，藏品市值首次突破了10亿元大关，以10.32

亿元报收。此外，北京产权交易所、南方文化产权交易所也推出了钱币邮票电子交易系统。与艺术品份额化交易相比，份额量分割性比书画强的邮币卡类收藏品，以电子化交易的方式提高了便利性、安全性以及资金使用的有效性，受到了资金的热捧。

2014年3月，成都文化产权交易所推出了"文交所+电商"的新模式，采取了线下推广与线上交易相结合的方式。线下主要以会员俱乐部为载体，通过举办展览、艺术讲座、交流会等形式的活动，达到增强艺术品爱好者鉴赏能力和分享投资经验的目的，指导会员通过成都文化产权交易所的线上交易平台自由地选择喜爱的艺术品。这也是文交所交易模式的一次新尝试。

纵观文交所的发展历程，除了份额化交易模式和电子化模式较有新意，文交所在拍卖会模式、展销会模式、电商化模式等方向上的探索都只能算是模仿。由于为此前的种种乱象所累，文交所重建信任之路漫长而艰难。要想重获客户的信任，必须真正做到公平、公正、公开，通过实打实的产品和服务来赢回客户信心。文交所是个新生事物，相关立法和监管跟不上商业模式的创新也无可厚非，但文交所综合交易平台的创新必须以风险控制和投资者利益保护为立足点和出发点，从交易标的、交易规则和监管模式等多个方面认真研究其运作模式。

（原载于《中国文化报》2015年1月7日）

文化产业监管政策需设"缓冲期"

随着中国文化体制改革的不断深入，文化产业领域利好政策的相继出台，越来越多的金融机构、中介组织和投资基金在政府的鼓励和引导下进入文化产业领域。然而，由于文化产品不仅具有经济价值，而且生产并传播着文化价值，因此，文化产业的风险远远高于交通运输、信息传输和商务服务等第三产业的其他门类。这是民间资本投资文化产业的最大顾虑，也是最大障碍。

如果说文化企业所面临的最大非系统性风险是经营风险，那么文化企业所面临的最大系统性风险就是政策风险。党的十八届四中全会明确提出："坚持依法治国、依法执政、依法行政共同推进。"从某种意义上讲，能否将文化产业监管者关进制度的"笼子"，直接关系到能否建立健全现代文化市场体系的目标。

从文化产业监管的方式来看，由于文化产业领域的立法滞后，因此，文化产业监管机构的某些监管行为并没有得到法律授权。权责不清、独立性弱、无章可循、随意性强、透明度低、问责性差等问题较为突出。一些文化产业监管政策的出台，既未遵守法定程序，也没有公布其流程，更缺乏法律依据。"一个人一句话""一个部门一封函件"决定文化产品命运的现象依旧存在。这显然不利于激发文化创造活力、解放和发展文化生产力、保障老百姓的基本文化权益。

从文化产业监管的影响来看，一方面，由于这种近乎随意的文化产业管制方式本身缺乏法律依据，也没有遵循法定程序，因此，当这类监管政策遭受公众质疑时，往往百口莫辩，处境十分被动。另一方面，对于相关文化企业而言，文化产业监管政策的突然出台和立即执行往往会影响文化产品的生产和销售计划，从而直接冲击相关文化企业的日常经营活动。例如，对于团队合作完成并已公开发售的文化产品，由于个别主创人员的个人原因就被否定。这种不可预期的文化产业监管政策波动，不仅造成了文化企业家和产业投资者的焦虑感，而且对文化企业产生了难以预料的突发性冲击，非常不利于文化产业整体实力的提升和现代文化市场体系的建设。

事实上，无论是文化产业监管规则的设计，还是文化产业监管内容的调整，都必须基于两个前提：一是文化产业监管政策的出台需要经过利益相关者的多方共同参与，既不能玩"障眼法"，也不能搞"一言堂"，切实保证文化产业监管政策出台过程的透明性、合法性和可问责性；二是文化产业监管政策的执行需要设置"缓冲期"，让各方做好准备，充分消化，减少损失，否则，很容易产生反向作用和负面影响。

总之，文化产业监管机构应该尽可能减少文化产业监管政策的不确定性，逐步建立起参与机制、评估机制、监察机制和纠错机制，通过设置文化产业监管政策执行的"缓冲期"，给相关文化企业提供一定时间的政策"消化期"，从而尽可能减少文化产业监管政策调整所带来的政策性风险。

（原载于《中国文化报》2015年1月31日）

应适时叫停文交所邮币卡电子盘交易

目前，国内近十家文交所先后推出的邮币卡电子盘交易在疯狂暴涨的同时，也在不断积累风险，其诸多问题终将暴露出来。

一、邮币卡电子盘交易制度的软肋

虽然各文交所的邮币卡电子盘在交易制度设计上各有特点，但也存在一些共性的问题：

第一，文交所是以营利为目的的企业法人，内乏自律机制，外无有效监管。与证监会直接管理并且不以营利为目的的上海证券交易所和深圳证券交易所不同，各地的文交所皆是以营利为目的的企业法人，因此，在外无有效监管的情况下，很难把握好营利动机与自律机制之间的关系。

第二，文交所对庄家的恶意炒作行为缺乏有效的制约。某些文交所出于活跃交易、吸引人气、多收佣金的目的，纵容、放任甚至鼓励庄家的恶意炒作行为，中小投资者利益根本无法得到有效保护。尽管各省金融管理办公室在批复邮币卡电子盘交易时都不约而同地强调保护中小投资者利益，但这只是一条原则。由于缺乏相应的配套措施和明确的惩处机制而沦为一纸空文。

第三，文交所的风险警示制度、保证金制度、涨跌停板制度无法控制风险，只能最大限度保证被托管的上市交易藏品实物的安全性，却不能有效控制电子盘交易的风险，实际效果极其有限。

二、先天不足的邮币卡电子盘交易

综观各文交所的邮币卡电子盘交易模式，其本质就是一个对庄家几乎毫无有效约束，可以肆意坐庄从而赢者通吃的典型"博傻游戏"。

从交易品种来看，在邮币卡市场上很不受集邮者欢迎的邮资封片却普遍出现高溢价，在邮币卡市场上相当受收藏者欢迎的钱币品种却温和溢价甚至折价。究其原因，主要就是因为钱币的分散性大，所以庄家在邮币卡电子盘交易上控盘难度大，缺乏做多意愿。以往在邮币卡现货市场上很不受集邮者欢迎的邮资封片却由于更容易收购和控盘而方便"坐庄"，因此被庄家青睐并普遍出现了高溢价。这既是导致邮资封片的电子盘价格偏离现货价格的幅度远远高于钱币品种的最重要原因，也是由于电子盘交易品种自身的缺陷而产生的非系统性风险。

从交易平台来看，由于文交所在邮币卡电子盘交易中同时扮演着多重角色，在利益驱动下，无论是文交所，还是其工作人员，都很容易出现因内部风险控制失效和外部监管主体缺位等而出现的虚假宣传、内外合谋、欺诈交易和放任炒作等诸多问题。这就是说，由于交易制度的缺陷和文交所本身的问题，文交所的邮币卡电子盘交易很容易出现系统性风险。

三、为何应叫停邮币卡电子盘交易

从理论上讲，邮币卡现货交易价格是电子盘交易价格的基础。但从实践来看，很多品种的电子盘交易价格都已经大幅远离现货交易价格。电子盘交易与现货市场基本面已经没有太大的逻辑联系了。目前庄家在邮币卡电子盘交易上的获利方式基本上可总结为：庄家建仓后拉升价格，诱多成功之后陆续出货的击鼓传花型炒作模式。对于大资金来说，由于缺乏对手盘，这种类似零和博弈的"博傻游戏"能够玩下去的前提条件就是不断通过"赚钱效应"吸引更多的新人和新钱入市。

但问题是，金融市场从没有一直单边上涨的"牛市"，当邮币卡电子盘由于政策性利空或者资金流断裂而"崩盘"之时，受伤最深的就是处于信息劣势并且因此而大幅亏损的中小投资者。对于中小投资者来说，即使抱着一堆邮币卡实物退市，这些现货市场价格远低于电子盘买入价格的邮币卡实物也根本不足以弥补其损失。

总之，由于文交所一方面无法为所有市场参与者，尤其是中小投资者提供平等和透明的交易机会，另一方面还存在着非常严重的投机和价格操纵行为，极易引发系统性和区域性金融风险，甚至影响社会稳定。因此，出于防范金融风险、规范市场秩序和维护社会稳定的目的，政府主管部门应该在尽量确保中小投资者利益的前提下，设计出渐进式时间表，适时全面叫停文交所邮币卡电子盘交易。

（原载于《上海证券报》2015年3月30日）

小微文化企业：不可等量齐观的"毛细血管"

如果大型国有文化企业是我国文化产业的主动脉，那么小微文化企业就是我国文化产业的毛细血管。作为我国文化产业最具活力的微观市场主体，小微文化企业是培育大型文化企业的摇篮，小微文化企业的发展则是我国文化产业不断壮大的坚固基石。为更好地支持我国小微文化企业发展，政策支持上有必要从三个方面入手。

一、政策制定上要把握共性也要正视差别

虽然小微文化企业是小型文化企业和微型文化企业的统称，但有关部门对小微文化企业的认定却不尽相同。统计部门指的是"规模以下文化企业"，税务部门指的是"小型微利文化企业"。具体来说，根据工业和信息化部、国家统计局、国家发展和改革委员会、财政部2011年联合下发的《中小企业划型标准规定》，在文化、体育和娱乐业等行业中，从业人员在300人以下的企业被界定为中小微型企业。其中，从业人员100人及以上的为中型企业；从业人员10人及以上的为小型企业；从业人员10人以下的为微型企业。财政部、国家税务总局2014年联合下发的《关于小型微利企业所得税优惠政策有关问题的

通知》则将年应纳税所得额低于 10 万元（含 10 万元）的企业界定为小型微利企业。尽管小微文化企业的提法是以从业人员数或营业收入为标准的划分，然而，当涉及"小型微型"文化企业时，却很容易同"小型微利"文化企业混淆（二者的简称皆为"小微企业"），从而产生概念不清的理论问题以及由此带来的政策执行困境。

在某些情况下，"规模以下文化企业"和"小型微利文化企业"的两条标准是矛盾的，"规模以下"并不能与"小型微利"完全画等号。如一些艺术品经营企业的雇员人数虽然很少，但营业收入却很多。按照《中小企业划型标准规定》关于"其他未列明行业"（包括文化、体育和娱乐业等）的标准，从业人员 10 人以下的艺术品经营企业属于典型的微型企业，然而，从营业收入的角度来看，这些企业很可能达到了其他产业的中型企业标准。又如，按照《中小企业划型标准规定》的标准，从业人员 10 人以下的为微型文化企业，但一些创意类文化企业的利润却会因项目的有无及其大小而出现较大幅度波动，从而呈现出"微利—厚利—微利"的周期性波动。对于这类文化企业来说，虽然从业人员不多，但利润波动极大，很难按照税务部门的标准被简单界定为"小型微利"企业。因此，从政策支持的角度而言，不可一概而论，既要把握共性，也要正视差别，才能避免因为不顾文化产业的特殊性，将其他产业的小微企业划型标准简单用于文化企业划分所带来的一系列问题。

二、政策重点上推进企业综合服务体系建设

对于小微文化企业来说，财务资源问题和人力资源问题固然是导致企业倒闭的重要原因，然而，仅由政府部门鼓励商业银行积极探索联保联贷等方式为小微文化企业提供金融支持是远远不够的。小微文

化企业很难通过传统渠道和常规模式获得商业银行的信贷支持。事实上，风险投资、私募融资、众筹融资等银行信贷之外的融资渠道更适合小微文化企业。因此，政府主管部门应该在防范金融风险、规范市场秩序和维护社会稳定的前提下，鼓励和支持小微文化企业的融资模式创新。此外，小微文化企业的金融支持不应仅局限于资金的支持，还需要良好的文化产业金融环境和优质的文化企业金融服务支持。

对于小微文化企业而言，除了金融政策和财税政策支持外，同样重要的还有小微文化企业综合服务体系的建设。政府主管部门有必要建立和完善包括信息服务体系、辅导咨询体系和教育培训体系在内的小微文化企业综合服务体系。以市场化的途径为小微文化企业的发展提供高效的社会化综合服务。通过信息共享、政策宣讲、营销协助、专业咨询和教育培训等方面的工作，为小微文化企业的发展营造一个有利的商业环境，缩小大型文化企业和小微文化企业的各种差距。

三、支持力度上向引导力和推动力强者倾斜

文化产业的涵盖面非常广，文化企业的类别也很复杂。目前中国的文化产业形态是以手工制造业为主体的传统文化产业形态、以大规模机器复制为特征的现代文化产业形态和以互联网为支撑的新兴文化产业形态并存的局面。不同文化产业形态中的文化企业有着各自的形态特征和发展规律。

目前中国的文化企业主要包括生产和销售文化产品的企业、提供劳务的文化服务企业以及为其他产业和产品提供文化附加值的企业。文化企业又可细分为内容生产型、文艺创作型、文艺培训型、网络服务型、创意设计型、娱乐休闲型、加工制造型、产品销售型、经纪代理型、设备生产型等不同类型。虽然皆为文化企业，但却少有共性。

由于不同文化企业的产品特点、生产方式和辐射作用各不相同，因此，在政策支持力度上，对不同类型的文化企业应该有所区分，从而更好地发挥"领头羊"的引领和辐射作用。

支持小微文化企业发展，并非不加区分地等量齐观。在政策支持力度上，要综合考虑不同类型的小微文化企业在文化市场体系中的地位和作用及其对文化产业发展的引导力和推动力等因素，进行区别对待，给予相应扶持，从而更充分地释放政策红利。

（原载于《中国文化报》2015年8月15日）

精神食粮的"食品安全"与文化企业的"双效统一"

作为传播思想观念、符号意义与生活方式的精神消费品，文化产品具有不同于普通物质产品的特殊属性。文化产品既可以让人启迪心智、陶冶情操、净化心灵，也可能使人心智迷失、意志消沉、精神颓靡。因此，文化产品被人们形象地比喻为"精神食粮"。如果说物质食粮是维持人们基本生存的必要条件，那么精神食粮则是维持人们正常生活的必要条件。在今天，物质食粮的食品安全问题中因地沟油、瘦肉精、镉大米、塑化剂、苏丹红等一系列食品安全事件而日益引发人们的高度关注，精神食粮的"食品安全"问题却依然未能得到全社会的清醒认识与足够重视。

一、精神食粮的"食品安全"现状与问题

随着信息技术的发展与传媒技术的应用，种种违背公序良俗、扰乱社会秩序、破坏社会稳定的垃圾文化产品，通过数字化、电子化、网络化的途径在社会上高效复制与极速传播，对中国文化管理部门的文化污染治理工作提出了全新的挑战与更高的要求。上海交通大学《中国文化产业发展指数研究报告》课题组利用 1999 年至 2011 年中国

"扫黄打非"成果数据，对中国精神食粮的文化污染现状进行的分析表明，中国文化产业发展过程中出现的文化污染问题非常突出。文化污染对中国文化生态环境造成了很大的安全威胁，对中国人民的文化生活造成了很糟的负面影响，对中国文化产业的可持续发展产生了巨大的经济冲击。

中国青年报社会调查中心对2005人进行的一项在线调查显示，64.3%的受访者会在日常生活中使用"污"的词语（"污"在网络上主要指让人感觉不好意思的、色色的、羞羞的、坏坏的语言或者事物）。84.9%的受访者认为，"污"文化会给青少年带来不良影响。[1]针对这一调查结果，记者随机采访了几名中小学生。读小学五年级的鹏鹏告诉记者："从四年级开始，班上就有小学生开口讲'污段子'。"读初中一年级的涵涵告诉记者："班上有的男同学会讲一些很'污'的段子，同学很尴尬。"

根据中国青年网发布的《中国游戏绿色度测评统计报告》，截至2016年1月31日，在被测评的1250款游戏中，存在开宝箱和抽奖等带有博彩性质设置的游戏有463款，占测评游戏总量的37%；存在洗刷罪恶的游戏有213款，占测评游戏总量的17%；存在鼓励劫掠行为设置的游戏有140款，占测评游戏总量的11%。一些网络游戏和手机游戏还公然打暴力（暴力度指标达到3度的游戏有38款）和色情（色情度指标达到3度的游戏有33款）的"擦边球"。一些看似清新的卡通网络游戏也存在着时间耗费过多（时间耗费度指标达到3度的游戏有456款）、货币消费过高（货币消费度指标达到3度的游戏有854款）、制造玩家仇恨（恶意PK度指标达到3度的游戏有295款）、宣

---

1 参见王品芝、王永琳《84.9%受访者觉得"污"文化会对青少年带来不良影响》，《中国青年报》2016年8月12日，第7版。

扬颓靡"三观"（颓靡度指标达到 3 度的游戏有 186 款）等一系列具有隐蔽性的问题。此外，诸如某市的"奸臣纪念馆"、某市的"金瓶梅文化旅游区"等文化旅游景点和文化旅游体验项目，更是折射出一种扭曲的价值观与畸形的发展观。

总的来看，中国文化市场的价值扭曲、浮躁粗俗、娱乐至上、唯市场化等问题比较突出，价值引领的任务艰巨迫切，中国人精神食粮的"食品安全"形势非常严峻。

二、文化企业"两个效益"的内涵及关系

由于文化产品既具有经济属性，也具有意识形态属性。因此，必须"坚持把社会效益放在首位、社会效益和经济效益相统一"的观点已经成为整个社会的普遍共识，以至于相关研究在论及这一问题时往往跳过概念界定，直奔问题本身。然而，对于如何理解文化企业的"两个效益"，实际上还有不少认识上的误区和盲区。这些误区和盲区的存在，直接影响到了文化企业能否以及如何实现"双效统一"的问题。

文化企业的经济效益是指文化企业在一段时间内，通过生产和销售文化产品或者组织和提供文化服务，所产生的运营成本与营业收入之间的比例关系。这种比例关系往往体现在文化企业的营业利润或者净利润等具体经济指标上。由于大部分文化产品具有高固定成本（如高生产成本）和低可变成本（如低复制成本）的特征，因此，以数字文化产业为代表的新兴文化产业遵循明显的边际收益递增规律。对于那些广受欢迎的文化产品来说，文化产业链还会随着时间的推移而不断延展。以《哈利·波特》为例，由图书出版开始，《哈利·波特》的产业链已经延展至电影、唱片、游戏、广告，以及

手机、文具、玩具、服装、食品、饮料等上千种特许经营商品，甚至主题公园、主题旅游等相关领域。由《哈利·波特》图书延展出的文化产业链估值超过 2000 亿美元。这就是说，衡量文化企业的经济效益，必须考虑时间维度，对短期经济效益和长期经济效益有所区分，通盘考虑。

文化企业的社会效益是指文化企业通过文化产品和服务所传递的世界观、人生观、价值观，进而影响和塑造人的行为，降低社会运行成本，提升社会福利水平的效率和效果。具体来说，文化企业的社会效益又可分为：名义社会效益和实际社会效益。所谓名义社会效益，是指文化企业的利益相关者或者偏好相近者所宣称的社会效益；所谓实际社会效益，则指文化企业真正实现的社会效益。二者最主要的区别在于：前者并未真正产生让广大受众"入眼"和"入耳"的实际效果，甚至会因为公式化的情节、官腔化的说教或者自我化的表达，而让受众反感和排斥；后者则不仅让广大受众"入眼"和"入耳"，而且"入脑"和"入心"。

三、文化企业"双效统一"的困境与出路

虽然"坚持把社会效益放在首位、社会效益和经济效益相统一"的口号喊了很多年，但实施起来很难。中共中央办公厅、国务院办公厅印发的《关于推动国有文化企业把社会效益放在首位、实现社会效益和经济效益相统一的指导意见》（中办发〔2015〕50 号）也非常务实地将文化企业主体限定为国有文化企业。因为从西方经济学的主流观点来看，企业追求利润最大化是天经地义的事情。所以，即使中央政策导向和主流舆论导向大力倡导所有文化企业都追求"双效统一"，假如没有切实可行的配套实施方案，最终结果也很可能是"雷声大雨

点小"。为了更好地实现文化企业的"双效统一"目标，或可从三个方面入手：

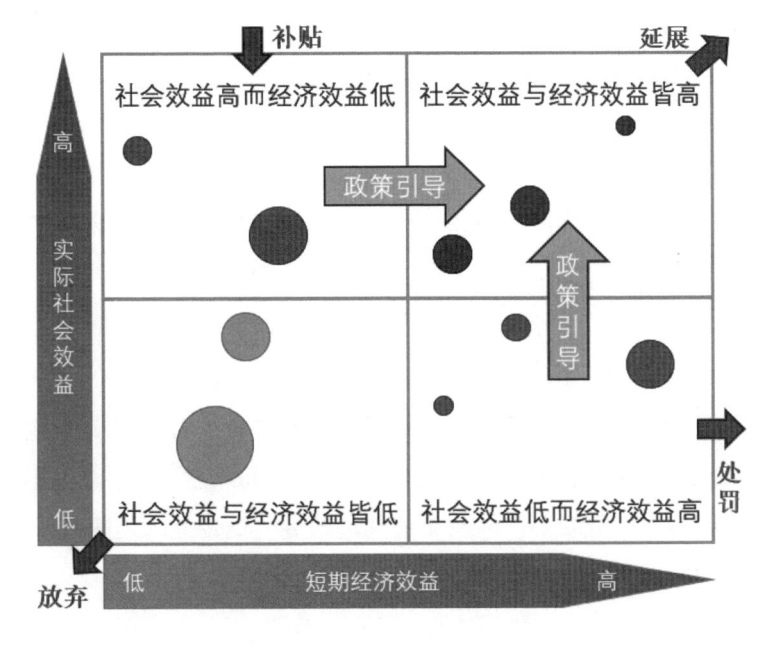

图1 文化企业的社会效益与经济效益关系演示图

第一，制定精神食粮的"食品安全"标准，守住文化产品生产的"环保底线"。一方面，制定和完善《文化产品通用质量标准与等级分类规定》，明确文化产品生产的"环保底线"，加快文化产业的规制方式，从随机干预型规制向预期稳定型规制转变。另一方面，制定和完善《文化污染监督管理办法》及实施细则，明确文化产品生产主体的企业社会责任，加快文化产业的规制方式从处罚为主型规制向奖惩并举型规制转变。

第二，区分名义社会效益和实际社会效益，防止社会效益的"挡箭牌效应"。坚守文化产品的意识形态属性，首先要考虑文化产品的人民性。虽然深受广大人民群众欢迎的文化产品未必都有很好的社会效益，但不受广大人民群众欢迎的文化产品一定缺乏足够的社会效益。因此，必须明确实际社会效益的考核目标与具体指标，不能简单地把国有文化企业将"（名义）社会效益放在了首位"作为其经济效益差的挡箭牌。

第三，转变文化产业政策唯经济指标的倾向，引导文化企业去追求"双效统一"。在目前各地扶持文化产业发展的政策中，普遍存在着将实际到位注册资金、年度主营业务收入、个人年度经济贡献、上市融资成功与否等经济指标作为能否享受扶持政策的重要依据。这显然失之偏颇，亟待纠正。事实上，只有通过对实际社会效益高而短期经济效益低的文化企业（项目）进行财政补贴或者政府采购，对实际社会效益低而短期经济效益高的文化企业（项目）进行处罚（类似征收"文化污染税"的逻辑），才有可能通过改变文化企业的预期而影响文化企业的行为。

（原载于《美术观察》2017年第12期）

"新规"之后的艺术品私募基金走向何方

对于艺术品私募基金来说,如何在"新政"之后避免艺术品信托从"香饽饽"到"烫手山芋"的前车之鉴,当是关乎整个艺术品私募基金业发展的重大课题。

近日,中国证监会就《私募投资基金监督管理暂行办法(征求意见稿)》(以下简称《暂行办法》)向社会公开征求意见,将以艺术品、红酒等为投资对象的私募基金纳入调整范围。那么,《暂行办法》究竟会对艺术品私募基金产生什么影响呢?

一、艺术品信托是前车之鉴

中国艺术品信托的大起大落可以说是中国艺术品私募基金的前车之鉴。从艺术品信托的情况来看,虽然融资类信托比较多,但严格来讲,一些艺术品信托其实是以艺术品的名义为房地产等业务进行变相融资。在投资类信托中,很多艺术品信托则由于周期太短,以及管理团队的过度自信而损失不小。总体而言,合法合规并能实现预期回报的艺术品信托可谓屈指可数。

据不完全统计,2010年国内所有艺术品信托产品的平均信托期限仅为2.5年，2011年国内所有艺术品信托产品的平均信托期限仅为2.2年。对于融资类信托产品而言，这么短的信托期限倒不存在多大问题，因为其本来就志不在艺术品投资的回报。但对于投资类信托产品来说，这种显然有悖于艺术品投资规律的信托期限设计则注定了这些艺术品信托的未来是一个噩梦。

事实上，中国艺术品市场的很多问题，归根到底都直指市场根本性问题——信用问题。如果艺术品市场上的信用问题尚未基本解决，具有激励和约束机制的艺术品信托治理结构还没设计完善，就推出五花八门的艺术品信托产品，当然会存在很多问题。

二、专业化团队是基金短板

综观国外艺术品私募基金的运作，有三点经验：一是充分依靠专家团队，二是建立健全管理制度，三是努力控制投资风险。这三点经验之中，最重要的就是艺术品私募基金管理团队，这是中国艺术品私募基金发展的短板。

很多人认为，艺术品私募基金管理团队必须既懂艺术，又懂金融，非此不足以承担起基金管理之重任。但在我看来，就艺术品私募基金管理团队而言，其实并不需要很懂金融，或者说不需要每个成员都懂金融。在分工日趋细化的今天，只需要每个人各司其职，做好自己的本职工作就很不错了。事实上，美国某著名艺术品私募基金的管理团队，就由来自艺术、财经、法律、公关等多个行业的专业人士组成，每个人各负其责，运营成绩也非常优秀。

从某种意义上讲，在艺术品私募基金的运作过程中，与个人能力相比，职业操守更重要。一名合格的艺术品私募基金管理人，首先要有职业操守，其次是要有专业素养，最后才是从业经验。在个人自律作用相当有限的情况下，艺术品私募基金在设立之前就必须设计出尽可能完善的内部治理结构和充分的信息披露制度。在某些时候，基金管理人甚至应该主动缚住自己的双手，以免有损职业声誉。这既是对投资者的利益负责之举，也是保护管理人的最有效途径。假如在中国艺术品私募基金发展过程中，不能形成一套行之有效的优秀基金管理人选拔和淘汰机制，那么，中国艺术品私募基金业不可能实现可持续的健康发展。

三、基金监管需要多管齐下

从市场反应来看，不少业内人士均将《暂行办法》的出台视为艺术品私募基金"转正"的利好消息。但我并不认为《暂行办法》将艺术品纳入监管范围有多大的鼓励成分。我更倾向于将其视作监管层对新型金融产品的及时应对之策。对于监管层来说，艺术品私募基金能够将资金募集对象严格限制于小范围的"合格投资者"，这就在很大程度上避免了像艺术品份额化交易那种波及大众投资者，从而影响社会稳定的状况发生。从《暂行办法》对艺术品私募基金的备案制管理思路来看，我理解的所谓"利好"可能更多是指艺术品私募基金的合法设立变得相对容易，并可能因此而导致一波艺术品私募基金的发行潮。但利好与否，看的并不是艺术品私募基金的数量和规模，而是质量和收益。

对于投资者来说，艺术品私募基金的风险不仅来自传统的鉴定、估价和变现方面的风险，而且来自基金管理团队的道德风险。此外，还有不可避免的系统性风险。假如缺乏完善的管理制度设计和可行的多方参与机制，仅寄希望于中国证监会及其派出机构的事中事后监管，以及效果有限的诸如责令改正、监管谈话、出具警示函、公开谴责等行政监管措施，那么，问题一定不少。

就艺术品私募基金而言，不仅需要监管层的监管，更需要所有利益相关者的努力。例如，鼓励和保护私募基金管理团队内部人员举报其违法违规行为的"吹哨人制度"；又如，引入和完善代表投资者利益的独立"看门人"——艺术品私募基金独立董事制度。至于鉴定和估价之类的传统难题，则需要通过合理的制度设计，尽可能降低"打眼"和"误判"的概率。

（原载于《中国文化报》2014年8月2日）

如何从"金融险区"变身为"投资福地"

——中国艺术品金融化的问题与对策

近年来,中国艺术金融产品创新的步伐不断加快并日渐受人瞩目,但与此同时,艺术品金融化乱象也层出不穷,以至于中国艺术品金融市场已经成为一个名副其实的"金融险区"。以《国务院关于清理整顿各类交易场所 切实防范金融风险的决定》(国发〔2011〕38号)的发布为标志,由中国证监会牵头的各类交易场所清理整顿工作在全国范围内开展。但时至今日,问题尚未完全解决。在这样的大背景下,对近年来中国艺术品金融化历程进行一番回顾和分析,无疑既具有一定的理论价值,也具有明显的现实意义。

一、艺术金融市场问题重重

问题之一:研究者存在"滞后化"研究状态。在国外,关于艺术品金融的研究主要集中在被视为另类投资(alternative investment)的艺术品投资领域,关于艺术品金融化的研究则显得十分薄弱。相比之下,由于中国艺术金融产品创新的步子比国外迈得更大更快,因此,关于艺术金融产品与服务的研究成果也更为丰富。

总的来看,尽管艺术品金融已经成为近年来中国艺术品市场上的一个热点话题和难点问题，然而，学术界关于艺术品金融化问题的系统性研究成果却不多见，并呈现出"新闻报道多，学术研究少"和"重个案点评，轻理论建构"的鲜明特点，全面而系统的前瞻性研究成果更是罕见，在整体上呈现出显著的"滞后化"研究状态。由于理论研究跟不上实践需要，中国艺术品金融化进程中日益凸显的很多严重问题，很少得到理论界的正面回应和系统解答，从而制约了中国艺术品金融市场的持续、稳定和健康发展。

问题之二：实践者存在"擦边球"创新势态。虽然中国艺术品金融化进程中出现的诸多问题早已引起了政府部门的高度重视，但解决起来却殊为不易。因为根据国务院38号文件"防范金融风险，规范市场秩序，维护社会稳定"的精神，并没有"一刀切"地堵死中国艺术品金融创新之路。既然没有完全"叫停"，对利润极其敏感的各种资本就还会继续尝试，不断寻求新的突破口。这意味着问题并未真正得以解决。

例如，在面对国务院38号文件时，一些文交所甚至投资者都还停留在抠字眼、希望继续打"擦边球"的状况。据有关媒体报道，最早开展艺术品份额化交易、发行产品和募集资金最多的某文交所在国务院叫停艺术品份额化交易后的三年多时间内，既没有停止份额化交易，也没有出台整顿和善后方案。这其实是艺术品金融化实践者一直以来的"擦边球"心态使然。假如市场参与者没有真正领会中央文件关于"防范金融风险，规范市场秩序，维护社会稳定"的精神实质，而只是纠结于具体的条条框框，那么仍然是非常危险的。

问题之三：参与者存在"从众性"侥幸心态。对于中国艺术品金融市场的持续、稳定和健康发展，市场参与者不仅是重要的行动主体，而且决定着市场的发展方向和广度、深度。在近年来的艺术品金融实践中，之所以出现那么多的问题，不能只怪艺术金融机构的盲目和冒进，艺术金融产品的投资者也应该负相当大的责任。因为无论是艺术金融机构，还是投资者，都普遍存在非常严重的"从众性"侥幸心态。尤其需要指出的是，这种"从众性"侥幸心态并非投资者独有，艺术品金融机构身上同样存在，甚至负面影响更大。

例如，自从国投信托有限公司于 2009 年在国内率先推出首款艺术品信托产品以来，中国的艺术品信托市场从无到有并迅速蓬勃发展。据不完全统计，2010 年度发行的中国艺术品信托产品为 10 款，发行总额为 7.58 亿元；2011 年度发行的中国艺术品信托产品为 45 款，发行总额为 55.01 亿元。[1] 但随着中国艺术品信托"井喷"式发展而来的是 2012—2013 年出现的拐点。由于信托周期太短、市场行情切换、内部管理不善等，中国艺术品信托规模迅速缩水到个位数。

二、中国艺术品金融化的对策研究

如果说，投资者的盲目跟风是非理性之举，那么，艺术品金融机构为什么也如此不计后果地在中国艺术品市场正处于历史高点之时推波助澜呢？假如从改革开放算起，当代中国艺术品市场的发展可划分为三个阶段：20 世纪 80—90 年代是以个人资金为主导的个人收藏时代，90 年代末到 21 世纪初是以产业资本为主导的机构收藏时代，现在则正在走向以金融资本为主导的艺术品金融化时代。因此，现在已经不是再讨论"该不该有"艺术品金融的时候，而是到了研究"怎样发展"和"如何监管"艺术品金融市场的阶段。为了中国艺术品金融市场的持续、稳定和健康发展，可以从以下三个方面入手。

---

[1] 参见曹原、唐子韬《艺术品基金前途未卜高收益率兑付"非常困难"》，《上海证券报》2013 年 2 月 27 日，第 A8 版。

首先，防范艺术金融风险，严守艺术品金融化创新的底线。从事艺术金融创新的机构，必须一方面吃透中央文件精神，另一方面从社会责任的角度出发，真正将防范艺术金融风险作为艺术品金融化创新的底线。假如风险管理做不好，将引发一系列连锁事件，最终一定会自食其果。

其次，完善行业自律机制，构建自律与他律的隔离带。中国艺术品金融市场的持续、稳定和健康发展，不能只寄托于加强监管。因为监管并非万能的。艺术金融机构必须具有前瞻意识，通过完善行业自律机制来构建自律与他律的隔离带，以主动的自我约束让监管者和投资者放心。

最后，加强投资者的教育，强化信息披露与风险意识。加强投资者教育与保护，遵循"把风险讲够，把规则讲透"的原则，以多种形式开展投资者教育与保护工作，建立健全投资者的合法权益保护机制，改变投资者在发生金融风险时总将政府部门视为"最终善后主体"的传统观念。

（原载于《中国社会科学报》2015年4月3日）

国有画院的改革逻辑

　　国有画院是指为了社会公益，利用国有资产创建并给予财政拨款的公益性文化事业单位。1956年，周恩来总理主持的国务院常务会议通过了文化部关于"在北京和上海各成立中国画院一所"的报告，同意建立旨在继承中国古典（包括民间）绘画艺术的优良传统，并且使它进一步发展和提高的国有画院。[1] 国有画院主要有四大任务：美术创作、人才培养、理论研究和社会辅导。从当时的历史背景来看，随着社会主义改造的完成和计划经济体制的确立，中国民间的艺术品市场迅速萎缩，国有画院的出现则为长期以卖画为生的民间画家提供了生活保障和创作条件，在相当长一段时间里都发挥着十分重要的文化功能。

　　改革开放以来，随着文化市场的日渐繁荣，美术成为市场化程度最高的艺术门类，国有画院画师来自艺术品市场的收入也日益丰厚。与此同时，随着文化体制改革的深化，美术院校、艺术院所和各类民间机构也发挥着原本由国有画院承担的四大功能。在这样的大背景下，关于国有画院存废的争议不断。虽然这些争议已经涉及了国有画院改革的诸多方面，但尚未涉及根本性问题。因此，很有必要梳理一下国

1　尚辉：《新中国画院50年——北京画院、上海中国画院对民族传统艺术的凸显与创造》，《美术》2007年第12期。

有画院改革的逻辑，从而回答为何改革和如何改革的问题。

第一，减轻财政负担，优化资源配置。党的十七届六中全会报告明确提出，"推动一般时政类报刊社、公益性出版社、代表民族特色和国家水准的文艺院团等事业单位实行企业化管理，增强面向市场、面向群众提供服务能力"。从本质上讲，国有画院的主要产品——美术作品不具备"公共"属性，并非公共文化产品，而是具有竞争性和排他性特点的私人文化产品。国有画院画师创作的大部分美术作品最终都成为私人收藏品或投资品。那么问题来了，既然在当前中国演艺市场发育程度还比较低的情况下，"底子薄、包袱重、经费自给率低、赢利能力弱"的大部分国有文艺院团都能够顺利完成转企改制，为什么处于中国艺术品市场最繁荣时期的国有画院还继续享受财政全额拨款？为什么国有画院画师还能继续享受"体制内个体户"的无风险高收益？一个典型的例子是，某省曲艺研究院的单位性质是差额拨款事业单位，该省画院的单位性质则是全额拨款事业单位。前者的职能是曲艺艺术的表演、传承、保护、研究，后者的职能则是培养人才、创作研究、宣传整理、对外交流。显而易见，美术作品的市场化程度及景气指数都远高于曲艺艺术，那么，国有画院为什么还要"守着金山讨财政饭吃"？事实上，国有画院比演艺院团更具有市场化生存的能力。

第二，盘活文化资产，实现保值增值。党的十八大报告明确提出，"加快完善文化管理体制和文化生产经营机制，基本建立现代文化市场体系，健全国有文化资产管理体制，形成有利于创新创造的文化发展环境"。经过若干年的发展，国有画院已经积累了大量的文化财富和较好的品牌资产。目前的状况是，一方面，许多国有画院的管理松散，缺乏明确量化的管理指标和创作任务，或者所定的指标和任务极易完成，国有画院的四大功能也没有很好得以发挥。另一方面，国有画院画师既是国有事业单位职工，又是个体艺术创作者和销售者。在利益的诱惑下，一些画师不仅未能安心创作，而且热衷于复制"商品画"。由于国有画院画师拥有体制内的诸多资源，其作品价格也因此而"溢价"。这种手里捧着铁饭碗，私下卖画赚大钱的"穷庙富和尚"现象，不仅导致了美术界的不公与不满，而且是一种变相的国有资产流失。尽管由于美术创作不受时间和场所的限制，具有一定的灵活性、创造性和连续性，因此很难明确区分职务创作和非职务创作的边界。然而，一方面，国有画院画师的成长和成名离不开画院的资源和培养；另一方面，国有画院画师的市场价值其实是由作品艺术价值和画师身份价值共同构成的。国有画院画师目前这种既占有体制优势，又做好自己生意的"体制内个体户"模式显然是不合理的。

第三，规范市场运作，重塑市场主体。中国艺术品市场的积弊，始于美术作品进入市场之时：虽然鬻字卖画的书画家不少，却鲜有自行申报纳税者。由于画家的普遍"逃税"且无发票提供，因此，画廊不能以买卖差价，而要以销售金额为基数缴税，这就使得画廊的实际税负过重，逃税和避税的现象相当普遍，并由此产生一系列后续问题。事实上，国有画院画师的贡献，不仅体现在繁荣美术创作上，而且体现在带头依法纳税上。国有画院从全额拨款事业单位或差额拨款事业单位向自收自支事业单位的改革，其实可以很好地成为规范中国艺术品市场的突破口。具体做法是：在组织架构上，改制后的国有画院成立经营本院画师作品的文化企业——画廊；在运营模式上，国有画院画师的作品都统一由本院画廊经销并依法缴纳税费；在激励机制上，国有画院画廊采取分成工资制——画师既领取工资，也分享提成；在财务管理上，国有画院的利润按比例上缴主管部门，用于公共文化事业的开支。这样一来，不仅解决了美术作品交易"征税难"的痼疾，理顺了中国艺术品产业链上的利益关系,而且在减轻财政负担的同时增加了财政收入,可谓一举多得。

事实上,国有画院的事业单位性质并非自然天成和铁板一块,而是由历史原因和领导认识等诸多因素决定的。国有画院的改革,不仅符合中央关于"分类推进文化事业单位改革"的精神,而且可以优化资源配置、盘活文化资产、规范市场运作,具有重要的现实意义和长远的战略意义。

(原载于《中国社会科学报》2015年10月8日)

设立成渝城市群文化体制改革与文化产业创新试验区的战略构想：问题、定位与任务

作为西部大开发的重要平台、长江经济带的战略支撑和国家推进新型城镇化的重要示范区，成渝城市群有望为推动中西部地区的文化大发展、大繁荣，拓展全国文化经济增长的新空间，提供具有探索性、先导性和示范性的跨区域城市群文化发展经验和借鉴。

然而，成渝城市群的培育和发展也面临着诸多现实挑战和突出问题。对这些挑战的积极回应和问题的有效解决，直接关系到成渝城市群的发展前景，值得中央以及重庆和四川方面的高度重视。

一、问题：整体协同性不足

（一）核心城市的背向发展

作为成渝城市群的核心城市，重庆和成都的协调合作机制仍然受制于区域行政体制方面的障碍而缺乏沟通与合作。无论《重庆市文化发展"十三五"规划》，还是《成都市文化产业发展"十三五"规划》，都缺乏基于成渝城市群的整体观察点和现实切入点。成渝城市群内各城市在文化产业发展规划与空间布局方面竞争大于合作、有机联系不紧和分工协作不够等现实状况直接影响到了整个成渝城市群的文化体

制改革与文化产业发展。

（二）次级城市的差距较大

尽管重庆的渝中、万州、黔江、涪陵等 27 个区（县）和开州、云阳的部分地区，以及四川省的成都、绵阳（除北川县、平武县）、达州（除万源市）、雅安（除天全县、宝兴县）等 15 个市都属于成渝城市群，然而，上述城市的文化发展现状各不相同。即使某些文化资源比较丰富的城市，也未能很好地分担核心城市的文化职能，对兄弟城市和小城镇的辐射带动作用亦不明显。

（三）协同发展机制不健全

由于成渝城市群的组成城市分属重庆和四川所辖，因此，从公共文化服务来说，成渝城市群公共文化服务一体化和平等化的发展成本共担机制和公共利益共享机制尚未破题。从文化产业发展来说，显性或隐性的地方保护主义、文化市场"条块"分割、区域文化行政壁垒林立和文化生产要素流动不畅等影响成渝城市群文化协同发展的问题依然不少，而且尚未形成统筹解决问题的高效工作机制。

二、定位："三区"合一

成渝城市群文化体制改革与文化产业创新试验区的定位是：借鉴国际国内城市群发展的先进经验，根据"补齐短板、消除瓶颈、强化协同、优化格局"的要求，充分利用沟通西南西北、连接国内国外的独特区位优势，全面发挥文化资源优势、文化创新优势和文化产业优势，积极推动国家"一带一路"倡议和长江经济带战略的契合互动。着力实施"文创+"战略，大力推进"文创+"同金融、科技、城市、工业、商业、农业和旅游等领域的深度融合发展，积极探索具有示范意义和推广价值的文化体制改革与文化产业发展的新政策、新模式和新经验，努力将成渝城市群建设成为中西部文化体制改革探索区、中西部文化经济政策先行区和中西部文化产业融合示范区。探索出一条中西部地区城市群文化发展的新路子，为打造具有全国影响力的跨区域文化体制改革与文化产业创新试验区，建设充满文化创造活力、文化生活品质优良、文化生态环境和谐、文化产业发展迅猛的国家级城市群做出积极的贡献。

（一）中西部文化体制改革探索区

成渝城市群的文化体制改革是破解制约成渝城市群文化发展的体制性矛盾和深层次困难，夯实成渝城市群文化大繁荣、大发展的体制机制基础的立足点和出发点，也是成渝城市群文化体制改革与文化产业创新试验区建设的首要破题点。成渝城市群的文化体制改革，宜从由重庆和四川联合组建成渝城市群文化体制改革与文化产业创新试验区领导小组入手，通过定期召开的成渝城市群宣传部长联席会议制度，从成渝城市群文化发展的整体利益出发，打破区域文化行政壁垒，建立区域协同工作机制，为中西部文化体制改革提供鲜活经验和有益启示。

（二）中西部文化经济政策先行区

成渝城市群文化体制改革与文化产业创新工作的推进，需要文化经济政策的不断完善。这就需要文化行政部门和文化发展智库通过调查研究和试点总结，一方面，将在实践中行之有效的文化经济政策进行总结和推广；另一方面，将不能适应实际需求的文化经济政策进行调整和修正。在此基础上，不断探索文化经济政策创新之路，通过文化经济政策创新和政策形成机制创新，进一步推动文化经济政策制定的民主化和科学化。为此，建议成立成渝城市群文化体制改革与文化产业创新试验区领导小组咨询委员会，以及具有海内外智力资源整合能力的虚拟型"成渝城市群文化发展智库"。

（三）中西部文化产业融合示范区

成渝城市群文化体制改革与文化产业创新试验区着力实施的"文创＋"战略是以跨要素、跨平台和跨产业的方式，通过文化与创意元素同金融、科技、城市、工业、商业、农业和旅游等经济社会领域的深层次跨界融合，实现有助于提升产业内涵、激发消费潜能、推动业态变革、实现结构优化的融合发展战略。该战略对于依托成渝城市群内各城市的特色文化资源和相关领域优势，实现成渝城市群从"两核心"到"两核心＋多中心"的文化经济地理重塑，具有重要的现实意义和示范功能。

三、任务：探索创新体制模式

（一）文化体制机制创新

成渝城市群文化体制改革与文化产业创新试验区的首要任务就是以制度创新为发力点，通过文化体制机制创新，大力推动成渝城市群内各城市减少前置审批、简化审批流程、提高行政效率的"简政放权"改革。有序推进文化领域的对内合作深度和对外开放广度，实现由"办"变"管"，坚持"放""管"结合，在规范中激活文化市场，在成渝城市群文化体制改革与文化产业创新试验区逐步探索出一套简化、专业、规范、高效、共享、开放的现代文化管理体制与运行机制。

（二）文化政策环境创新

作为中西部文化经济政策先行区，成渝城市群文化体制改革与文化产业创新试验区不仅要重点落实国家层面各项文化政策的先行先试，并积极借鉴东部发达地区文化政策的先进经验，而且要充分发挥成渝城市群文化体制改革与文化产业创新试验区作为文化政策"试验田"

的重要功能，以问题和需求为导向，积极探索重庆和四川相关政策的集成创新，充分激发成渝城市群的文化市场活力，不断优化成渝城市群的文化政策环境，加快形成成渝城市群的政策环境优势，从而整体提升成渝城市群文化政策环境的吸引力和竞争力。

（三）文化合作机制创新

成渝城市群文化体制改革与文化产业创新试验区的最大挑战就是成渝城市群内各城市之间缺乏联系、互动与配合。如果不能解决因原有的行政体制划分所形成的文化资源、政治资源和经济资源各自独占状况以及由此带来的本地利益为大、文化市场分割和地方保护主义等一系列的发展理念、合作意识和运行机制等方面的问题，那么，不仅成渝城市群文化体制改革与文化产业创新试验区的建设无从谈起，成渝城市群的整体文化建设也将成为一句空话。因此，中央和地方都应该从成渝城市群整体优化发展的高度，探索和建立起健全、高效和可持续的文化合作机制。

（四）文化发展模式创新

成渝城市群文化体制改革与文化产业创新试验区要走的是一条以创意增强活力、以创新激发动力、以改革释放潜力，兼顾成渝城市群内各城市的发展水平和现有优势，以"文创+"同金融、科技、城市、工业、商业、农业和旅游等领域的跨界、渗透、融合、裂变和提升为特点的"文创+"引领型"开放—共享—协同—均衡"式发展模式。通过提高成渝城市群的文化开放水平，实现成渝城市群文化资源的平等共享，推进成渝城市群"两核心"与"多中心"的互动和协调，实现整个成渝城市群的文化均衡发展。

（原载于《四川省情》2018年第2期）

文化人才政策的"三重三轻"问题与文创家群体的"有实无名"现象

《中华人民共和国国民经济和社会发展第十四个五年规划和2035年远景目标纲要》明确提出，到2035年建成社会主义文化强国的远景目标，以及提高社会文明程度，提升公共文化服务水平，健全现代文化产业体系等具体路径。[1] 然而，文化人才又是长期以来制约文化产业高质量发展和公共文化服务效能有效发挥的瓶颈。正如中国人事科学研究院原院长吴江所说："文化强国的实质是文化人才强国。要实现文化兴国，就是建设文化人才的强国。"[2] 一方面，与文艺人才相比，各地组织人事部门和文旅行政部门对文化人才的认识往往不够全面、系统和深入；另一方面，与科技人才相比，文化人才的认定标准还存在着界定上的误区和实施上的困难。因此，各地组织人事部门和文旅行政部门目前制定的人才政策和文化政策中涉及文化人才政策的内容，还存在着"三重三轻"问题。

---

1 《中华人民共和国国民经济和社会发展第十四个五年规划和2035年远景目标纲要》，《人民日报》2021年3月13日，第1版。
2 罗旭：《文化强国关键在人才——对话中国人事科学研究院院长吴江》，《光明日报》2011年12月7日，第15版。

一、重文艺创作人才，轻文化管理人才

从文化产业链的角度来看，文化人才可分为两类：一类是文艺创作人才，另一类是文化管理人才。文艺创作人才是从事文艺创作、表演、设计、研究等工作的专业型人才，属于广义的文艺工作者范畴。文化管理人才则是具有懂管理、会经营、精策划、擅传播的综合素质，能够在文化领域从事行政管理、资本运营、创意策划、营销推广等工作的复合型人才。二者的主要区别在于：文艺创作人才的工作围绕着文化作品，不仅追求自我表达和自我实现，而且追求社会效益的延伸和扩展。文化管理人才的工作则围绕着文化产品（文化商品），不仅追求社会效益，而且追求经济效益。

根据《中国文化和旅游统计年鉴（2019）》公布的数据，我国文旅系统的事业单位从业人员数量为63.70万人，企业单位从业人员数量为455.24万人，二者分别占从业人员总数的12.28%和87.72%。[1] 虽然事业单位从业人员并不能同文艺创作人才画等号，企业单位从业人员也不能同文化管理人才画等号。但在准确统计数据缺失的情况下，上述数据还是大致可以反映出企业单位从业人员在整个文旅系统中的分量。

然而，在各地组织人事部门和文旅行政部门目前的文化人才评价体系与认定标准中，受到重视的主要是文艺创作人才，对文化管理人才的关注程度还远远不够。即使是中共浙江省委宣传部和中共浙江省委人才工作领导小组办公室印发的全国首部省级文化人才发展规划——《浙江省文化产业人才发展规划（2017—2022年）》，同样存在着某些认识上的误区。以该"规划"所涉及的十大"重点领域"为

---

[1] 参见中华人民共和国文化和旅游部编《中国文化和旅游统计年鉴（2019）》，北京：国家图书馆出版社，2019年，第9页。

例：(1) 影视产业人才主要涵盖剧本创作、项目策划、导演、后期制作、IP开发等领域人才；(2) 传媒产业人才主要涵盖记者、编辑、管理、经营人才；(3) 出版产业人才主要涵盖策划、编辑、推广人才；(4) 数字内容产业人才主要涵盖内容创作、数字化生产技术、网络传播等领域人才；(5) 演艺产业人才主要涵盖编剧创作、舞台导演和演艺经纪等领域人才；(6) 设计产业人才主要涵盖设计人才；(7) 广告产业人才主要涵盖广告创意设计和经营人才；(8) 高端文化装备产业人才主要涵盖现代舞台装备、新型影院系统、数字多媒体娱乐设备、现代教育设备、游戏游艺设备等领域人才；(9) 工艺美术产业人才主要涵盖国家级工艺美术大师、省级工艺美术大师、高级工艺美术师、传统美术、传统技艺类非遗传承人等；(10) 文化经营管理人才（文化管理人才）主要涵盖文化企业家和管理人才，以及文化经纪人、艺术评论家、艺术策展人和艺术品评估师等文化市场人才。从这一已走在全国前列的省级文化人才发展规划来看，虽然将文化管理人才单列出来以示重视，但文化管理人才其实在文化产业的各细分子产业中都扮演着核心角色，发挥着关键作用。从前九大"重点领域"所涉及的具体内容来看，文化管理人才的重要作用尚未得到充分体现。

事实上，组织人事部门和文旅行政部门必须将对文化人才的认识从传统的文化人才概念中解放出来，深刻理解优秀文化管理人才的稀缺性，以及文化管理人才在实现从文化资源到文化作品，再到文化产品乃至文化商品的转化过程中的至关重要作用。切实打破目前"重文艺创作人才，轻文化管理人才"的失衡状况，是创新文化领域人力资源要素供给，实现把文化人才优势转化为文化发展优势的重要突破口。

二、重理论奖项荣誉，轻实际工作业绩

习近平总书记在 2021 年 9 月 27 日至 28 日召开的中央人才工作会议上强调："要用好用活各类人才，对待急需紧缺的特殊人才，要有特殊政策，不要求全责备，不要论资排辈，不要都用一把尺子衡量，让有真才实学的人才英雄有用武之地。"[1] 为了便于操作，在各地组织人事部门和文旅行政部门目前的文化人才评价体系与认定标准中，往往会列出若干项具体认定标准。以相对超前且具有代表性的《深圳市人才认定标准》为例，涉及文化人才的具体认定条件包括：

（1）奖项：茅盾文学奖、鲁迅文学奖、长江韬奋奖、全国精神文明建设"五个一工程"奖单项奖、中国文化艺术政府奖"文华奖"单项奖、中国文化艺术政府奖"文华奖"分项奖文华艺术院校奖、中国文化艺术政府奖"群星奖"优秀节目奖、中国广播影视大奖、全国播音主持"金话筒"奖、中国服装设计"金顶奖"、中国出版政府奖优秀出版人物奖、光华龙腾设计创新奖·中国设计业十大杰出青年、广东省精神文明建设"五个一工程"奖单项奖等；（2）荣誉：中国工艺美术大师、"全国中青年德艺双馨文艺工作者"荣誉称号、"全国德艺双馨电视艺术工作者"（"百佳电视艺术工作者"）荣誉称号、文化部（文化和旅游部）优秀专家、中宣部"四个一批"人才、广东省委宣传部"十百千工程"人才、中国十佳服装设计师、省工艺美术大师、深圳市工艺美术大师等。

与实操技能有关的认定标准仅有：获"中华技能大奖"荣誉称号的高技能人才、获"全国技术能手"荣誉称号的高技能人才，以及省级技术能手或省劳动保障部门组织的职业技能竞赛前三名的高技能人

---

[1] 《深入实施新时代人才强国战略 加快建设世界重要人才中心和创新高地》，《人民日报》2021 年 9 月 29 日，第 1 版。

才。由于文化领域的特殊性,有望获得上述"高技能"荣誉称号的人才可谓凤毛麟角。与文化管理有关的认定标准则更为苛刻:地方级领军人才的认定标准是近五年来在深圳注册,同一年度名列"清科中国创业投资机构年度排行榜"和"投中中国最佳创业投资机构年度排行榜"前20名机构的核心投资决策团队主要负责人,且符合下列条件之一:

(1)近五年获得"清科""投中"评选为优秀创业投资家;(2)近五年一直担任国家创投协会理事、秘书长、会长;(3)近五年一直担任深圳市创投同业公会副会长、会长。后备级人才认定标准相对降低一些。

此外,奖项荣誉涵盖了国家级领军人才、地方级领军人才和后备级人才认定标准,与文化管理有关的认定标准则只涵盖后两个等级,仅仅涉及创业投资领域,而且要求颇高。对于以轻资产为特征的文化产业而言,它显然很难达到上述认定标准。这种"重理论奖项荣誉,轻实际工作业绩"的评价标准固然降低了人才认定的具体操作难度,却在很大程度上将文化管理人才拒之于政府部门认可的"人才"大门之外。

三、重文化名家大师,轻偏才奇才怪才

2016年4月19日,习近平总书记在"网络安全和信息化工作座谈会"上发表的重要讲话指出:"互联网领域的人才,不少是怪才、奇才,他们往往不走一般套路,有很多奇思妙想。"[1]事实上,文化人才同样具有上述特征。一件雅俗共赏的艺术作品,得益于对生活的深刻感悟;一

---

1 习近平:《在网络安全和信息化工作座谈会上的讲话(2016年4月19日)》,北京:人民出版社,2016年,第24—25页。

个让人动心的产品设计,源自对细节的用心体会;一场精彩纷呈的文艺活动,需要异彩纷呈的奇思妙想。对于"创意为先"的文化领域而言,拥有创意思维、创造能力、创新精神的人才是文化产品的灵魂所在。正如深圳市品牌促进会会长姚研成所说:"文化产业不同于其他产业,人才的构成具有多样性和复杂性。文化产业存在大量的偏才、怪才,而企业和政府对这些人才的评定标准往往存在较大差异。"[1]

在各地组织人事部门和文旅行政部门目前的文化人才评价体系与认定标准中,人才政策多倾向于引进高学历、高职称、高荣誉、高奖项的研究型人才和技术型人才。这显然同文化领域的发展趋势和人才需求不够匹配,而且门槛较高。总的来看,文化人才的分类标准不够明确,缺乏分类思路清晰、具有可操作性的认定标准。以文化人才政策的制定与实施都走在全国前列的杭州市为例,中共杭州市委和杭州市人民政府颁布的《关于杭州市高层次人才、创新创业人才及团队引进培养工作的若干意见》明确提出坚持业绩导向、公平公正的基本原则,即"建立以能力和业绩为导向的科学规范的人才认定评价机制,不拘一格引进、培养和使用人才,不唯学历、不唯职称、不唯资历、不唯身份,只要符合人才分类条件,都可以享受相应政策"。针对杭州市产业发展急需、对社会贡献较大、现行人才目录难以界定的"偏才"和"专才",经杭州市特殊人才分类认定协调小组联席会议认定后,可以享受相应的人才政策。

然而,由于缺乏明确的认定细则,文化领域的"极客"和"怪咖"是否能够被真正纳入"偏才"和"专才"的范畴,仍是颇费周章之事。事实上,深入研究和认真界定文化人才认定标准,并且在此基础

---

[1] 卓泳:《人才短缺或成深圳文化创新掣肘》,《南方日报》2015年5月14日,第AT03版。

上"外引内培"一批文化领域的产业领军人才、中坚骨干人才、青年后备人才,以及不走寻常路的偏才、奇才、怪才,扶持一批学历不高但能力很强的"草根"文创客,是各地激发文化创造活力、增强文化发展动力的重要途径。当然,文化领域的偏才、奇才、怪才的认定工作,是一个既具有现实意义,也具有相当难度的重大课题,需要业界人士与学界专家的共同努力,以求突破。破题的第一步就是为文化领域"有实无名"的从业人员正名,为推进社会主义文化强国建设的重要力量——文创家群体命名。

四、文创家、文创家才能与文创家精神

所谓文创家(cultural creator),是指在文化的创造性转化、创新性发展或创意性传播方面做出突出贡献,具有杰出成就的文化工作者。文化的创造性转化是旨在激活文化生命力的内容创意开发过程。作为文化产品的创意生产环节,文化的创造性转化既可以是个体行为,也可以是团队行为。文化的创新性发展是旨在增强文化吸引力的生产制作加工过程。作为文化产品的创意实现环节,文化的创新性发展往往是涉及相对复杂的组织关系的团队行为。文化的创意性传播是旨在提升文化感召力的营销推广传播过程。作为文化产品的创意推广环节,文化的创意性传播往往是涉及相当复杂的公共关系的团队行为。

文创家大都具有一些特别突出的才能。具体来说,文创家才能主要包括创想力、实现力、推广力。创想力是产生新的文化创意并且创作出文化作品的能力。实现力是将具有创意的文化作品转化为文化产品的能力。推广力是将文化产品推向文化市场成为文化商品的能力。对于创意生产型文创家(以文艺创作人才居多)来说,创想力最重要。对于创意实现型文创家(以文化管理人才居多)来说,实现力最重要。

对于创意推广型文创家（文艺创作人才和文化管理人才都多，且时常"跨界"）来说，推广力最重要。从本质上讲，文创家实际上是一种充分发挥创想力、实现力、推广力的"此在"（dasein）状态，姑且称之为"文创态"。

文创家往往具备一些与众不同的精神特质。从某种意义上讲，文创家精神就是与生俱来、超乎常人、难以模仿的那股"劲儿"。具体来说，一是钻劲。创意生产型文创家往往有股近乎偏执的虔诚专注精神。二是闯劲。创意实现型文创家往往有股敢想敢干的勇于担当精神。三是韧劲。创意推广型文创家往往有股善作善成的坚韧不拔精神。当然，钻劲、闯劲、韧劲并非泾渭分明地分属于不同类型的文创家。只是不同类型的文创家往往在钻劲、闯劲或韧劲的某个方面尤为突出，以至于成为这类文创家的最明显精神特质。

五、结语：营造发挥文创家才能的良好环境

从文化经济学的角度来看，文化生产可以分为两类：一类是从0到1的推陈出新式文化生产，另一类是从1到100的周而复始式文化生产。前者实现了文化的创造性转化和创新性发展，后者的可持续性则在很大程度上取决于文化的创意性传播水平。进一步讲，周而复始式文化生产主要涉及数量维度，属于文化增长的范畴。推陈出新式文化生产则既涉及质量维度，也涉及多样性维度，属于文化发展的范畴。文化增长与文化发展的区别在于：文化增长主要是从量的角度来衡量文化发展的规模。文化发展所包含的文化产品的丰富性和文化多样性的结构性变化，才能从质上真正反映一个国家或地区的文化发展状况和水平。这就是说，当文创家资源匮乏或者其文创家才能缺乏用武之地时，在给定的文化生产方式下，很有可能落入虽然文化产业增加值

在数量上增长，但文化多样性缺失和高质量文化产品匮乏的"没有文化发展的文化增长"陷阱。

需要指出的是，文化发展方式绝不仅仅涉及公共文化服务和文化产业发展，而且包括价值取向、价值追求、价值评价，以及生产方式、生活方式、思维方式等内容。因此，推进社会主义文化强国建设，必须把（通过提升公共文化服务水平和健全现代文化产业体系）满足人民群众的文化需求与（通过提高社会文明程度）增强人民群众的精神力量有机统一起来，充分激发文创家的创想力、实现力、推广力，以高品质的文化产品和服务供给，增强人民群众的文化获得感和生活幸福感，以文化的高质量发展推进社会主义文化强国建设。

在为文化领域"有实无名"的从业人员正名，为推进社会主义文化强国建设的重要力量——文创家群体命名的基础上，我们还应从法治环境、政策环境、社会环境入手，营造有利于激发文创家精神、释放文创家才能的良好环境。具体来说，可从三个方面入手：

一是营造依法保护文创家合法权益的法治环境。针对原创作者授权难、侵权诉讼举证难、侵权容易维权难、争议纠纷认定难等问题，我们以财产权保护，尤其是以文化作品和文化产品的知识产权保护为核心，研究制定文化作品和文化产品的知识产权保护办法和侵权损害赔偿制度；探索通过成立各级文化经济纠纷人民调解委员会，组建各级文艺志愿者协会法律援助委员会和各级文化产业商会法律专家服务团等途径，营造依法保护文创家合法权益的法治环境之路。

二是营造重视、尊重和服务文创家的政策环境。针对各地组织人事部门和文旅行政部门目前制定的文化人才政策所存在着的"三重三轻"问题，我们要牢固树立"文化人才资源是文化强国建设的第一资源"理念；坚持定性评价和定量评价相结合的原则，制定概念清晰、标准明确、简便易行的文创家分类认定标准，建立以文创家才能、文创家精神和文创家业绩为导向的科学规范的文创家人才评价体系；以文创家的实际需求为导向，深化"放管服"改革。在条件成熟时，各级文联还可适时成立团结引领文创家积极投身社会主义文化强国建设的非营利性社会组织（各级文联的团体会员）——文创家协会。

三是营造既鼓励创新也包容失败的社会环境。针对文艺创作人才和文化管理人才都可能成为文创家，但文化艺术家和文化企业家未必都称得上文创家的状况，还有文创家所创造的价值和所发挥的作用尚未得到社会的充分认可和普遍尊重等问题，以包容的文化氛围和宽松环境，树立对文创家的正向激励导向；不仅加强对优秀文创家的突出贡献进行宣传报道，展示文创家精神，凝聚崇尚"三创"（创意、创新、创造）的正能量，而且对文创家特立独行的生活方式和创新创业的失误失败，给予更多的理解、包容、鼓励和帮助。

（原载于《艺术管理》2022年第4期）

肆 完善公共文化服务体系

以鉴证备案 防偷梁换柱

近日，在广州市中级人民法院开庭审理的广州美术学院图书馆前馆长萧元监守自盗十年、涉案价值过亿的馆藏书画调包大案，在社会上引起了轩然大波。此案的重要意义在于，不仅将文化系统内一些博物馆、美术馆、文化馆和纪念馆长期以来都或多或少存在的偷梁换柱现象置于镁光灯下，而且通过庭审展示了很多令人唏嘘不已的细节，为馆藏单位的收藏安全拉响了警报。

尽管广州美术学院图书馆画库有三道门，根据管理制度，三个管理员各有一把钥匙。藏画出库时，需要三个管理员共同在场才能打开三道门。然而，一方面，馆长和副馆长还各有一套图书馆画库的钥匙；另一方面，萧元平常只需要三道门中两道门的钥匙就可以进入画库，因为"第三道门从未认真锁过"。此外，按照萧元的说法，"图书馆没有人懂画，他们最多只能点点数，哪怕借出去真画，还回来的是赝品，也根本看不出来"。由于在相当长一段时间里，广州美术学院相关专业的老师和研究生都可以凭证件借阅馆藏书画真迹，而且借阅时只需在管理员处进行登记即可。倘若果真如萧元所言，那么，馆藏书画的调包还真不是件难事。

萧元声称，早在 2003 年，广州美术学院图书馆藏画进行数字化处理的时候，担任馆长的他第一次进入画库时就发现，有些藏画已经被调包了。但他"出于贪念，并未吱声"，反而受此启发，找到了一条临摹调包的发财捷径。萧元还提到，调包现象在他任职之前和之后都没有停止过。他被公安机关抓获后就发现，自己多年前用于调包的伪作，又被别人当作真迹"二次调包"，换入的则是伪造得更为拙劣的赝品，"因为画技拙劣，我一眼就看出来"。值得一提的是，虽然他曾向办案人员指出这一发现，但并没有引起重视。假如不是因为广州美术学院校友在某次拍卖会上发现上拍书画钤有广州美术学院的印章，并举报到学校，那么，涉案时间长达十年之久的这起馆藏书画调包案可能依旧还未东窗事发。

事实上，笔者就多次听说，某地文化馆馆藏的齐白石书画不翼而飞，某某纪念馆馆藏的张大千书画由真变假，某某图书馆上款的郭沫若书法现身拍卖会场……就目前的状况而言，对馆藏书画进行全方位的鉴证备案和数据库建设不仅可以摸清馆藏家底，而且可以防止偷梁换柱，是解决当前诸多问题、预防管理漏洞的关键，可以说是刻不容缓。

从技术上讲，早在2008年，中国艺术科技研究所艺术品科研中心主任尹毅就带领其科研团队开始了中国书画防伪备案的新技术研究。他们发现：第一，在微观条件下，每一张宣纸类书画纸的任何一处纤维形貌都是唯一的。由于这种微观形貌的差异主要来自天然纤维自身的特殊性和特定生产工艺的偶然性所形成的独特结构状态，因此，目前的技术尚无能力复制书画纸张纤维结构的微观形貌。第二，除了纸纤维结构的独特性，墨、色和印迹融合于书画纸独一无二的纤维结构后所形成的微观形态也是独一无二的。这两个"独一无二"状态的结合，就形成了一件书画具有唯一性的微观形貌特征。第三，不同时期、不同产地和不同品种的书画材料的内部物质成分各有差异，而各种纸、墨、色、印中的不同物质成分又都具有不同时空的烙印，因此，对书画的物质成分进行检测备案，也就具有了防伪意义。根据上述原理，鉴证备案之时，只要在书画画面的特定位置采集微观形貌和物质成分的数据并将其录入数据库，就可以成为日后比对识别的"铁证"。随着该项研究的不断深入，相关技术应用于实际指日可待。

欣闻全国美术馆藏品普查工程正在各地推进，这项工程有望在三年内摸清各地公立美术馆的家底。在笔者看来，相关主管部门在大力推动各博物馆、美术馆、文化馆和纪念馆等收藏单位全面锁定现有馆藏书画的基本信息，乃至构建馆藏书画备案管理体系时，还应在两个环节加强管理：一是藏品出库和入库环节，必须比对数据，明确把关责任，防止偷梁换柱；二是单位负责人和保管责任人工作变动时，必须进行馆藏藏品的"审计"，从而明晰每一时期的管理责任，防止糊涂账的出现。

（原载于《中国文化报》2015 年 7 月 26 日）

以文化扶贫助力民族地区脱贫攻坚

四川省深度贫困地区主要集中在高原藏族聚居区和大小凉山彝族聚居区，民族地区是四川脱贫攻坚战中最难啃的"硬骨头"。四川民族地区脱贫攻坚的实践表明，文化扶贫能够助力全面建成小康社会，促进经济社会全面发展。

注重补齐文化基础设施短板。四川省高度重视民族地区文化基础设施建设。2017年，四川省启动"千村文化扶贫行动"，以贫困村综合性文化服务中心建设为重点内容，每年分批次重点推进约3000个贫困村的文化扶贫工作。以凉山彝族自治州为例，截至2019年底，"千村文化扶贫行动"已支持建设749个贫困村的综合性文化服务中心（文化院坝）、403个贫困村的广播"村村响"（应急广播系统）、2.5万户未通电视贫困户的电视"户户通"（卫星直播电视）、850个贫困村的阅报栏以及50个贫困村的少年宫。到2020年，"千村文化扶贫行动"将实现全省88个贫困县"县县有双馆"（图书馆、文化馆），11501个贫困村村村有综合性文化服务中心、农家书屋、阅报栏，并且做到广播"村村响"、电视"户户通"、电影"月月放"。通过补齐文化短板，有效提升民族地区文化基础设施建设水平和公共文化服务水平。

注重脱贫攻坚先进典型的选树和宣传。四川省以"感恩奋进"主题教育活动为抓手，积极选树脱贫攻坚先进典型，宣传先进事迹。组织脱贫先进个人现身说法，讲致富故事，说生活变化，谈脱贫感想，积极营造贫而知耻、穷而思变、富而思进的主动脱贫氛围。以甘孜藏族自治州为例，甘孜州委、州政府印发了《关于实施"润育工程"激发群众脱贫攻坚内生动力的意见》，提出实施宣教聚力行动、文化浸润行动、典型示范行动等五大任务。其中就包括在农牧民中选树一批脱贫先进个人，在脱贫攻坚一线干部中选树一批优秀干部，并对这些脱贫攻坚的先进典型和先进经验进行宣传和报道。目前，甘孜州已选树"身边脱贫致富人物"数十名，评选"五星级文明户"千余户，开展脱贫攻坚先进经验和先进事迹宣传活动上千场（次）。

注重树立文明新风，破除陈规陋习。四川省大力移风易俗，破除高额彩礼、大操大办红白喜事等陈规陋习，积极倡导婚事新办、丧事简办、小事不办等文明新风，切实减轻"人情消费"负担。例如，凉山州金阳县政府出台《关于遏制婚丧事宜高额礼金和铺张浪费之风的实施细则（试行）》，提出包括"婚嫁彩礼不准超过6万元""送亲车辆不准超过6辆"等要求在内的"十不准细则"。

发展学前双语教育，开展村校（幼）共建活动。为了阻断贫困代际传递，四川省在大小凉山彝族聚居区率先实施重大教育扶贫工程"一村一幼"计划，在大小凉山彝族聚居区的2586个建制村设立幼儿教学点，由四川省财政出资为每个幼儿教学点选聘2名高中及以上学历、懂得彝汉双语的辅导员。通过发展学前双语教育，增强少数民族儿童的双语听说能力，培养儿童良好的语言习惯、思维习惯、行为习惯，并通过儿童影响和带动他们的家长。"一村一幼"计划于2017年扩展至四川省的51个少数民族县（市）。在具体落实的过程中，一方面充分利用闲置教学用房、村委会活动室以及租用民房、新建教学用房等方式，解决"一村一幼"计划所需的教学场地问题；另一方面积极整合村小学校、村幼儿教学点、综合性文化服务中心、农家书屋、广播"村村响"、电视"户户通"等资源，开展村校（幼）共建乡村图书馆、乡音广播站活动，开辟学校教育的"第二课堂"。

注重支持藏羌彝文化产业走廊发展。为了加大民族地区特色文化产业助力脱贫攻坚的力度，加快高原藏族聚居区和大小凉山彝族聚居区文化产品展销体系建设，四川省文化部门从2018年开始实施专门针对深度贫困地区，以藏羌彝文化产业走廊为核心，具体包括文化产业提升计划、藏羌彝音乐数据库建设计划在内的"文化扶志"七大计划。四川省首个藏羌彝文化产业走廊行动计划《藏羌彝文化产业走廊四川行动计划（2018—2020年）》不仅提出推动文化产业成为四川省藏羌彝聚居地区支柱性产业的方向，而且提出力争用3年时间，使四川省藏羌彝聚居地区文化产业占GDP的比重突破5%、争取达到8%的具体目标。为此，四川省以项目和产业为立足点，重点实施文化创意精品工程、文化旅游融合工程、文化品牌传播工程等"五大工程"，大力推动藏羌彝聚居地区文化产业发展。

注重发挥非遗对脱贫攻坚的作用。《四川省非物质文化遗产条例》提出，鼓励和支持对具有市场需求与开发潜力的非物质文化遗产资源的合理化开发利用，实行生产性保护。四川各级文化和旅游部门充分利用非遗资源，鼓励非遗传承人创业，建立非遗合作社，推广"互联网+非遗""非遗+扶贫"等模式。例如，阿坝藏族羌族自治州壤塘县通过"政府扶持、传承人自主创办"的方式，鼓励和扶持非遗传承人创办非遗传习所26个。这些非遗传习所在传承优秀传统文化的同时，有效带动周边地区群众脱贫增收。

（原载于《中国民族报》2020年2月25日）

民族地区基本公共文化服务供需状况研究

——来自凉山彝族自治州德昌县 H 镇的调查

党的十八大以来，我国不断推动民族地区基本公共文化服务的标准化和均等化建设，并取得了突飞猛进的发展。面向"十四五"，民族地区的公共文化服务体系建设进入高质量发展的新阶段。《中华人民共和国国民经济和社会发展第十四个五年规划和 2035 年远景目标纲要》将"公共文化服务体系和文化产业体系更加健全，人民精神文化生活日益丰富"作为"十四五"时期经济社会发展的主要目标内容。[1]这既是对基本公共文化服务提出的更高要求，也是保障各族群众基本文化权益的重要内容。《"十四五"公共文化服务体系建设规划》进一步提出，以铸牢中华民族共同体意识为宗旨，以培育"五个认同"为目标，着眼于少数民族文化的创新发展，在民族地区加强国家通用语言文字和民族语言文字"双语"文化产品和服务供给，鼓励和扶持民族文化产品创作生产，推动中西部欠发达地区公共文化设施查漏补缺，进一步完善设施网络，鼓励和支持有条件的地方推动公共文化设施提档升级。[2]

1　参见《中华人民共和国国民经济和社会发展第十四个五年规划和 2035 年远景目标纲要》，《人民日报》2021 年 3 月 13 日，第 1 版。
2　参见程晓刚《文化和旅游部发布〈"十四五"公共文化服务体系建设规划〉》，《中国文化报》2021 年 6 月 24 日，第 1 版。

事实上，自党的十六届五中全会首次正式提出"加大政府对文化事业的投入，逐步形成覆盖全社会的比较完备的公共文化服务体系"[1]以来，关于民族地区公共文化服务的研究呈现两大特征：一是从研究方法来看，民族地区公共文化服务的田野调查成为主要研究方法。具体而言，田野调查方法被广泛运用到关于民族地区的公共文化服务现状[2]、公共文化服务质量[3]、公共文化服务供给模式[4]等问题的研究上。其中，又以毕东团队针对边疆民族地区城乡公共文化服务的系列田野调查最具代表性。[5] 二是从研究主题来看，民族地区公共文化服务体系建设问题成为主要研究热点。在民族地区公共文化服务体系建设方面，学者们很快意识到，由于地理环境复杂、文化多元共存，以及经济社会发展相对滞后等，民族地区公共文化服务体系的建设有其特殊性和复杂性。因此，需要遵循文化培育与文化需求相结合、文化的开放性与安全性相结合、文化服务的标准化与多样化相结合等原则。[6] 就民族地区公共文化服务体系的构建路径而言，既要继续加大投入，加强民族地区文化基础设施建设，也要大力培养少数民族文化人才，加强民族地区文化队伍建设，还要积极进行文化创新，提升民族地区文化服务的

---

1 《中共中央关于制定国民经济和社会发展第十一个五年规划的建议》，《人民日报》2005年10月19日，第1版。

2 参见陈茜《西南民族地区甘孜州公共文化服务现状及对策研究》，《四川戏剧》2018年第10期。

3 参见文立杰、纪东东、张杰《沿边民族地区农村基层公共文化服务质量研究——以Z自治区4市8县（区）38村为样本》，《图书馆论坛》2018年第12期。

4 参见祁志伟《社会资本何以驱动公共文化服务供给模式创新——对民族地区T牧区的考察》，《图书馆论坛》2021年第3期。

5 参见尹婷婷、毕东、毕晓红、李春艳《边疆民族地区城乡公共文化服务调查研究——以云南省昆明市西山区为例》，《图书馆理论与实践》2019年第3期。

6 参见索晓霞、蒋萌《试论民族地区公共文化服务体系建设的特殊性》，《贵州民族研究》2012年第4期。

实效，更要深化文化体制改革，促进民族地区文化事业繁荣发展。[1] 在民族地区公共文化服务政策方面，进行评估后发现，民族地区公共文化服务的供给型和环境型政策工具过多，需求型政策工具过少，政策注意力"失衡"与"迟钝"并存的问题比较突出。[2] 在民族地区公共文化服务创新方面，有学者提出以理念创新、模式创新和选择权创新为主要内容的"三创"概念。具体来说，在理念上，遵循人本原则、公平原则、责任原则、效率原则；在模式上，实行政府主导、市场加盟、公民参与的多元合作供给模式；在选择权上，尊重民族地区公民对公共文化的选择权。[3] 相比之下，只有少数学者从少数民族群众文化需求的特点和规律出发，意识到民族地区构建需求导向型公共文化服务体系的重要性和必要性。[4] 总的来看，虽然目前已经构建起民族地区公共文化服务体系的宏大体系，但就常识而论，基于"供给—需求"框架的研究或许更具有针对性、适用性和可操作性。

对于民族地区基本公共文化服务而言，无论是"查漏补缺"，还是"提档升级"，都需要深入了解基本公共文化服务的供需状况，进而发现存在的主要问题，并在此基础上提出相应的对策建议。为深入了解习近平总书记"寄予厚望"的凉山彝区的基本公共文化服务供需状况，课题组于 2021 年对凉山彝族自治州德昌县的 H 镇进行了深入调查。凉山彝族自治州既是全国最大的彝族聚居区，也是四川省民族类

---

1 参见陈坚良《论民族地区公共文化服务体系的构建》，《贵州民族研究》2008年第 2 期。
2 参见赵军义《民族地区公共文化服务政策评估——政策工具与政策注意力视角》，《广西社会科学》2020 年第 9 期。
3 参见周晓丽《论民族地区公共文化服务创新》，《云南行政学院学报》2011 年第 6 期。
4 参见陈兴贵《基于文化需求的民族地区公共文化服务体系建设探讨》，《怀化学院学报》2014 年第 10 期。

别和少数民族人口最多的地区，德昌县则是四川省傈僳族聚居人口最多的县。德昌县 H 镇的总人口为 14259 人，其中汉族 5211 人，占总人口的 36.5%；彝族 7347 人，占总人口的 51.5%；傈僳族 1701 人，占总人口的 12.0%。H 镇下设 10 个行政村：1 个中心村、4 个汉族村、4 个彝族村和 1 个傈僳族村。作为多民族混居地区，德昌县的区域文化呈现出多元一体性、开放包容性、内容丰富性等特点。（见表 1）德昌县 H 镇的基本公共文化服务体系建设在凉山彝区具有较强的典型性。需要说明的是，由于受新冠疫情的影响，2020—2022 年的统计数据不具有代表性，因此，本文主要使用 2017—2019 年，即新冠疫情发生前的统计数据。

一、基本公共文化服务供需状况调查

本文以德昌县 H 镇的基本公共文化服务供需状况为调查内容，并根据各村的人口数量，按比例在 H 镇的 10 个行政村随机发放调查问卷 250 份。其中，共收回有效问卷 215 份，有效问卷率为 86.0%。

（一）基本公共文化服务供给状况调查

1. 资金支出

近年来，H 镇基本公共文化服务资金支出的绝对值和占比都呈逐年上升的趋势。2017 年公共财政支出 730 万元，其中公共文化服务支出 3.5 万元，占比 0.48%，同比增幅 11%；2018 年公共财政支出 773 万元，其中公共文化服务支出 4.1 万元，占比 0.53%，同比增幅 17%；2019 年公共财政支出 811 万元，其中公共文化服务支出 5.3 万元，占比 0.65%，同比增幅 29%。这些资金主要用于公共文化服务的基础设施建设和基本用品配置。公共文化服务支出持续稳定增长，反映出各级党委政府对民族地区公共文化服务工作的高度重视和大力支持。

表 1 H镇各村的基本状况一览表

行政村	主要产业	常住人口数（人）	常住人口占比（%）	主要民族	传统民族节庆
中心村	商贸业,种植业(水稻),养殖业(养猪,家禽)	5557	48.69	彝族、汉族、傈僳族	彝族(彝族年、火把节)、汉族(春节、端午节)、傈僳族(阔时节、收获节)
汉族村 A	种植业(水稻,蔬果),养殖业(蚕桑,家禽),水产业(养鱼)	670	5.87	汉族	汉族(春节、端午节)
汉族村 B	种植业(水稻,蔬果),养殖业(蚕桑,家禽),水产业(养鱼)	878	7.69	汉族	汉族(春节、端午节)
汉族村 C	种植业(水稻,烤烟),养殖业(蚕桑)	590	5.17	汉族	汉族(春节、端午节)
汉族村 D	种植业(水稻,烤烟),养殖业(蚕桑)	627	5.49	汉族	汉族(春节、端午节)
彝族村 E	种植业(烤烟,核桃)	515	4.51	彝族	彝族(彝族年、火把节)
彝族村 F	种植业(烤烟,核桃)	596	5.22	彝族	彝族(彝族年、火把节)
彝族村 G	种植业(烤烟,核桃,花椒),养殖业(牛、羊)	671	5.88	彝族	彝族(彝族年、火把节)
彝族村 H	种植业(烤烟,核桃,花椒),养殖业(牛、羊)	521	4.56	彝族	彝族(彝族年、火把节)
傈僳族村 I	养殖业(牛、羊、蜂)	788	6.90	傈僳族	傈僳族(阔时节、收获节)

2. 基础设施

H镇的公共文化设施可以分为三类：第一类娱乐类公共设施，如篮球场（文化坝子）、乒乓球台、健身设施、老幼残辅助设施等；第二类益智类公共设施，如农家书屋、报刊栏、村广播站、文化室等；第三类民族特色类公共设施，如民族标语栏、民族特色文化墙、民族特色建筑等。H镇的公共文化设施既是基本公共文化服务体系建设的重要内容，也是开展各类公共文化活动的主要场所。相比之下，益智类公共文化设施的普及程度最高，娱乐类公共文化设施中的老、幼、残辅助设施的普及程度最低。这意味着，针对特殊群体的公共文化服务工作还存在某些"盲区"。

3. 活动内容

H镇的公共文化活动主要包括民族节庆活动、电影放映、送戏下乡和文体活动。其中，民族节庆活动主要包括火把节、阔时节、端午节等；电影放映主要由各村委会组织；送戏下乡主要由县级文旅部门和H镇政府共同组织；文体活动主要以篮球比赛和乒乓球比赛为主，由各村委会组织，并由H镇政府提供一定的资金支持。从文体活动的举办情况来看，各村举办文体活动的积极性存在较大差异，有的村连年举办，有的村从未举办过，举办过文体活动的村往往都能坚持举办。正如一些村干部所说："万事开头难，开头就不难。"因此，选择什么活动"开头"，就成为问题的关键所在。

总的来看，H镇已经初步完成基本公共文化服务的标准化和均等化建设工作。

（二）基本公共文化服务需求状况调查

1. 公共文化设施的使用状况及需求

从年龄结构上看，公共文化设施主要是青少年和儿童在使用，成年人的参与时间频率和参与人数比例都很低，其中老年人更是几乎处于同公共文化设施"绝缘"的状态。与此类似的是，公共文化产品也主要是青少年和儿童在使用，大部分成年人的主要兴趣是棋牌，其中，老年人除偶尔接触棋牌外，几乎不接触其他公共文化产品。进一步看，这些成年人，特别是老年人并非没有文化需求，而是"标准化配置"的公共文化设施和公共文化服务未能有效满足其基本文化需求。不同年龄段人群的基本公共文化服务需求和不平衡不充分的基本公共文化服务供给之间的矛盾依然十分突出。

问卷调查还发现，群众表现出对扩建文化坝子、民族特色文化墙和民族特色建筑的较强烈需求。让人意外的是，68.37%的受调查者建议取消报刊栏，42.33%的受调查者建议取消健身设施，分别有20.93%的受调查者建议取消乒乓球台和取消农家书屋。（见表2）进一步的访谈发现，一方面，这同群众的阅读能力不足和阅读习惯欠缺，以及运动意识缺乏和锻炼方式差异具有密切的关系；另一方面，报刊栏和农家书屋所提供的图书报刊也存在针对性不够和实用性不强的问题。上述调查结果提醒我们，有必要重新审视某些利用率不高的公共文化设施的"标准化配置"意义，以及公共文化实施的有效利用问题。

2. 公共文化产品的使用状况及需求

从年龄结构上看，公共文化产品主要是青年人、青少年和儿童在使用，成年人的主要兴趣是棋牌。老年人除偶尔接触棋牌外，几乎不接触其他公共文化产品。问卷调查还发现，70.23%的受调查者建议新增地方民族乐器，59.07%的受调查者建议新增无线Wi-Fi设备，40.0%的受调查者建议新增地方民族类书刊。（见表3）这意味着，一方面，在民族地区基本公共文化服务标准化建设工作全面推进，并已

表2 H镇群众的公共文化设施需求

单位：%

调查对象意见	娱乐类					益智类			民族特色类		
	篮球场（文化坝子）	乒乓球台	健身设施	老、幼、残辅助设施	农家书屋	报刊栏	村广播站	文化室	民族标语栏	民族特色文化墙	民族特色建筑
建议扩建	5.58(36.74)	3.26	13.49	7.44	3.72	2.33	0	2.33	34.88	53.49	73.02
建议取消	0	20.93	42.33	—	20.93	68.37	10.23	0	1.86	0	0
建议保留	94.42(63.26)	75.81	44.18	—	75.35	29.30	89.77	97.67	63.26	46.51	26.98

表3 H镇群众的公共文化产品需求

单位：%

调查对象意见	娱乐类					益智类					民族特色类		
	电视机	无线Wi-Fi设备	篮球	乒乓球拍	音响	健身器材	书刊	报纸	收音机	音乐器材	棋牌	地方民族乐器	地方民族类书刊
建议新增	7.91	59.07	0	0	5.12	13.49	10.23	7.44	4.19	4.45	17.21	70.23	40.0
建议缩减	0	0	45.37	34.88	0	42.32	33.02	72.09	21.86	49.33	3.72	—	1.86
建议保留	92.09	40.93	54.63	65.12	94.88	44.19	56.75	20.47	73.95	46.22	79.07	—	58.14

取得显著成效的基础上，还应充分考虑民族地区公共文化服务体系建设的特殊性和复杂性。通过各族群众喜闻乐见的民族特色文化活动形式，表现有利于铸牢中华民族共同体意识的文化内容；另一方面，进一步加快民族地区的数字基础设施建设、推动民族地区的公共文化数字化建设，不仅是深入贯彻落实党的二十大报告所提出的实施国家文化数字化战略的重要举措，而且是有效利用信息技术不断满足各族群众日益增长的美好数字生活需要的重要内容。

3. 公共文化活动的参与状况及需求

从年龄结构上看，青年人、青少年和儿童对几乎所有的公共文化活动都表现出浓厚的兴趣。相比之下，中年人对电影、戏剧、歌舞表演，以及民族节庆活动的兴趣更浓，老年人则最重视民族节庆活动。问卷调查还发现，群众对很多公共文化活动均提出增量性需求。其中，82.33%的受调查者建议增加电影放映（场次），67.73%的受调查者建议增加文体比赛（场次），60.0%的受调查者建议增加春节、端午节（活动），反映出较强的公共文化活动参与意愿。（见表4）上述调查结果的政策含义是：一方面，应将电影放映、戏剧和歌舞表演作为传播中华民族共同体意识的重要途径；另一方面，应充分发挥春节等各民族广泛认同、共享共庆的节庆活动所具有的增强"五个认同"的重要作用。

表4　H镇群众的公共文化活动需求

单位：%

调查对象意见	观看电影	观看戏剧、歌舞表演	文体比赛	春节、端午节	彝族年、火把节	阔时节、收获节
建议新增活动项目	82.33	25.22	67.73	60.0	41.40	35.81
建议取消	0	4.87	2.27	0	0	0
建议保留	17.67	69.91	30.00	40.0	58.60	64.19

总的来看，不同年龄段人群具有差异性的公共文化服务需求尚未得到足够重视和充分满足。

（三）基本公共文化服务的满意度调查

本文以李克特五级量表为基础，参考《国家基本公共文化服务指导标准》，并结合调查对象的基本特征，设计出包括5个准则层和19个指标层在内的基本公共文化服务满意度测评指标体系（见表5）。本问卷基于标准化项的Cronbach's Alpha系数为0.899，说明问卷的可靠性较高；本问卷整体的Kaiser-Meyer-Olkin值为0.799，Bartlett的球形度检验Sig值为0.000，说明问卷的有效性较高。

总的来看，在19项指标中，群众满意度较高的有6项，满意度一般的有3项，满意度较低的有7项，满意度很低的有3项。具体来说（见表6）：在基本服务项目方面，群众对收听广播（满意占比为70.23%，下同）、设施开放（65.12%）、读书看报（64.65%）、观看电视（59.53%）和电影放映（47.91%）的满意度较高，对文体活动（28.37%）的满意度较低，对送戏下乡（3.26%）的满意度最低。这意味着，一方面，以图书报刊、广播电视、电影为代表的传统媒体在民族地区的文化传播和知识普及方面仍然有效地发挥着重要作用；另一方面，群众对现场性、体验性和参与性较强的戏剧表演、文体活动等基本公共文化服务具有浓厚的兴趣和较大的需求，且存在一定的"需求缺口"。

在硬件设施方面，群众对文化设施的满意度较高（60.47%），对体育设施的满意度较低（21.40%），对辅助设施的满意度最低（4.65%）。这既与群众的体育锻炼意识缺乏有关，也与"重体育设施建设，轻运动方式引导"有关。当地的公共文化服务工作由县文化广播电视和旅游局主导，社会体育指导工作则由县教育体育和科学技术局

表 5 H 镇基本公共文化服务满意度测评指标体系

目标层	准则层	指标层	定义
德昌县 H 镇基本公共文化服务满意度评价指标体系	基本服务项目	V1：读书看报	1. 在行政村的综合文化服务中心（含农家书屋）等配备图书、报刊和电子书刊，并免费提供借阅服务。 2. 在乡镇街道、居民小区、公共场所等人流密集地点设置阅报栏或电子阅报屏，提供时政、"三农"、科普、文化、生活等方面的信息服务。
		V2：收听广播	1. 为全民提供突发事件应急广播服务。 2. 通过直播卫星提供不少于 17 套广播节目，通过无线模拟提供不少于 6 套广播节目，通过数字音频提供不少于 15 套广播节目。
		V3：观看电视	通过直播卫星提供 25 套电视节目，通过地面数字电视提供不少于 15 套电视节目，未完成无线数字化转换的地区，提供不少于 5 套电视节目。
		V4：电影放映	1. 为群众提供数字电影放映服务，其中每年国产新片（院线上映不超过 2 年）比例不少于 1/3。 2. 每学期为中小学生提供 2 部爱国主义教育影片。
		V5：送戏下乡	根据群众实际需求，采取政府采购等方式，每年为各村送戏曲等文艺演出。
		V6：设施开放	公共文化设施免费开放，基本服务项目健全。
		V7：文体活动	1. 群众依托村（社区）综合文化服务中心、文体广场、公园、健身路径等公共设施，就近开展各类文体活动。 2. 开展文化艺术知识普及和培训，培养群众健康向上的文艺爱好。

续表

目标层	准则层	指标层	定义
	硬件设施	V8:文化设施	1. 各村设综合文化站,按照国家颁布的建设标准等进行规划建设。 2. 结合基层公共服务综合设施建设,整合闲置中小学校等资源,在村(社区)统筹建设综合文化服务中心,因地制宜配置文体器材。
		V9:体育设施	乡镇(街道)和村(社区)配置群众体育活动器材设备,或纳入基层综合文化设施整合设置。
		V10:辅助设施	各村为残疾人配备无障碍设施,有条件的配备安全检查设备。
	基本公共文化服务水平和质量	V11:政府对公共文化资源的宣传	政府对公共文化资源做相关讲解或宣传。
		V12:政府对公共文化资源的管理与更新	政府对公共文化设施的规范使用、定期保养、淘汰更新等问题进行有效管理。
		V13:政府对群众需求的反响与执行	群众提出需求意见,政府的反响状况和执行力度。
		V14:公共文化服务提供者的素质	公共文化服务提供者(全职和兼职)在专业上、职责上以及服务上展现的个人综合素质。

174

续表

目标层	准则层	指标层	定义
	地方民族特色文化的宣传与保护	V15:地方民族特色文化活动	地方民族节庆活动,日常风俗活动的开展情况,例如彝族达体舞、傈僳族锅庄等。
		V16:地方民族特色文化宣传	1.政府文化供给过程中,对地方民族特色文化的宣传情况。 2.政府在文化产品和设施的供给过程中融入地方民族文字、图案、音乐、乐器等文化元素。
		V17:地方民族特色文化保护	政府应根据群众的实际需求来提供相应的公共文化服务,对地方民族的特有文化进行保护,例如彝族的毕摩文化。
	群众整体感受	V18:群众对基本公共文化服务的整体感受	群众对政府提供的基本公共文化服务的全面感知。
		V19:群众的参与意愿	群众在公共文化服务中参与建设或参与活动的积极性、主动性。

负责，因此，需要进一步探索"文"和"体"分属不同行政主管部门的情况下，如何将体育设施建设和社会体育指导进行统筹管理，从而更为有效地满足各族群众的体育运动需求。

在基本公共文化服务水平和质量方面，群众对政府对公共文化设施的管理与更新比较满意（55.81%），对公共文化服务提供者的素质（29.77%）、政府对公共文化资源的宣传（13.02%）的满意度较低，对政府对群众需求的反响与执行（0.93%）的满意度最低。这反映出民族地区公共文化服务体系建设中普遍存在的"重硬件建设"（如公共文化设施的管理与更新），"轻软件建设"（如政府对群众需求的反响与执行）问题。

在地方民族特色文化宣传与保护方面，群众对地方民族特色文化保护（18.14%）、地方民族特色文化宣传（15.81%）和地方民族特色文化活动（13.95%）的满意度均不高。这也再次反映了民族地区公共文化服务体系建设的特殊性和复杂性。民族地区公共文化服务工作，不仅要在了解各族群众基本文化需求的基础上，寻求各族群众基本公共文化需求的"最大公约数"，而且要根据各族群众的文化特点和风俗习惯，提供导向上增强认同、形式上喜闻乐见、内容上凝心聚力的公共文化服务。

在群众整体感受方面，群众对基本公共文化服务的整体感受（33.49%）和群众的参与意愿（36.28%）的满意度均不高。由于在基本服务项目、硬件设施、基本公共文化服务水平和质量、地方民族特色文化宣传与保护等方面存在的诸多问题，群众对基本公共文化服务的整体感受不佳和参与意愿不强，也就成为顺理成章之事。

表6 H镇群众基本公共文化服务满意度测评情况

准则层	指标层	十分不满意(人)	比较不满意(人)	不满意占比(%)	没有意见(人)	没有意见占比(%)	比较满意(人)	十分满意(人)	满意占比(%)
基本服务项目	V1:读书看报	11	22	15.35	43	20.00	94	45	64.65
	V2:收听广播	0	12	5.58	52	24.19	98	53	70.23
	V3:观看电视	0	21	9.77	66	30.70	75	53	59.53
	V4:电影放映	11	21	14.88	80	37.21	91	12	47.91
	V5:送戏下乡	41	130	79.53	37	17.21	7	0	3.26
	V6:设施开放	4	16	9.30	55	25.58	96	44	65.12
	V7:文体活动	21	55	35.35	78	36.28	41	20	28.37
硬件设施	V8:文化设施	9	21	13.95	55	25.58	86	44	60.47
	V9:体育设施	35	102	63.72	32	14.88	31	15	21.40
	V10:辅助设施	12	40	24.19	153	71.16	7	3	4.65
基本公共文化服务水平和质量	V11:政府对公共文化资源的宣传	31	55	40.00	101	46.98	22	6	13.02
	V12:政府对公共文化资源的管理与更新	6	19	11.63	70	32.56	77	43	55.81
	V13:政府对群众需求的反响与执行	61	93	71.63	59	27.44	2	0	0.93
	V14:公共文化服务提供者的素质	14	25	18.14	112	52.09	51	13	29.77
地方民族特色文化宣传与保护	V15:地方民族特色文化活动	85	61	67.91	39	18.14	9	21	13.95
	V16:地方民族特色文化宣传	67	78	67.44	36	16.74	22	12	15.81
	V17:地方民族特色文化保护	43	78	56.28	55	25.58	22	17	18.14
群众整体感受	V18:群众对基本公共文化服务的整体感受	21	45	30.70	77	35.81	52	20	33.49
	V19:群众的参与意愿	31	69	46.51	37	17.21	53	25	36.28

二、优化基本公共文化服务供给的建议

事实上,民族地区的公共文化服务,不仅要着眼于少数民族文化的创新发展,鼓励和扶持民族地区优质公共文化产品的创作生产,根据各族群众的特点和需求提供有针对性的公共文化服务,而且要有意识地为推进各族群众精神生活共同富裕提供目标导向和方向指引,为增强实现中华民族伟大复兴的精神力量提供公共文化支撑。

(一)优化服务和激发活力,为各族群众精神生活共同富裕提供保障

1. 推动公共文化服务社会化,提升民族地区公共文化服务效能

为解决基本公共文化服务的供给主体单一化这个长期以来制约民族地区公共文化服务水平的主要障碍,建议以成立 H 镇文化管理协会为契机,推动公共文化服务的社会化(见图1)。通过举旗帜、聚民心,在迅速而精准地充分满足各族群众基本公共文化需求的同时,巩固各族人民团结奋斗的共同思想基础,为各族群众精神生活共同富裕提供基础支撑和内容引导。

具体来说,一是强化宣传引导。民族地区的基本公共文化服务体系建设,要以铸牢中华民族共同体意识为工作主线,以增进各族群众对伟大祖国、中华民族、中华文化、中国共产党、中国特色社会主义的认同为主要内容。因此,必须充分发挥基层文化管理协会作为基层文化阵地的宣传功能和引导作用,用文化的力量来化解民族地区的各种深层次矛盾。广泛凝聚共识,构筑中华民族共有精神家园,巩固各族人民团结奋斗的共同思想基础。二是增强服务意识。基本公共文化服务的核心是服务,通过基层文化管理协会提升基本公共文化服务水平,既是"社会参与"的重要内容,也是"重心下移"的集中体现。因此,基层文化管理协会要坚持以人民为中心的发展思想,着力增进

各族群众的文化福祉，不断提高民族地区公共文化服务的知晓度、参与度、满意度。三是加强交流沟通。基层文化管理协会是连接基层单位和各族群众的文化桥梁，在保护利用乡村传统文化、盘活乡村文化资源、重塑乡村文化生态等方面具有重要作用。因此，基层文化管理协会要以各族群众的基本文化需求为导向，以消除基层公共文化服务的盲点和薄弱点为突破口，及时发布公共文化活动信息，积极收集公共文化服务需求信息，快速反馈公共文化服务满意度信息，精准高效地推进相关工作。

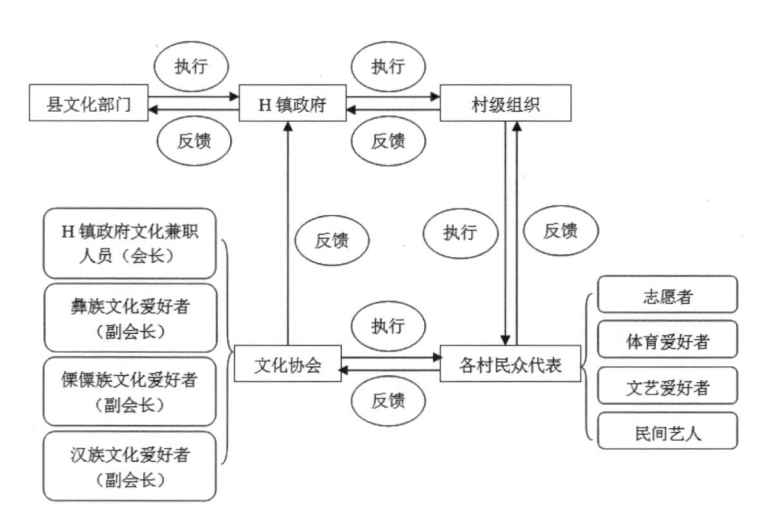

图1 H镇文化管理协会的运行架构示意图

2. 变被动服务为主动作为，激发各族群众的文化创新创造活力

调查发现，由于精神文化生活贫乏，不少人在"非赶集日"都以打牌、聊天、看电视等方式消磨时间。虽然诸如送戏下乡、电影放映之类的"送文化"活动很受各族群众欢迎，但更重要的还是"种文化"。为此，应充分利用好现有的公共文化资源，育新人、兴文化、展形象。尊重各族群众的首创精神，激发各族群众的文化创新创造活力，

提高各族群众的道德水准和文明素养。以最具群众基础的民族节庆活动为例，由于H镇政府在民族节庆活动期间提供的基本公共文化服务主要以拉横幅、插彩旗等宣传工作为主，因此，各族群众对民族节庆活动的满意度偏低。事实上，民族节庆活动既是民族文化的重要载体，也是增进各族群众情感交流的重要内容。为此，要进一步激发各族群众的积极性、主动性、参与性，丰富节日文化，弘扬民族精神，充分发挥民族节庆活动在构筑各民族共有精神家园中的重要作用。

（二）加大供给侧改革力度，增强实现中华民族伟大复兴的精神力量

1. 改善供给侧结构，实现有侧重点的标准化和有效率的均等化

尽管德昌县的各乡镇已经实现基本公共文化服务的标准化，然而，这种平均主义式的标准化并未考虑各乡镇的具体情况。以距德昌县城约4公里的Z镇为例，由于该镇的群众大都在县城务工或外出打工，且该镇无学校，因此，一方面，Z镇的常住人口很少，Z镇公共文化资源的闲置状况严重；另一方面，Z镇的群众因地理位置优势得以共享县城的丰富公共文化资源。在这种情况下，不妨打破公共文化资源配置的简单平均主义倾向，根据公共文化资源的实际利用情况，适当照顾位置偏远乡镇的公共文化需求。进一步讲，还可打破公共文化资源配置的行政边界。以H镇为例，该镇的常住人口主要集中在中心村（占全镇人口总数的47.08%），而且，每到赶集日，其他村的群众还会前往中心村赶集，并参与中心村组织的各类公共文化活动。然而，中心村的公共文化服务资源总量却与其他各村不相上下。这种简单平均主义的资源配置模式既不能很好地满足中心村村民的日常公共文化需求，也不能充分满足其他村村民在赶集日和民族节庆日等特定时段的公共文化需求增量。在公共文化资源有限的约束条件下，不妨根据实际情

况，打破行政村的地理边界，通过"保障中心村，扶持偏远村"的做法，实现有侧重点的标准化和有效率的均等化。

2. 创新内容和形式，不断引导和满足各族群众的精神文化需求

创新基本公共文化服务的内容和形式，积极引导和不断满足各族群众的精神文化需求，是破解各族群众"听不懂、看不懂"和"不爱听、不爱看"问题的关键。具体来说，一是不断加强对各族群众日益增长的精神文化需求的引导。为解决各族群众的精神文化生活单调贫乏的问题，要充分借助毕摩、德古等乡贤和基层文艺工作者、基层教育工作者的聪明才智，积极利用村小学校、村幼教点、文化室、农家书屋等空间载体资源，通过举办培训班、组建兴趣小组等方式，将各民族的传统文化与社会主义核心价值观紧密结合，推动明大德、守公德、严私德，在让各族群众享有更加充实、更为丰富、更高质量的精神文化生活的同时，提高各族群众的道德水准和文明素养。二是不断提高各族群众网络精神生活的能力、水平和质量。调查发现，虽然H镇各族群众使用的手机大部分是智能手机，但仅有少部分年轻人会用手机上网，且主要用于打游戏、看直播、追网剧等纯娱乐活动，其他人大都只用智能手机来接打电话。为顺应智能手机在民族地区逐渐普及的趋势，逐步解决各族群众在网络精神生活的能力、水平和质量上存在的不平衡、不充分问题。一方面，可以为存在国家通用语言交流障碍的少数民族群众免费安装"双培推普"手机APP[1]，并辅导其熟练使用，以便帮助这些群众解决"对外交流难、学习政策难、掌握技能难"等问题。另一方面，H镇及各村也可创建自己的公共文化服务微

---

1 "双培推普"手机APP将100句常用的国家通用语言译制为包括彝语在内的10个语种（含方言土语）。内容涵盖"必会15句""称呼问候""买卖交易""生产生活""卫生健康"五个部分。凡是装有安卓系统的智能手机，在"应用市场"软件里下载安装即可免费使用。

信公众号，通过视频、语音、文字、图片等多种形式，让各族群众及时了解本地的公共文化服务信息等生活资讯，充分接触能够增强"五个认同"的文化内容。（见图2）

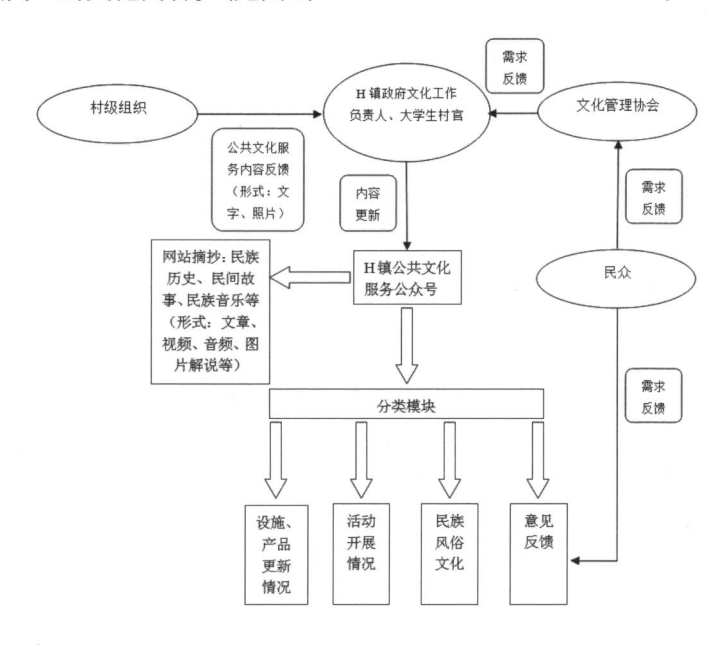

图2　H镇公共文化服务微信公众号的内容框架

三、结语

虽然包括凉山州德昌县H镇在内的广大民族地区已经初步完成基本公共文化服务的标准化和均等化建设工作，但民族地区"标准化配置"的公共文化设施和公共文化服务尚未有效满足各种群众具有特殊性的基本文化需求。民族地区公共文化服务工作，不仅要寻求各族群众基本公共文化需求的"最大公约数"，而且要根据各族群众的文化特点和风俗习惯，提供导向上增强认同、形式上喜闻乐见、内容上凝心聚力的公共文化服务。此外，民族地区"标准化配置"的公共文化设施和公共文化服务还未有效满足老、幼、残等特殊群体的基本文化需求，特殊群体的公共文化服务工作还存在某些"盲区"。这意味着，有必要重新审视某些利用率不高的公共文化设施的"标准化配置"意义，以及公共文化实施的有效利用问题。

为更好地根据各族群众的需求提供有针对性的公共文化服务，为推进各族群众精神生活共同富裕提供目标导向和方向指引，为增强实现中华民族伟大复兴的精神力量提供公共文化支撑，可从四个方面入手：一要推动公共文化服务社会化，通过强化宣传引导、增强服务意识、加强交流沟通，提升民族地区公共文化服务效能，为各族群众精神生活共同富裕提供基础支撑和内容引导。二要变被动服务为主动作为，通过充分利用现有的公共文化资源，育新人、兴文化、展形象。通过尊重各族群众的首创精神，激发各族群众的文化创新创造活力。三要改善供给侧结构，打破公共文化资源配置的简单平均主义倾向，根据公共文化资源的实际利用情况，打破行政村的地理边界。通过"保障中心村，扶持偏远村"的做法，适当照顾位置偏远乡镇的公共文化需求，实现有侧重点的标准化和有效率的均等化。四要创新内容和形式，通过不断加强对各族群众日益增长的精神文化需求的引导，让各族群众享有更加充实、更为丰富、更高质量的精神文化生活，提高各族群众的道德水准和文明素养。通过不断提高各族群众网络精神生活的能力、水平和质量，逐步解决各族群众在网络精神生活的能力、水平和质量上存在的不平衡、不充分问题。

（原载于《民族学刊》2023 年第 6 期，第二作者为樊文玲，第三作者为赫晓明，收入本书时有增改）

伍 健全现代文化产业体系

调整行情是难得的买入良机

假如从 2003 年算起，中国艺术品市场的这一轮行情，已经持续近十年了。尽管十年间有大涨也有回调，但"长牛"趋势基本未变。即使在 2008 年全球金融危机的冲击之下，也出人意料地迅速复苏、强劲反弹。2013 年将延续 2012 年的市场调整趋势，对于投资者或藏家而言，今年正处于一个可以抄底的时间区间。

一、谁在助推"长牛"行情

深究起来，中国艺术品市场近十年来的这波"长牛"行情，之所以能够持续这么久，最重要的推力是人民币的流动性过剩。因此，中国艺术品市场的屡创新高实际上是个典型的因为流动性过剩所推动的艺术资产重估过程：资金要找出路，要流向回报率高的地方。这其实是个简单易懂的货币经济现象。同股市和房市相比，艺术品市场的政策风险最小，监管力度最弱。同样数量的资本，在金融市场可以说是微不足道，但在艺术品市场上则足以兴风作浪。

总的来看，艺术品市场的这波"长牛"行情的前大半段是因流动性过剩而导致的包括股票、房产和艺术品在内的各类资产重估的具体表现之一，后小半段则是在股市低迷和房市调控之下"被凸显"出来的一个可以容纳货币的"池子"。但问题是，越往后走，维持"牛市"的难度就越大。因为几乎所有门类的艺术品价格都在屡创新高。所谓"水涨船高"，水得源源不断流进艺术品市场这个"池子"才能保持这种涨势。这就是说，随着时间的推移，维持艺术品"牛市"的成本将越来越高，而回调在所难免。

二、今年"抄底"区间已现

即使去年艺术品市场大幅回调，拍卖交易总额遭遇腰斩，中国艺术品市场的未来依然前景广阔。因为古今中外，艺术品价格都是经济增长的函数。从长期来看，随着经济发展和通货膨胀，具有稀缺性的珍贵艺术品总是不断升值的。就短期而言，很多人在判断艺术品市场景气程度时，往往将目光聚焦于总成交额指标和"天价"拍品的单价。但在笔者看来，更应该重点关注的是成交率指标，这是反映艺术品市场"人气"的最直观指标。所以，只要这个指标在真正变大，就意味着市场在回暖。为什么总成交额指标和"天价"拍品单价指标不可靠呢？因为艺术品是不易"变质"的商品，假如不是事出有因，成熟的卖家不大会急于套现。因此，艺术品市场的所谓回调很多时候其实只是"虚跌"，有"价"无"市"。总成交额是下降了，但原因可能是卖家根本无意出货，或者是保留价定得太高。市场上没有好东西露面，怎么会有"天价"拍品？如何会有高成交额？事实上，即使在2012年的中国艺术品市场回调期，一些中低价位艺术品的成交状况还是非常好的。只要是好东西，跌下来总有懂行的藏家接盘，这是来自收藏界的"刚需"。

2009年初，在全球金融危机的大背景下，笔者提出了艺术品市场底部的"区间论"，认为艺术品市场的"底"不是一个"点"，而是一个"区间"。因此，假如有意在艺术品市场上"抄底"的话，就不能一直坐等所谓的价格最低点出现，而应该时刻关注有没有好的艺术品现身市场，价格是否合适。因为当市场行情过于低迷的时候，如果不是特殊原因，卖家根本不会出货，买家也很难以低价买到"好东西"。现在，笔者再一次郑重提醒收藏者和投资者，中国艺术品市场的这一轮回调是值得随时关注和及时把握的又一次买入良机。有潮起，就有潮落。退潮是为了下一轮的涨潮，这是自然规律，也是经济规律。

（原载于《上海证券报》2013年2月20日）

艺术品信托：无信何以托

据用益信托工作室的不完全统计，2010 年度发行的中国艺术品信托产品为 10 款，发行总额为 7.58 亿元；2011 年度发行的中国艺术品信托产品为 45 款，发行总额为 55.01 亿元。[1] 从产品数量来看，2011 年度的同比增长幅度为 350%；从发行总额来看，2011 年度的同比增长幅度为 626%。虽然 2012 年第一季度发行的中国艺术品信托产品多达 13 款，发行总额也高达 18.14 亿元。[2] 但随着 2012 年中国艺术品市场行情的大调整，二三季度的艺术品信托发行数量大幅度减少，两个季度共发行艺术品信托产品 11 款，发行总额为 8.31 亿元。[3] 如果进行同期比较的话，这种调整不可谓不大：2012 年第三季度的发行总额只有 1.62 亿元，仅为 2011 年同期的六分之一。

据不完全统计，至少有 29 款艺术品信托产品将在 2013 年面临兑付，涉资 26.42 亿元。正是由于这个原因，2013 年被称为"艺术品信托的退出之年"。那么，艺术品信托能不能全身而退呢？

---

1 参见曹原、唐子韬《艺术品基金前途未卜　高收益率兑付"非常困难"》，《上海证券报》2013 年 2 月 27 日，第 A8 版。
2 参见吕波《艺术品信托风险隐现》，《成都商报》2012 年 6 月 6 日，第 35 版。
3 参见徐天晓《艺术品信托第三季度发行量跳水　2012 年秋拍成套现时间窗》，《证券日报》2012 年 11 月 20 日，第 C3 版。

一、先天不足的艺术品信托

中国艺术品市场上的很多问题，归根到底都直指一个根本性的问题——信用问题。所以在笔者看来，开展艺术品信托业务的最大障碍就是如何解决信用问题。

当今的中国艺术品市场"水很浑"，信用缺失现象极其严重。可想而知，依托于艺术品市场的艺术品信托业务所面临困境会有多大。假如艺术品市场上的信用问题尚未基本解决，具有自我约束能力的艺术品信托治理构架还没设计完善，就匆匆忙忙推出五花八门的艺术品信托产品，那真的是"不信中的不信"。

二、生不逢时的发售时机

从纯粹的投资角度来看，最简单的投资原则就是低买高卖。笔者之所以一直都不看好这两年发售的几乎所有艺术品信托产品，最重要原因就是入市时机不对。艺术品信托产品的最佳发售时机是艺术品"熊市"到来之时，而不是屡创新高之际。因为对于艺术品交易而言，随机性的影响非常之大，不容小觑。即使是举世公认的精品力作，只要天时地利人和缺一，照样可能乏人问津。任何艺术品的顺利成交都会受到系统性风险和随机性因素的影响，根本没有某些业内人士所鼓吹的那种"不被行情所左右，任何时候都坚挺"的艺术品。

三、不合"市"宜的短线操作模式

作为另类投资的重要品种，艺术品最显著的金融属性之一就是流动性差。尽管在艺术品投资周期多长才算"长"这个问题上，艺术品市场的研究者和从业者多有分歧，但几乎都无一例外地相信，艺术品适合长期投资。

但是笔者认为艺术品更适合进行中期投资。具体的投资周期则因具体情况而异，以 10 年为基点灵活把握。这是针对艺术品实物资产的研究结论。对于艺术品金融资产来说，即使考虑到所投入资金的机会成本问题，艺术品信托的信托期限至少也应该在 5 年左右。但中国的艺术品信托产品呢？据不完全统计，2010 年国内所有艺术品信托产品的平均信托期限仅为 2.5 年，2011 年国内所有艺术品信托产品的平均信托期限仅为 2.2 年。虽然艺术品信托产品的设计者和操盘者确有苦衷，但客观地讲，这显然是不符合艺术品市场投资规律的信托期限设计。

四、雪上加霜的暗箱化操控

由于艺术资产固有的定价难题，艺术品信托基本上属于暗箱化操控。举例来说，以北京雅盈堂文化发展有限公司为代表的艺术品信托项目，利用中国艺术品信托市场的制度缺陷和监管漏洞，虚抬艺术品拍卖的成交价，再以"高价成交"的艺术品作为抵押物发行艺术品信托，从而达到为蓝色港湾房地产业务融资和偿还雅盈堂公司实际控制人王耀辉个人债务的目的，涉案金额十余亿元。但这不过是艺术品信托市场的冰山一角。

五、不仅是如何退出的问题

在"艺术品信托的退出之年"已经到来之际，艺术品信托能不能全身而退实际上已经不成其为一个问题。所有人都看得到，在艺术品市场大势走弱和艺术品信托兑付期限逼近的双重压力下，艺术品信托面临着因价格波动风险和流动性困境所造成的"双杀"。具体来看，艺术品信托的实际业绩则不仅取决于运营团队的操作水平，而且涉及信托产品的制度设计。例如，通过连带担保模式进行风险控制的信托产品所面临的兑付风险就要比一般的信托产品小得多。进一步讲，连带担保方的资金实力又将直接影响到这种连带责任担保的"硬度"。总而言之，艺术品信托的最大症结在于信用。假如置信问题不能解决，艺术品信托不可能走远。正所谓无信何以托？

（原载于《上海证券报》2013年4月10日）

中国艺术品拍卖市场呈三分之态

随着各大拍卖公司陆续收槌,2013年艺术品秋拍季即将谢幕。回顾这一年的中国艺术品拍卖市场,可以用三个词来总结:分化、分辨和分歧。

根据中国拍卖行业协会公布的数据,从全球范围来看,排名前60位的拍卖公司(约占全球从事中国艺术品拍卖业务的拍卖公司总数的10%)占据了88%左右的中国艺术品拍卖市场份额,"一九现象"极其明显。进一步看,排名前6位的拍卖公司(约占拍卖公司总数的1%)又占据了45%左右的中国艺术品拍卖市场份额。这6家公司,中外各占一半。从中国市场来看,全国具备文物拍卖经营资质的拍卖公司已从2012年的355家增至2013年的382家,增幅为7.6%。但从盈利状况而言,实现盈利的拍卖公司不足四成。

尽管目前中国艺术品市场行情并不景气,然而,国际拍卖业两大巨头——苏富比和佳士得却已经争先恐后地进入了中国市场。这意味着,中国拍卖公司的国际化进程和外资拍卖公司的本土化进程都会不断加速,拍卖市场格局将进一步分化,中国艺术品拍卖公司将面临新一轮洗牌。

如果要评选2013年中国艺术品拍卖市场上最受关注的事件,苏轼

《功甫帖》先后引发的关税之议和真伪之争风波或许当居榜首。

2013年9月，上海收藏者刘益谦以822.9万美元（约合5037万元人民币）的价格从纽约苏富比拍卖行拍得仅有"苏轼谨奉别功甫奉议"九字的苏轼《功甫帖》。根据现行的中国关税政策，《功甫帖》的回归约需缴纳1200多万元关税，因此引发了关于中国文物艺术品关税问题的热议。一波未平一波又起。3个月后，上海博物馆书画研究部研究员钟银兰、单国霖、凌利中公开质疑，认为这件《功甫帖》是"双钩廓填"的伪本，并于2014年1月1日如期公布了逾万字的"打假"报告。1月3日，在受到上海博物馆专家质疑之后便于第一时间成立特别小组的苏富比拍卖行也迅速作出回应，表示不同意该文的观点，坚持认为《功甫帖》为苏轼的真迹，并将在10日内对该报告作出正式回应。

事实上，文物鉴定一旦牵涉利益和面子，就成为纠缠不清的复杂问题。《功甫帖》从真伪之辨到真伪之"辩"的升级，使该问题已不再是简单的鉴定问题和学术问题，而成为引起海内外文博界、收藏界乃至全社会广泛关注的社会问题和新闻话题。谁来识真辨伪？谁能识真辨伪？如何分辨真伪？怎样分辨真伪？诸如此类的问题可谓中国艺术品拍卖市场发展过程中始终面临的重要问题。

2012年的中国艺术品拍卖市场被称为"腰斩"之年。在市场情绪悲观的大背景下，2013年的春拍在"回调还是回暖"的市场分歧中拉开序幕。根据雅昌艺术市场监测中心的统计数据（截至发稿时），2013年中国书画拍卖的总成交额比2012年增长了13.8%。进一步看，春秋两季的总成交额同比分别增长了23.9%和13.2%。单从数据来看，考虑到中国书画约占中国艺术品拍卖市场总成交额三分之二的现状，似乎完全可以得出市场已经"回暖"的结论。然而，中国艺术品市场的复杂之处在于，很多时候数据说明不了太多问题。美国《纽约时报》曾在2013年下半年对中国艺术品拍卖市场上的拍后拒付款等乱象进行了系列报道。虽然细节未必完全准确，但提到的问题确实存在。这实际上反映了不少人对中国艺术品拍卖市场的认知和判断。

事实上，中国艺术品市场的成交额和成交率之所以无法完全真实反映市场状况，主要有两方面原因：第一，数据本身含有水分。例如，做价、洗钱和拒付款等交易就都包含在中国艺术品拍卖的总成交额中，但并不能反映艺术品市场上的真实供求关系，不能作为市场判断的可靠依据。第二，拍品本身质量重要。不少"千万级"和"亿元级"拍品，有时候不太受中国艺术品市场行情甚至中国宏观经济状况的影响。举例来说，即使市场异常低迷，但假如有件确凿无疑的北宋汝窑完整器现身市场，价格过亿也不足为奇。然而，人们并不会因为"天价"出现而认为市场转暖。正是由于这类原因，虽然秋拍已近尾声，成交数据略有回升，但市场分歧丝毫未减。2013年的中国艺术品拍卖市场可以说是以分歧始，以分歧终。因为市场分歧明显，观望就成为很多收藏者和投资者一年多来并且可能还将继续坚持的选择。

（原载于《中国社会科学报》2014年1月13日）

中国艺术金融的野蛮生长

国家实行改革开放以来的中国艺术品市场先后经历了三个重要时期：从 20 世纪 80—90 年代的个人收藏时代（以个人资金主导），从 90 年代末—21 世纪初的机构收藏时代（以产业资本主导），以及逐渐步入的艺术品金融化时代（以金融资本主导）。中国艺术品市场走向艺术品金融化时代的最重要标志就是艺术金融产品和服务的创新。

事实上，中国艺术品市场整体规模出现持续而快速的增长趋势，不仅契合了艺术品产业化和金融化的发展趋势，昭示着艺术品金融化时代的来临，而且催生了包括艺术银行服务、艺术品质押融资、艺术品投资基金和艺术品份额化交易在内的多元化艺术金融模式。一种新的艺术商业形态、新的艺术资本运作方式和新的艺术市场格局正在悄然形成。从这个意义上讲，艺术品金融化无疑是当今中国艺术品市场的热点话题。

遗憾的是，虽然近年来中国艺术金融创新的步伐不断加快并且日渐引人瞩目，但以"天津文交所事件"为代表的艺术金融乱象也层出不穷。在这样的大背景下，国务院《关于清理整顿各类交易场所 切实防范金融风险的决定》、中宣部和商务部等五部委《关于贯彻落实国务院决定加强文化产权交易和艺术品交易管理的意见》、文化部《关于加强艺术品市场管理工作的通知》等一系列相关文件相继出台,直指中国艺术品金融市场的种种乱象。

乱象一:缺乏约束的金融创新

按照创新理论奠基人熊彼特的思路,我们可以将艺术金融创新理解为艺术金融产业创建新的生产函数的过程。广义的艺术金融创新包括诸如艺术金融制度创新、艺术金融机构创新、艺术金融管理创新、艺术金融产品创新和艺术金融服务创新在内的艺术金融领域中所有形式的创新活动。狭义的艺术金融创新主要是指艺术金融产品创新和艺术金融服务创新。毫无疑问,创新是中国艺术金融发展的先导和灵魂。中国艺术金融产品和服务的创新能力直接决定着中国艺术金融产业发展的前景,但是,艺术金融产品和服务创新有一个更重要的前提——风险可控。在艺术金融创新实践中,不少艺术金融机构却几乎完全置这个重要前提于不顾,眼里只盯着产品、客户和利润,心中全无服务意识、售后意识和风险意识。这就使得,艺术金融创新的结果往往导致投资者们"艰难维权"。事实上,假如这些艺术金融机构不是那么浮躁和匆忙地急于推出这些极不完善的有缺陷的艺术金融产品和服务,而是多和业内人士和专家学者交流沟通,多下点功夫认真推敲交易规则,多做几次模拟金融实验,中国艺术金融市场恐怕不会在短时间内就出现如此多的严重问题。

乱象二:你创我仿的低级模式

从本质上讲,艺术金融创新包括艺术金融机构在制度安排、组织结构、金融服务等几乎所有方面开展的一切创造性活动。例如,新的艺术金融工具、新的艺术品融资方式、新的艺术品交易结算手段,以及新的艺术金融组织形式，等等。就艺术金融创新的重要性而言，重中之重当然是艺术金融产品和服务的创新。可是，就目前中国艺术金融产品和服务的创新状况而言，主要存在两大问题：

一是本末倒置的问题。很多艺术金融机构实际上是在并未搞清楚艺术品和艺术商品的本质以及艺术金融产品同普通金融产品差异的情况下就开始大胆创新的。打个比方：艺术品同艺术金融产品和艺术金融服务的关系就像树根同树干和树枝的关系，艺术品是"树根"，艺术金融产品和服务都是从这个"树根"生发出来的。所谓"衍生"，皆是从树根生发而来的。但问题是，一些艺术金融机构却几乎完全置艺术品的本质特点于不顾，创出一些不伦不类的艺术金融新产品。

二是你创我仿的困境。创新二字，说起来容易，做起来艰难。相对来说，艺术金融产品和服务创新的"技术含量"比较低，高的是"人力含量"。问题是，对于绝大多数艺术金融机构来说，都不具备既懂金融也懂艺术的艺术金融复合型人才团队。在创新本就不易的大前提下，还必须有效解决人才瓶颈问题。因此，创新的方向只能是离人力作用较远的可复制的艺术金融产品和服务。但随之而来的问题是，由于保护知识产权的不易，艺术金融创新的垄断收益很低，而模仿的难度也比较低。"双低"的结果造成其他艺术金融机构很容易就能"搭便车"，这种你创我仿的低水平发展状况又进一步降低了艺术金融机构的创新意愿，同时导致了中国艺术金融产品和服务的低水平雷同化趋势，从而陷入了一个恶性循环。

乱象三：面对监管的侥幸心理

回顾改革开放以来中国金融市场的发展历程，我们可以清楚地看到，几乎所有的金融产品——最典型的就是股票，敢于最早"吃螃蟹"

者几乎都已挣过"大钱"。因为任何一种新的金融产品都会经历一个从初始混乱到逐渐规范的发展历程。在这个过程中，参与其中当然有很多漏洞可钻，有不少"局"可做。因此，对中国艺术金融市场最感兴趣的往往不是艺术工作者、收藏爱好者和收藏投资者，而是来自金融业的跨界者。他们最看重的恰恰是因为不规范所带来的乱中发财的机会。因此，即使在国务院发布《关于清理整顿各类交易场所 切实防范金融风险的决定》之后，很多艺术金融机构的管理层都根本无心认真领会这个文件"防范金融风险，规范市场秩序，维护社会稳定"的核心精神，而只是纠结于文件中所规定的五个"不得"上面，观望为主，毫无动作，能拖就拖，希望继续打"擦边球"，或者干脆"捞一把就走"。这种侥幸心理面对监管显然不利于并且在很大程度上有害于中国艺术金融产业的持续、稳定和健康发展。

（原载于《中国美术》2014年第1期）

中国拍卖 20 年

1994 年 7 月，国家文物局印发的《关于文物拍卖试点有关问题的通知》和《文物境内拍卖试点暂行管理办法》，标志着中国文物艺术品拍卖政策的重大突破。经过 20 年的发展，中国文物艺术品拍卖市场已经成为仅次于美国的全球最重要市场。20 年里的几个重要节点亦可圈可点。

一、1994 年：艺术品拍卖的起点

1994 年 3 月，嘉德拍卖举办了首场拍卖会，分设的"中国书画"和"中国当代油画"专场共获 1423 万元的总成交额。其中，张大千的国画《石梁飞瀑》以 209 万元成交，创下中国书画拍卖的最高成交纪录。9 月，瀚海拍卖也举办了首场拍卖会，分设的"中国书画"和"中国古董珍玩"专场共获 3336 万元的总成交额。从全年的情况来看，两家拍卖公司的总成交额突破了亿元大关，达到了 1.1 亿元。嘉德拍卖（1993 年成立）从成立之初就以经营者控股、核心员工持股的股份制方式运作。初生牛犊自然敢想敢干。11 月，嘉德拍卖举办了首场"大礼拜拍卖会"，后更名为"周末拍卖会"，并发展为"嘉德四季"拍卖会。

在首场"大礼拜拍卖会"上，虽然上拍的201件拍品总成交额仅为13.25万元，成交率却达到了78.61%。这类小型拍卖会的出现，还创造了一对新"名词"：以中低档次拍品为主的所谓"小拍"和对上拍拍品要求较高的所谓"大拍"。前者包括周末拍卖会、月度拍卖会和季度拍卖会；后者则是沿袭国际市场惯例，按照春秋两季划分的大型拍卖会。从1994年起，春秋两季"大拍"的格局初步形成并且延续至今。

二、1997年：制度变迁与行业发展

之前印发的《关于文物拍卖试点有关问题的通知》在重申文物拍卖试点的范围仅限于境内拍卖的同时，还明确规定了文物拍卖的试点必须由国家文物局授权的省、自治区、直辖市文物行政部门审批和监督管理。随该通知下发的《文物境内拍卖试点暂行管理办法》则对文物拍卖的管理部门和审批范围、禁止上拍文物的种类、申请拍卖企业的条件和程序，以及拍品征集和拍卖标的登记、审核、备案等提出规范要求。此后，国家文物局授权北京市文物局、上海市文管会和广东省文管会开展文物拍卖试点工作。1997年正式施行的《中华人民共和国拍卖法》明确规定了文物拍卖企业的设立条件。这是我国首次从国家法律层面对文物拍卖企业的设立条件作出明确规定。当文物拍卖企业的设立由较为严格的审批制改为相对宽松的登记制后，中国文物艺术品拍卖行业的队伍便迅速发展壮大起来。

三、2000年：艺术品网拍开始萌芽

世纪之交的互联网热潮不仅改变着人们的日常生活，而且影响着人们的消费习惯。一些敏锐的商业人士早已意识到互联网对中国艺术品产业生态可能产生的巨大影响。2000年6月上线的大型综合性拍卖

网站"嘉德在线"就是艺术品与电子商务相结合的先驱。10月20日,"嘉德在线"宣布将于11月1日起在网络上展示并拍卖海外回流的国宝级徐悲鸿油画名作《愚公移山》。11月15日,该画以250万元的价格成交,创下了艺术品网络拍卖的最高成交纪录。艺术品网络拍卖这一新生事物也开始进入人们的视野。12月7—11日,"嘉德在线"参加了2000年广州国际艺术博览会,并将主题定位于"艺术+生活=时尚"。"嘉德在线"不仅在现场展出了油画、版画、家具、陶艺、首饰等艺术品,而且首创了网络和现场同时布展、线上和线下同时拍卖、时至今日仍不过时的O2O模式,力图真正实现艺术品电子商务超越时空限制的优势。虽然由于理念太过超前、配套服务滞后等,"嘉德在线"此后的发展并不尽如人意,但依旧不失中国艺术品网络拍卖先驱之称。

四、2005年:股权与合作日趋多元

随着"非典"后中国艺术品市场行情的日渐火爆,市场的"四多"现象日益明显:市场参与者数量越来越多,艺术品拍卖公司越来越多,流入市场的资金越来越多,创新高的艺术品越来越多。2005年7月,保利集团的直属子公司保利拍卖成立。保利拍卖不仅是中国最大的国有控股拍卖公司,而且成长为中国文物艺术品拍卖行业成交额最高的拍卖公司。这意味着,中国文物艺术品拍卖行业蓬勃发展对资本的吸引力,已经大到足以让产业资本作出风险较大的多元战略决策的地步。10月,匡时拍卖成立。在"量少而精"的发展战略指引下,"匡时"的品牌知名度和美誉度迅速提升,在中国文物艺术品拍卖行业里可谓后来居上,成为民营拍卖公司的典型代表。6月成立的永乐拍卖则是制度约束下"曲线发展"的典型个案。佳士得拍卖行在不能直接进入中国市场的大背景下,通过品牌授权的新模式,允许全内资民营企业——

永乐拍卖在中国内地使用"佳士得"注册商标，全面引进佳士得的营运模式和专业标准，借此全面提升北京永乐在各个环节的服务质量。国有控股、民营控股和中外合作的多元共生，标志着中国文物艺术品行业的发展进入更为成熟的新阶段。

五、2008年：拍卖公司的社会责任

2008年5月12日，四川汶川地震发生后，中国拍卖行业协会迅速发出倡议书，号召拍卖企业捐款和组织义拍募集善款。多家拍卖公司立刻着手筹备慈善拍卖会。5月27日，嘉德拍卖举办的"共同渡过·中国当代艺术界赈灾义拍"专场上拍了194件精品，总成交额达到5106万元。其中，由29名写实画派艺术家集体创作的抗震救灾主题油画《热血5月·2008》以具有象征性的512万元起拍，经过43轮叫价，最终以3350万元的高价成交。5月29日，保利拍卖举办的"情系灾区　倾情奉献——中国当代艺术家为地震灾区捐献作品义拍"专场上拍的117件拍品，除2件拍品被临时撤拍外，其余全部卖出，总成交额达到8472万元。其中，张晓刚捐赠的油画《父亲和女儿》募得1254.4万元。截至6月5日，在不到一个月时间内，北京、上海、广东等17个省、自治区、直辖市的拍卖企业，通过慈善义拍系列活动筹集到1.6亿元的善款，彰显了新时期中国文物艺术品拍卖企业的社会责任意识。

六、2009年：亿元时代的双重影响

中国文物艺术品市场的"财富效应"不断吸引着产业资本和金融资本的介入，使得以往的文物艺术品买家结构发生了显著的变化。这种变化所导致的最直接结果就是拍品价格的屡创新高。2009年10月

18日，清代徐扬的《平定西域献俘礼图》手卷以1.344亿元成交，中国内地文物艺术品拍卖市场上首现"亿元"拍品。11月22日，明代吴彬的《十八应真图卷》以1.6912亿元的成交价刷新该成交纪录。同日，北宋曾巩唯一的传世书法《局事帖》以1.0864亿元的成交价创下了中国书法拍卖的世界成交纪录。11月23日，朱熹、张景修等宋元七家的《宋名贤题徐常侍篆书之迹》也以1.008亿元成交。在短短两个月内，中国文物艺术品拍卖市场不仅首现亿元拍品，而且一连拍出四件，单价超千万元的拍品更有百件之多，以至于不少业内人士惊呼"中国艺术品进入亿元时代"。

不过，中国文物艺术品拍卖市场进入亿元时代并非全是好事。一方面，很多传统的藏家对于屡创新高的文物艺术品只能望价兴叹；另一方面，一些以"天价"成交的文物艺术品则由于种种原因而陷入结账难的困局，并由此导致拍卖公司和拍品委托方的经济损失。事实上，对于中国文物艺术品拍卖市场而言，虽然"天价"拍品吸引眼球，却并非判断市场景气程度的风向标，成交率和结算率才是更可靠的参考值。

七、2012年："走进来"与"走出去"并行

2012年9月27日，苏富比拍卖行与北京歌华美术公司共同出资经营的苏富比（北京）拍卖有限公司正式成立，成为在中国内地运营的首家外资艺术品拍卖公司。事实上，苏富比拍卖行早在1994年和2007年就分别于上海和北京设立了代表处，但囿于中国当时的文物艺术品拍卖政策，外资拍卖行还无法在中国市场开展业务。在外资拍卖公司"走进来"的同时，中国内地拍卖公司也在"走出去"。9月5日，嘉德拍卖宣布，由嘉德拍卖全资设立的中国嘉德（香港）国际拍卖有

限公司将于10月初在中国香港举行首场拍卖会。这次拍卖创下4.55亿港元的总成交额，标志着中国内地拍卖公司的"走出去"战略迈出了重要一步。

事实上，在中国内地拍卖公司的国际化进程中，无论"走进来"，还是"走出去"，都绕不开香港。香港是中国内地拍卖公司"走出去"的最佳"落脚点"。以香港为"走出去"的起点，从设立海外代表处编织全球征集网开始，到成立香港分公司布局区域拍卖点，最终实现全球范围内拍品资源的最优化配置，将构成中国内地拍卖公司"走出去"的路线图。

八、2014年：拍卖公司资本新时代

2014年3月6日，保利文化集团在香港交易所上市。保利文化的首次公开募股共发行新股7071万股，募集资金25.67亿港元。保利文化股票上市首日以42港元开盘，以42.6港元收盘，较33元的招股价上涨29.1%，受到投资者热捧。从招股书来看，虽然保利文化的艺术品经营与拍卖业务板块只占保利文化总收入的43.7%，但贡献的利润却高达3.597亿元，占集团总利润的79.1%，足见保利拍卖在保利文化中举足轻重的地位。除保利拍卖外，北京荣宝斋和上海朵云轩也都在积极争取上市。

与很多人的直观感受不同，拍卖公司其实是典型的资本密集型企业。在拍品征集环节，由于公司间竞争激烈，为了增强卖家的信心并顺利征集到拍品，拍卖公司有时会预付一定的保证金给卖家。在资金结算环节，当买家资金紧张时，为了维护客户关系，拍卖公司也可能为其垫付一些资金。事实上，苏富比和佳士得等世界拍卖业巨头甚至还会以比银行优惠利率高出2%—3%的利率为客户提供包括艺术品质

押融资在内的多种金融服务。因此，对于大中型拍卖公司而言，假如没有一定量的流动资金周转，实际上是很难正常运作的。正是由于这个原因，拍卖公司的资本运作可谓做大做强的重要途径。保利文化的成功上市，开启了中国内地拍卖公司的资本新时代。

（原载于《中国社会科学报》2014年9月19日）

"艺术银行"的名目和前景

近日,由中国财富艺术馆和艺术金融骷髅会联合推出的第三代"艺术银行"概念——广州"艺术银行"在广州珠江新城挂牌。广州"艺术银行"主推"低价租画"理念,旨在打造艺术品租赁平台。据介绍,这是国内第一家真正意义的"艺术银行"。有趣的是,2012年底,在广州南浦文化产业园成立的"南粤艺术银行"虽然声称是当时中国商业化运作规模最大和标准最高的"艺术银行",但成立之后就几乎杳无音讯了。那么,新成立的广州"艺术银行"真的具有如此重要的地位和作用吗?

一、"艺术银行"的名与实

所谓"艺术银行"(art bank),在国际上通常是指以艺术品租赁为主要业务的艺术机构。因为其艺术品租赁业务很像商业银行的借款还款业务(有借有还),所以,这类艺术机构被形象地称为"艺术银行"。问题是,尽管国外的这类艺术机构名为"艺术银行",然而,"艺术银行"与我们日常理解的银行概念没有丝毫关系。例如,加拿大艺术银行是由加拿大国家艺术委员会成立的;澳大利亚艺术银行是由澳大利亚联邦政府通讯、信息技术和艺术部成立的；中国台湾的台湾艺术银行则是由台湾所谓"文化部"成立的。按照国内通行的归类方式，所谓"艺术银行"其实属于由政府支持的文化事业，而不是容易经营和产生效益的文化产业。从这个意义上讲，将"艺术银行"视为具有广阔市场前景的艺术经营项目，甚至同并不沾边的"艺术金融"联系起来，显然属于误判。事实上，国内所有号称"艺术银行"的机构都没有在政府主管部门以"艺术银行"为名注册登记或备案登记。国内的艺术品租赁机构根本不应玩弄"艺术银行"这种"擦边球"概念，以免混淆视听。

二、"买"与"租"的选择

据介绍，广州"艺术银行"主要面向国内庞大的艺术品消费市场，为评估价格在几千元到几万元之间的艺术品进行批量租赁。消费者不但能租到国画、书法和油画，还能租到漆画、版画、雕塑等多种艺术品。艺术品年租金为其货币价值的3%—7%。在"艺术银行"的运营者看来，艺术品租赁只需很便宜的价格就可以租到出自名家的手笔。这个市场相当可观，几年内可能达到每年几百亿元的规模。但上述判断，"想当然"的成分居多，忽视了很多现实约束条件。从国内艺术品消费市场结构来看，以艺术品交易为主，艺术品租赁的份额非常有限。艺术品租赁业务的蓬勃发展，离不开社会美育的大环境。就国内的情况来看，虽然最近几年国内一直有美术馆和画廊试图推广"艺术银行"的概念，拓展艺术品租赁业务，但没有一家可持续经营的成功者。这与商业模式无关，而由市场需求决定。从个体消费者心理来看，艺术品消费行为既包括"审美"效用，更包括"占有"效用。艺术品消费者的"占有欲"既是"天性"，也是影响艺术品消费行为的主要变量。尽管广州"艺术银行"的重要目标顾客是具有批量租赁需求的酒店、饭店、医院等机构，但他们忽略的是，这些机构的商业决策比个人还要理性：与其每年花一笔钱租艺术品，为什么不买下它们？这样的话，一方面可以计入现期成本费用，减少本期应纳所得税；另一方面则可以将艺术品作为机构资产配置的一部分。就目前的情况来看，无论个人还是机构，对艺术品租赁的需求都相当有限。

三、"三不认"与"科学化"

据介绍，为了杜绝炒作的可能，广州"艺术银行"制定了"三不认"原则：不认可拍卖价格、不认可画廊销售价格、不认可艺术家自己报价。在操作上，则采用"低向化"原则，即只采信所有拍卖记录中价格最低的20%进行评估。如果还有人怀疑，则进一步在这20%中选出20%进行评估。因为他们认为，"价格越低，可信度就越高"。至于那些从未在市场流通的作品，"则可以按照作品的劳动力价值，评估出租金相应的价格区间"。从某种意义上讲，在艺术品价格评估中，"三不认"原则有一定的道理，"低向化"原则也看似很合理。但他们忽略的是，成交价最低的20%拍卖记录很可能并非泡沫问题，而是真伪问题。例如，时至今日，我们仍可以查到不少估价仅几千元，成交价也就三五万甚至几千元的齐白石书画拍卖记录。但这样的成交记录，行内人士谁会当真？此外，他们给出的解决方法——"用科学的方式和数学模型来解决看似复杂而又混沌的艺术真实价值问题"——显然也是不切实际和难以操作的。因为艺术不是科学，"艺术真实价值"这个本身就不明确的问题也不可能用数学模型加以刻画和量化。

否则的话，这样具有突破性的科研成果应该有望获得诺贝尔经济学奖吧？

（原载于《中国文化报》2015年2月1日）

艺术品质押贷款支持证券初探

2015年1月，中国银监会下发了《关于中信银行等27家银行开办信贷资产证券化业务资格的批复》，27家股份制商业银行和城市商业银行获得开办信贷资产证券化业务的主体资格。该文件的下发，标志着信贷资产证券化备案制的实质性启动。

该政策也为商业银行通过发行艺术品质押贷款支持证券，来解决艺术品质押贷款过程中遇到的传统难题提供了重要的金融制度环境。

一、资产信用为支持的金融工具

中国工商银行上海分行有关负责人表示，已于近日完成了中国工商银行系统内首笔艺术品质押贷款业务，未来将大力支持文化产业发展，把这类业务做大做强。但业内人士认为，质押贷款有一定的时效性，其估值要与套现渠道以及套现价格实现对接，才能有效覆盖银行贷款风险。因此目前，国内银行业艺术品质押贷款业务处于起步阶段。

艺术品质押贷款支持证券的"放行"，首先意味着获得开办资格的商业银行只需在信贷资产证券化产品发行前备案登记即可，而无须再走信贷资产证券化产品原有的逐一审批流程。

艺术品质押贷款支持证券，是指由商业银行作为发起机构，将艺术品质押贷款资产信托给受托机构，由受托机构发行的以该资产所产生的本息支付其收益的证券。信托机构以信托财产为限向投资者承担支付艺术品质押贷款支持证券收益的义务。与一般的股票和债券不同，艺术品质押贷款支持证券不是对某一经营实体的利益要求权，而是对艺术品质押贷款资产所产生的本息和剩余权益（优先收购权）的要求权，是一种以资产信用为支持的具有债券性质的艺术金融工具。

　　其具体思路是，商业银行在发放某笔艺术品质押贷款时，通过由商业银行或文化产权交易所设立的"艺术品质押贷款支持证券交易平台"发布拟质押艺术品的相关信息并进行询价招标，投资者（投标者）在自行鉴定真伪和评估价格后给出自己愿意收购的有效报价（预收购价）。商业银行在综合比较和评价诸多投标者的信用状况及其预收购报价后确定中标者。投资者（中标者）在支付预收购报价的全部或部分款项后，即获得该笔艺术品质押贷款支持证券。商业银行则按照该预收购价（通常为该艺术品当期市场价格的四—五折）向借款者发放贷款。当该笔贷款到期时，假如借款者顺利还款，投资者可获得商业银行从借款者处得到的几乎全部或部分本息，商业银行则由于为借款者和投资者提供了服务而收取相关服务费。假如借款者不能按期还款，投资者则以预收购价购得借款者用于质押贷款的艺术品。

二、让艺术行家负责任参与

　　概而言之，商业银行开展艺术品质押贷款业务主要面临三大困难：一是鉴定难。众所周知，目前中国艺术品市场上的赝品可谓泛滥成灾，造假技术层出不穷，欺骗手段不断翻新。这既是缺乏优秀艺术品鉴定人才的问题，同时也是艺术品鉴定制度和艺术品市场环境的问题。二是估价难。艺术品市场的价格瞬息万变，不确定性太大。三是变现难。艺术品质押贷款之所以分外强调"质押"，为的是借款者一旦偿还不上贷款，商业银行可以通过质押物的变现来控制风险，弥补损失。但商业银行面临的问题恰恰是缺乏顺畅而高效的艺术品变现渠道。

在这样的大背景下，很多人将艺术品质押贷款难的"破题"之路寄希望于权威性艺术品鉴定和评估机构的出现。但权威专家依然存在出错的可能性，况且鉴定和评估专家不需要承担评判失误的经济后果，风险依旧由金融机构承担。从风险管理的角度来看，这种风险管理模式显然是不成功的。艺术品质押贷款资产的证券化则可以实现艺术品市场行家的负责任参与。

三、质押贷款资产证券化的现实意义

第一，对于商业银行来说，通过市场化途径有效解决了长期以来困扰商业银行开展艺术品质押贷款业务的鉴定难、估价难和变现难问题。对于投资者来说，不仅可以获得艺术品质押贷款支持证券的本息收入，而且可以获得无佣金购买折价艺术品的优先收购权。

第二，对于商业银行来说，在艺术品质押贷款资产证券化过程中，商业银行除了作为发起人外，一般还充当了贷款管理机构和资金保管机构等角色，并因此可以收取保管费和管理费等相关费用，从而增加了商业银行的中间业务收入。

第三，对于投资者来说，商业银行最担心的贷款风险却是难得的无佣金购买折价艺术品的大好机会。此外，由于参与艺术品质押贷款支持证券业务要求高度的专业经验，这就将金融风险严格限定于传统的艺术品市场参与者，不会引发系统性和区域性金融风险。

第四，对于借款者来说，艺术品质押贷款资产证券化可以通过制度创新有效解决商业银行面临的艺术品质押贷款难题，进而解决从事艺术品收藏投资或者艺术品企业经营的机构和个人的资金需求问题。

当然，关于艺术品质押贷款资产证券化的操作模式和具体细节还有很多值得探讨的地方。例如，投资者（中标者）持有的艺术品质押贷款支持证券可否在"艺术品质押贷款支持证券交易平台"流通以及如何流通？对诸如此类问题还需进一步深入研究并开展。

（原载于《中国文化报》2015年2月28日）

中国艺术品市场的"新常态"

从 2011 年的秋拍至今，中国艺术品市场已经历了三年多的调整行情。如果说最初两三年的调整还只是量价上的变化，那么，接下来的调整则是艺术品市场结构上的优化。这种调整会逐渐形成不同于往常的市场结构和相对稳定的增长步伐：以"精品线索"和"慢牛行情"为特征的中国艺术品市场"新常态"。

一、从礼品消费到收藏消费

在中国艺术品市场上，来自礼品消费的艺术品需求自古以来一直占据不小的份额。清末大理院少卿赵汝珍在《古玩指南》中写道："在民国以前，所有外省督抚藩臬，对京中一切应酬，完全由古玩商代办。其价值之多少，物品之如何，本人概不知晓，不过年终开一笔总账付款而已。故全国重要官吏，无不以购买古玩结纳古玩商为进身保禄之阶。"[1] 畅销小说《青瓷》的作者胡刚则这样描述道："作为礼品的字画，早已背离了其真实的价值，成为了一种'介质'。在商人和官员之间，

---

[1] 赵汝珍编述，石山人标点：《古玩指南全编》，北京：北京出版社，1992 年，第 9 页。

'雅贿'改变了直接送钱的方式，两个人之间不是那么赤裸裸的行贿受贿关系，而是有了艺术、收藏这些高雅的面纱。"[1]随着中央"八项规定""六项禁令"和反"四风"等多项举措的陆续实施，中国的政治生态环境和"中高端"艺术品的"雅贿"需求都发生了显著变化。尽管"中低端"艺术品的正常礼尚往来不会受太大影响，然而，随着礼品消费的市场份额减少，收藏消费的市场份额自然扩大。而且，随着中国收藏者群体的成长和新生代力量的进入，中国艺术品市场的消费结构也正发生巨大的变化，收藏消费将成为重要的艺术品需求来源。

二、从投资回报到资产配置

2009—2011年的中国艺术品市场"牛市"行情所展现的"财富效应"吸引了许多"新钱"入市。在"牛市"的强预期下，包括德美艺嘉、中艺达晨、深圳杏石等旨在搭上中国艺术品"牛市快车"的艺术品投资基金相继成立，艺术品投资基金的资产规模迅速接近10亿元，以至于不少业内人士都将2010年称为"中国艺术品基金元年"。到了2011年，中国的艺术品投资基金更是疯狂扩张。据不完全统计，截至2011年末，国内的近30家机构共发行70余只艺术品投资基金，总规模超过55亿元。问题是，这些基金几乎完全无视艺术品市场的基本规律，大都将投资期限设置为2—3年。虽然有一部分艺术品投资基金实际上是在为其他产业进行"变相融资"，但这仍然说明，艺术品市场的"财富效应"吸引了为数不少仅仅追求短期投资回报的场外资金密集入市，并且引发了退出之时谁来"接盘"的潜在问题。某些艺术品投资基金在2014年出现的"兑付危机"正是上述原生问题的显现。事实

---

[1] 隋永刚：《节前愁卖 礼品书画遭遇"小年"》，《北京商报》2015年1月7日，第G1版。

上，由于艺术品与其他金融资产的相关性比较低，因此，艺术品能够在个人、家庭、家族和机构的资产配置中发挥重要而积极的作用。近年来，人们已经普遍意识到艺术品的财富属性和投资属性，但艺术品最重要的金融属性其实是由于它与其他金融资产的低相关性而产生的资产配置属性。

三、从官职导向到艺术导向

长期以来，中国艺术品市场一直或多或少存在不看艺术、只认官职的"官帽迷雾"。在这样的大环境下，一方面，许多艺术家不是致力于艺术创作，而是专注于如何在书协或美协谋得一官半职并且不断晋升；另一方面，一些领导干部也利用手中的权力给自己"加封"书协或美协的领导职务，从而通过鬻字卖画的途径合法地积累财富。书协或美协也成了地地道道的"名利场"：某省书协换届选出了史无前例的62人主席团，除主席外，名誉主席有11位，副主席有18位，常务副主席更是多达16位。某省美协主席候选人为了顺利谋得主席职务，先后赠送了市场价格约1000万元的国画给相关环节的各级领导，并最终成功当选。在书协或美协换届前，还出现一批"艺术政治投机客"，大量吃进主席候选人书画作品，以期当选后价格翻番甚至数番。2014年底，周一波在《人民日报》呼吁"领导干部带头退出协会领导岗位"，并随后主动辞去陕西省书协主席职务。2015年初，《人民日报》在头版发文《领导干部不要到艺术家的盘子里抢肉吃》。随着上述事件的不断发酵，中国艺术品市场的"唯官职"倾向会弱化很多，人们将更看重艺术品本身的艺术价值和学术价值，艺术品市场也会出现价格影响因素的权重大调整。

（原载于《中华工商时报》2015年3月6日）

一家艺术品投资理财公司的倒掉

2015年3月17日,重庆市渝中区打击非法金融活动领导小组办公室发布的《关于重庆臻纪文化传播有限公司涉嫌非法集资案债权登记公告》称,重庆臻纪文化传播有限公司(以下简称"重庆臻纪")以字画销售、认购收藏、代为保管、委托销售为幌子,以承诺年利率22%—34%投资回报为诱饵,吸纳客户资金,其行为已涉嫌非法吸收公众存款。西南地区乃至全国规模较大的书画经纪公司——重庆臻纪在5年间的迅速发展和突然倒掉,让人们清楚地认识到,以"加价回购"为特征的艺术品投资理财骗局呈现精致化发展趋势。

一、"老骗局"的升级

诸如"加价回购""保值回购""增值回购"之类的"回购"式艺术品投资理财模式其实并不新鲜。最典型的做法是:艺术品销售方承诺,如一年后的"回报率"低于n%,由销售方按n%的溢价回购。这种模式在市场上如此常见,以至于公安部经济犯罪侦查局曾将"以高价回购收藏品为名非法集资"列入六类非法集资典型手法之一,并将其操作手法归纳为,声称毫无价值或价格低廉的收藏品有巨大升值空间,"承诺在约定时间高价回购,引诱群众购买,然后携款潜逃"。

虽然并非所有的"回购"都是骗局,但由于这种销售模式高度依赖于资金链的健康状况,所以极易因资金链断裂或诈骗目标实现而产生"跑路"风险。

重庆臻纪的"预付定金+原价回购"升级版模式可总结如下:第一,对内实行金字塔式结构管理,分设总监、中心主任、区域总监、业务经理、业务员等层级。每一层级员工都按照业务量逐级晋升,并按照由下向上的层级提取由低到高的业务提成。例如,业务员提3%,业务经理提5%,区域总监提9%,依此类推。第二,对外采用会员制方式销售,投资者必须在购买书画后才能成为其会员,并享受相应的投资理财服务。第三,会员在购买重庆臻纪的书画后,可委托其代为销售,协议期限为16个月。如果到期时未能售出,书画可由公司的合作伙伴(即所谓"团购方")原价回购。第四,在协议期间,每半年可由公司团购方给投资者预付定金。

在重庆臻纪的模式中,预付定金就相当于投资者的投资回报。定金数额则根据作品标价和会员等级等因素而定。换算下来,标价1万元—2万元的书画年化收益率相当于10%,标价5万元的相当于12%—15%,标价10万元的相当于18%—22%,标价越高,回报越高,依此类推。但事实上,这些书画的市场价格仅为标价的几十分之一至十几分之一不等。

总的来看,重庆臻纪采用了类传销的金字塔管理和会员制销售模式,以承诺高年化收益率为诱饵,依靠代销书画和高额返利不断吸纳投资者的资金以维持运转,自身并无其他资金来源。

为了逃避监管,重庆臻纪还要求投资者认购书画时必须缴纳部分现金,再通过POS机刷卡支付。据重庆公安局经侦部门调查,投资者缴纳的资金一旦进入重庆臻纪账户，就被立即转到私人账户。这意味着，"高提成、高返还"的模式使重庆臻纪的资金链十分脆弱，"跑路"风险越往后就越大。

二、"新概念"的移植

在投资者面前，重庆臻纪的故事之所以能够说得圆，是因为引入了一个重要概念——团购方的回购兜底。假如投资者委托重庆臻纪销售的书画在到期后依然未能售出，可以由重庆臻纪的合作伙伴（即团购方）按照原价买回，团购方此前支付给投资者的预付定金则是投资者的回报。

虽然重庆臻纪曾在官网发表声明称"关于团购方，重庆臻纪文化以书面承诺，团购方真实存在，因涉及商业机密，不便出示团购协议，也不便透露团购方身份"。但根据重庆公安经侦部门的调查，重庆臻纪承诺的所谓"第三方团购增值"完全是虚构的第三方公司，并无任何真实书画交易，其实就是在用后签约者的资金支付前签约者的定期分红，系典型的非法集资手法。

然而，正是这个经不起推敲的团购方概念，导致了很多投资者最终被忽悠上船。所谓团购，即团体购物，指很多消费者联合起来，增强与商家的议价能力，从而获得最优价格的购物方式。重庆臻纪的团购方逻辑显然是不成立的。第一，团购方应是众多消费者，而非为数很少的合作伙伴（所谓"与重庆臻纪具有合作关系的上市企业或财团"）。第二，团购目的是增强议价能力，获得最优价格，而不应该是"既预付定金，又原价回购"的兜底方式。当然，重庆臻纪针对投资者关于"团购方为什么不直接购买"的问题时，给出的解释是：团购方需要寻找具有交易记录的艺术品进行收藏，并将购入的艺术品计入

"团购方"的固定资产账户。随着固定资产的减值，达到合理避税的效果，同时享受升值的收益。事实上，假如团购方真正需要交易记录的话，显然应该选择拍卖公司交易。然而，大多数投资者恐怕都分不清其中的奥妙。

三、"高大上"的背书

作为一家成立时间较短的新公司，重庆臻纪很清楚背书效应的重要性。因此，重庆臻纪牵头成立了重庆市经纪人协会书画专业委员会，与"腾讯·大渝网"共建书画艺术频道，在重庆大学艺术学院设立"臻纪·艺术阳光奖学金"，并举办了 130 余场书画展览、艺术沙龙、艺术讲座等推广活动。

此外，重庆臻纪将总经理马某某录制 CCTV《影响力对话》栏目的经历渲染为"作为中国国家电视台一套最具权威性、专业性的访谈类节目，其在选择企业、挑选受访嘉宾时，是非常严肃而严格的。它极好地证明我司在北京、重庆、武汉、长沙等地的跨越式发展，已经成功获得权威媒体关注的眼光"。

他们还在《重庆经济年鉴（2014 年卷）》刊登广告后就宣称，重庆臻纪"作为新兴朝阳企业荣登《重庆经济年鉴》"是因为"重庆臻纪 5 年来的收获与经验，获得社会、专家、学者的高度认同，公司以其务实、稳健的市场开拓，为重庆市乃至全国书画经纪类企业闯出了一条具有借鉴性的发展之路"。诸如此类的"高大上"背书确实产生了相当好的销售业绩。据不完全统计，在 2013 年至 2014 年 5 月间，重庆臻纪通过 POS 机刷卡交易的资金就达 5000 余笔，涉及金额 3 亿余元。而据重庆臻纪某内部人士透露，公司的书画销售总额高达 20 亿元。

事实上，只要具有基本的经济常识，重庆臻纪的投资理财骗局还是很容易被识破的。但一方面，由于投资者在面对经过多方背书之后的高额投资回报诱惑时，丧失了基本的理性判断；另一方面，则是由于重庆臻纪的投资理财骗局比此前的类似骗局更加精致化，从而增加了判定难度。因此，投资者在面对所谓新型艺术品投资理财模式时，必须擦亮自己的眼睛，看住自己的钱包。

（原载于《中国文化报》2015年4月18日）

艺术品 P2P 网贷平台的隐忧

随着中国互联网金融的迅猛发展，P2P 网贷平台的数量也急速增加。据不完全统计，2014 年新增的 P2P 网贷平台就有 1200 多家。与此同时，2014 年的"问题平台"也多达 275 家，较 2013 年增长了 260%。随着同质化竞争日益加剧，P2P 网贷平台不断细分，艺金所、爱投资、艺投金融、艺融网等艺术品 P2P 网贷平台应运而生。

所谓艺术品 P2P 网贷，是指借款人将自己所有或依法可以处分的艺术品质押给 P2P 网贷平台，从而获得由平台投资人提供的固定周期融资的网络借贷行为。当融资到期时，借款人必须按照约定归还投资人本息。如果发生逾期无法归还现象，P2P 网贷平台有权依法处分借款人质押的艺术品，从而弥补投资人的损失。从艺术品 P2P 网贷平台的运营实践来看，目前存在一些误区，由此产生了诸多隐忧。

一、制度完善不等于风控严密

由于艺术品 P2P 网贷平台的借贷双方大都不曾见面，完全通过网贷平台来进行融资行为，为了让借贷双方放心，网贷平台往往会设计出看似极其严密的风险管理制度。比如，某自称"中国首家专业艺品投资理财服务平台"设置的风险管理制度包括：严格的借款风险评估制度、质押品保真担保制度、多重安全措施确保投资安全的制度、快速处分变现机制保障平台高流动性的制度。又如，某自称"中国第一家最专业的艺术品领域网络借贷平台"也设置了包括借款项目初审、借款项目复审、三方合同面签、借款后期追踪在内的风险管理制度。

虽然风险管理是艺术品 P2P 网贷平台运营的核心，但风险管理制度完善并不等于风险控制机制严密。这其中的首要问题是信用风险问题。尽管很多艺术品 P2P 网贷平台都有信用评估和贷款追踪制度，然而，由于中国人民银行征信系统数据库目前还不对包括 P2P 网贷平台在内的普通公司开放，这就给艺术品 P2P 网贷平台的信用审核和风险评估增加了难度和成本。

在实际操作中，虽然制度上规定要严格审查借款人的信用、资质和偿还能力，但艺术品 P2P 网贷平台在权衡成本和利润后，很可能会减少信用审核的人力和财力投入，放松信用审核的严格程度，这就在无形中助长了不良贷款的滋生，增加了潜在的违约率。

其次是技术风险问题。虽然艺术品 P2P 网贷平台十分清楚信息技术风险可能造成的危害，也大都致力于保障架构安全、数据安全和服务器安全，但由于信息技术安全的经费投入不菲，艺术品 P2P 网贷平台很容易因为认识程度或经营状况而心存侥幸。因此，当艺术品 P2P 网贷平台数据库遭到非法访问、黑客攻击或数据篡改时，一旦交易系统出现的安全漏洞被攻破，客户信息的泄露将给借贷双方造成经济损失。

最后是操作风险问题。艺术品 P2P 网贷平台的发展，在很大程度上取决于平台领导者是否能够真正理解艺术品互联网金融，以及平台从业者素质能否达到金融机构从业者的要求。事实上，人工审批本身就存在一定风险。假如艺术品P2P网贷平台疏于自律或监管失灵，内部工作人员很可能会联合外部人员合谋造假骗取贷款或捏造借款信息来实现非法集资；假如艺术品P2P网贷平台自身的经营不合规范，可能还会超越纯粹的中介平台功能，在线下进行吸储放贷，并演变成影子银行机构或非法金融机构。

二、担保制度并非万能良药

为了打消投资人的顾虑，担保制度成为艺术品P2P网贷平台的重要风险控制手段。具体而言，主要有两种担保模式：一是艺术品P2P网贷平台自保，即以自有资金作为担保资金来源。从本质上讲，平台自保相当于合同承诺。二是第三方担保，即由担保公司或其他公司为借款人提供担保，从而为投资人提供保障。假如借款人出现问题，由担保公司或其他公司先行垫付，然后再处分借款人的质押艺术品。由于大部分投资人都比较认可第三方担保，因此，艺术品P2P网贷平台大都选择这种方式。比如，在艺融网的"艺融火种计划"项目中，假如借款人违约，将由艺融网的战略合作伙伴——北京聚通投资担保有限公司先行赔付或由签约合作方回购后偿还投资人。又如，在爱投资的"爱收藏"项目中，假如借款人违约，将由担保人——北京奥丰元拍卖有限公司承担连带赔偿责任。艺金所采用的则是"自保＋第三方担保"模式。艺金所在每笔借款中提借3%作为风险备用金，假如借款人违约，艺金所立即使用风险备用金偿还投资人。当风险备用金不足时，则由合作的拍卖行或典当行垫付资金，并由拍卖行立即处理借款人所质押的艺术品。事实上，风险备用金就是艺术品P2P网贷平台在经营过程中产生的营业收入，从本质上讲等同于网贷平台自身提供担保。

在实际操作中，假如艺术品 P2P 网贷平台仅是设立了所谓的"风险备用金"，对于商业银行来说，这只是普通存款，并不会监管该笔资金，网贷平台随时可以转出或挪用。假如艺术品 P2P 网贷平台与商业银行合作设立了风险备用金，那么，双方必须签约，并正式约定缴存比例及启用条件。每次启用资金时，必须经银行审批是否符合条件，而且网贷平台也不得随意支配该笔资金。只有在这种情况下，风险备用金才能受到银行的监管，真正起到备付作用。否则，风险备用金就只是一个概念上的噱头。

此外，根据国务院的相关规定，只有融资性担保公司才可以为民间借贷关系提供担保，因此，由拍卖行作为担保机构（或称保障机构）其实是有问题的。根据《中华人民共和国拍卖法》的相关规定，拍卖人不得在自己组织的拍卖活动中拍卖自己的物品或财产权利，因此，由作为担保人的拍卖行承担连带赔偿责任后通过在自己组织的拍卖活动中处分被质押艺术品的行为也违反了《中华人民共和国拍卖法》。

事实上，担保制度并不是万能的。因为 P2P 网贷平台的不良借款风险正在由网贷行业向担保行业传导。近年来，担保公司的频频"跑路"和破产就很说明问题。总之，艺术品 P2P 网贷平台远不止鉴定估价风险、变现能力风险和价格波动风险等显而易见的风险，上述很容易被忽视的问题恐怕更为致命。

（原载于《中国文化报》2015 年 5 月 16 日）

我国艺术品质押典当模式研究

一、我国艺术品质押典当的历史

据考证，中国典当业至少出现在汉代。[1] 概而言之，中国古代的典当物主要有四类："第一类是衣服织物，包括衣、裤、巾、袭、帐、被、帛、丝绸、棉等；第二类是金银珠石、首饰头面、古玩字画、碑帖等；第三类是各种器皿、工具，铜锡、瓷器皿、家具、摆设及农具、蚕具、手工器具等；第四类是米、麦、粟、豆等各种粮食"。[2] 事实上，在典当行营业时，无论什么物品，只要具有一定的价值，就都可以作为质押物。[3] 从这个角度来看，作为中国古代常见的当物种类，艺术品质押典当的历史几乎同中国典当业的历史一样悠久。

李建文的研究发现，金银珠宝和古董文物是最为常见的当物。作为当物，艺术品具有独特的优势：一是价值比较高；二是估值技术性强；三是市场价值相对稳定，而且增值潜力较大；四是流通性强；五

1　刘秋根：《中国典当制度史》，上海：上海古籍出版社，1995 年，第 6 页。
2　刘秋根：《中国典当制度史》，上海：上海古籍出版社，1995 年，第 151 页。
3　刘秋根：《中国典当制度史》，上海：上海古籍出版社，1995 年，第 209 页。

是除了市场价值，还有情感价值，当户更具备赎回动机。[1]

对于典当行来说，在有人持物质钱时，典当行的头等大事就是对当物进行鉴定和估价，以便决定当与不当，以及当钱数额多少。在这里，既要辨清真伪和质量，以防受人蒙骗而使典当亏本，又要正确地估计好当物价值，以使顾客能应其急需，典当借此赚取利润。历代当物种类繁多，式样更是千奇百怪。[2]因此，典当行的鉴定与估价，显然并非易事。不过，在典当行的长期经营过程中，也总结出了很多经验来应对风险。例如，一位多年从事典当业务者在其所著的《典务必要》（作者未署名）就专辟关于当物鉴定的"假宝石""假猫眼""看宝石之法""看西洋红法""看阻马绿法""看子母绿法""看猫儿眼法""看柴窑片法""看玛瑙法""看水晶法""看玉器各件法"等内容。至于具体辨别时，就更为复杂了。因此，典当行的鉴定与估价显然并非易事。在典当行，"掌头柜"及"司楼"的作用可谓至关重要。他们必须是经验丰富、知识广博、眼力高超、心细如发的人，否则就难免会上当受骗。[3]

据中国联合准备银行调查室编纂的《北京典当业之概况》记载，"尝闻古玩商人云：'典当人员，是百行力笨儿'。'力笨儿'为北京土语，言其鉴定物品之价值，无一定把握也。除对于估衣与金银首饰之外，如古玩、珠石、字画，其判断力，颇为缺乏。按典当人员，素常对于外界甚少联络，教育程度向来低浅。自学买卖之始，直至终身，每日蛰居于高柜之内，社会演进，经济变迁，从何而知。故遇有特殊

1　参见李建文《中国典当制度研究——基于比较历史制度分析的视角》，博士学位论文，西南财经大学，2009年，第82页。
2　刘秋根：《中国典当制度史》，上海：上海古籍出版社，1995年，第142—143页。
3　刘秋根：《中国典当制度史》，上海：上海古籍出版社，1995年，第153页。

状况时，往往蒙受重大损失"[1]。这恐怕是从古到今的几乎所有典当行面临的共同问题。

在对典押物品进行了分类、鉴定和估价之后，典当行就要决定贷给银钱的数量。要达到典当既无亏本之虞，而典质者又能济其急用的目的，便必须确定一个适当的物品价钱与银钱之间的差价比例。这一比例，历代情况不一，并无统一之制。"就清末的情况来看，虽然也有'十仅当一'的清江公济当铺，但'值十之物，只当四五'似乎是一个常制。"[2] 具体而言，在民国时期的上海典当业，"大都以照市价（即衣庄之市价）六折为原则"，而就货物之性质言之，则"金银饰物估价最高，珠宝次之，土布衣服折扣亦少，因朴素易售，粗细皮货估价亦尚不弱，洋货衣服式样新奇者，估价最低；木器家具等，则非备有堆置之所，不能收容，当价更小，大概粗笨物价，多由押店经营也"[3]。

民国时期的北京典当业，"每按原值十分之四，为最普遍。金银首饰，以十分之六七为标准。古董字画则无一定原则，当价最低，因无相当之认识也。值百元者，只能当质数元而已。如遇有当物价过百元以上者，则多请外界之内行人，予以鉴定。以临近之古玩商人，或对于古董素有经验，与柜中常来往者为合格。每届年节当铺恒馈送礼物以作酬劳。彼辈若有求于该当铺之事，如挂失，留货，亦予以格外优待。至于估价之专责，应由'大缺''二缺'处理一切。'大缺'如对于某项当物，发生疑问时，则商之于'当家的'，由'当家的'裁定之。盖估价高低，影响于营业损益，故由'当家的'负责。此当业估

---

1 中国联合准备银行调查室编纂：《北京典当业之概况》，北京：中国联合准备银行调查室，1940年，第40页。
2 刘秋根：《中国典当制度史》，上海：上海古籍出版社，1995年，第153页。
3 上海特别市社会局：《上海之典押业》，上海，无出版时间，第3页。

价，大致情形也"[1]。

对于当物满期不赎的绝当品，典当即行清查，满货确数，另行登录于卖货簿上。具体而言：

> 出售时由典当业出柬约请，各估衣商铺，钟表铺，及古玩铺，约期来柜看货。所售之货，标记号码，陈列院中。各商铺来看后，各取纸片，书写愿出之价格，用弥封投标法，交于典当经理。当日晚间由经理拆封，择价格之最高者，为承买人。翌日通知该商，定日付款取货……满期货售价，如超过成本时，名之曰"贯头"。以百分数计算贯几，如满期货，当本七百元，利息三百元，成本为一千元，若售价得一千二百元，则曰"贯二"。若低于成本，名之曰"亏头"。[2]

二、我国艺术品质押典当的模式

总的来看，民国时期的典当行业可谓十分兴盛。例如，在典当行的全盛时期，仅北京就有 300 余家典当行。新中国成立后，党和政府在对旧时的典当行业进行调查的基础上，改组了典当行业公会，制定了相关管理办法，将典当业纳入政府管理的范畴。1953 年 6 月 15 日，在中共中央政治局会议确立了对农业、手工业、资本主义工商业进行社会主义改造的"过渡时期总路线"之后，典当行业也开始向全行业公私合营的方向发展。例如，1956 年 1 月 19 日，上海市 143 家典当行都挂上了公私合营的牌子，更名为"公私合营某某区小额质押贷款

---

[1] 中国联合准备银行调查室编纂：《北京典当业之概况》，北京：中国联合准备银行调查室，1940 年，第 41 页。
[2] 中国联合准备银行调查室编纂：《北京典当业之概况》，北京：中国联合准备银行调查室，1940 年，第 42 页。

营业所"[1]。1966年10月,"小额质押贷款营业所"终于完成了历史任务。[2] 中国大陆的典当业自此消失。

1987年12月30日,在中国典当行作为剥削方式被政府取缔30余年之后,新中国的第一家典当行——成都市华茂典当服务商行的成立,标志着新中国典当业的复苏。据不完全统计,仅仅过了一年,全国的典当机构就从无到有迅速发展到了近200家。[3] 全国典当行业监督管理信息系统显示,2013年全国典当行业累计发放当金3336亿元,同比增长24.7%。业务结构保持稳定,房地产典当占所有业务的52.3%,动产典当占28.7%,财产权利典当占19%。截至2013年底,全国典当余额866亿元,同比增长28.1%。就目前的中国艺术品质押典当现状而言,有三种主要的经营模式:

(一)艺术品质押典当的常规模式

这种模式是最常见的艺术品质押典当模式。2001年,北京华夏典当行就在国内率先推出了艺术品质押典当业务,但由于市场和专业人才等诸方面原因,该业务在运营两年多后被迫暂停。艺术品融资之所以长时间空白,主要是受到艺术品真伪鉴定和价值评估方面的制约。2009年,北京华夏典当行卷土重来,与一批博物馆和鉴定机构合作,再次开展艺术品质押典当业务,所涉及的艺术品包括陶瓷、字画、油画和古玩杂项。[4]

---

1 从某种意义上讲,"小额质押贷款营业所"比"典当行"的名称更能反映典当活动的质押融资特点。
2 参见蔡有兴、宋紫云《解放初期上海市小额质押贷款营业所》,载上海市政协文史资料委员会编《上海文史资料存稿汇编 经济金融5》,上海:上海古籍出版社,2001年,第460—468页。
3 参见张学果《成立首个红色当铺 成都改革有胆量》,《华西都市报》2008年8月30日,第7版。
4 参见傅洋《京城典当行恢复艺术品质押》,《北京晚报》2009年8月25日,第J004版。

北京华夏典当行艺术品质押典当的额度主要根据评估价值而定，"一般不超过评估价的90%"。在典当息费方面，艺术品质押典当与民品业务的典当息费保持一致，为每月4.7%，并采用"息费五天一计"的模式。值得一提的是，与许多典当行收取200—500元/件鉴定费的做法不同，北京华夏典当行为客户提供的是免费鉴定服务。[1] 但总的来看，北京华夏典当行的艺术品质押典当同传统的艺术品质押典当以及常规质押典当的区别都不大。

（二）艺术品质押典当的"拍典通"模式

2009年5月，北京歌德拍卖有限公司与北京通银典当行共同宣布，只要在北京歌德拍卖有限公司2009年春拍图录中出现的拍品，无论成交与否，经北京通银典当行再评估，皆可由北京通银典当行提供拍品质押典当服务。此举为北京歌德拍卖有限公司提供了一项重要的增值服务，同时也标志着艺术品拍卖行与典当行首次实现"跨界"合作。这种合作模式虽然"看上去很美"，但"再评估"这一关键词似乎决定了该模式的实际操作恐怕没有这么简单。

果不其然，时隔一年之后，北京歌德拍卖有限公司的合作伙伴就由北京通银典当行变为了北京华夏典当行。2010年6月，北京歌德拍卖有限公司与北京华夏典当行正式推出名为"艺术品拍典通"的艺术品典当新模式。这种艺术品典当模式允许客户同典当行和拍卖行分别签订典当与拍卖协议。艺术品在拍卖预展期间可以随时典当融资，也可以在典当期间随时交给拍卖行用于预展。在拍卖成交后，假如成交，客户可以用拍款偿还典当行的借款；倘若流拍，客户也可以选择赎当或直接绝当给典当行。这一业务模式改变了此前拍卖与典当不能同时

---

[1] 参见丁晓琴《华夏典当行将推艺术品典当》，《新京报》2009年8月26日，第B07版。

进行的局面。此外，值得一提的是，"拍典通"的借款额度最高可达评估价的90%。[1] 显而易见，这一新模式的最大优势在于藏家可以盘活艺术品，同时参加拍卖和典当，从而避免了艺术品由于质押在典当行而错过拍卖行"春秋大拍"的机会。但"艺术品拍典通"对拍卖行和典当行要求很高，尤其是对业务流程和风险控制的要求更高。

广东衡益拍卖有限公司在2012年春季艺术品拍卖会上，推出了广东省首个书画质押典当服务。如果说北京歌德拍卖有限公司与北京华夏典当行推出的"艺术品拍典通"由于两家公司的股权结构和信任关系还不够"通"的话，那么，广东衡益拍卖有限公司和广州新衡盛典当有限公司的"艺术品拍典通"则可以被视为升级版的"拍典通"。广东衡益拍卖有限公司的拍卖图录写道："本图录中凡有钻石标记之拍卖品，在买受人完成拍卖品交易程序后的两年内可由广州新衡盛典当有限公司提供质押融资服务。"在该场拍卖会上，近现代书画板块中约有八成拍品均符合质押典当条件，而古代书画则全部不接受质押典当。关于该项业务的操作细节，广东衡益拍卖有限公司董事长、广州新衡盛典当有限公司总经理马聪介绍说："拍卖行会先鉴定书画的来源，典当行再评估书画的价值。为了防止有人恶意炒高书画价格后套现，我们规定质押的金额，是按照市场价的50%，而不是按照拍卖价来计算。"[2] 值得一提的是，广东衡益拍卖有限公司和广州新衡盛典当有限公司在股权结构上的"兄弟公司"关系或许是二者能够密切捆绑的最重要原因。

---

1 参见何怡《艺术品融资 拍卖典当两不误》，《法制晚报》2010年6月20日，第A10版。
2 刘礼福：《广东典当行向书画敞开门》，《中国商报》2012年3月8日，第C01版。

（三）艺术品质押典当的"典拍通"模式

虽然"拍典通"与"典拍通"在名称上只有字眼的顺序之别，但与以拍卖行为主导的"拍典通"模式不同，"典拍通"模式的特色在于涵盖了典当、拍卖、交流、融资的"一条龙"创新式服务，重点在于典当融资。2012年4月，云南雄升典当有限公司、云南典藏拍卖集团有限公司、云南省文物总店有限公司、云南云桥建设股份有限公司、云南省文物博物馆协会、昆明广播电视台等多家机构联合组建了集典当、拍卖、交流、融资"一条龙"创新式服务的云南文物艺术品"典拍通"部。书画、瓷器、珠宝、玉器、家具、雕件、佛像、杂项等艺术品都可以通过质押典当来融资。艺术品"典拍通"的整个业务流程涉及鉴定、评估、典当和拍卖等诸多环节，每个环节都会有相应的专业机构提供专业服务。

为了保障规范和诚信运营，由云南文物艺术品"典拍通"承接的艺术品质押典当业务，会指定并委托云南省文物博物馆协会鉴定评估中心进行鉴定和评估。需要指出的是，其给出的评估价会略低于当时的市场平均价。由于艺术品"典拍通"模式能够在更大范围内整合相关资源，因此，有可能更好地控制艺术品质押典当的风险。

三、结语

概而言之，构建新时期中国艺术品质押典当模式所面临的主要问题有三：

一是鉴定难。众所周知，目前中国艺术品市场上的赝品可谓泛滥成灾，造假技术层出不穷，欺骗手段不断翻新。这既是缺乏优秀艺术品鉴定人才的问题，同时也是艺术品鉴定制度和艺术品鉴定规范的问题。

二是估值难。艺术品质押典当，还不仅仅是真伪的鉴定学问题，更是估值的经济学问题。但艺术品市场的价格瞬息万变，不确定性太大，如何才能对质押艺术品进行合理估值从而控制风险，就成为一个非常现实的问题。

三是变现难。艺术品质押典当之所以分外强调"质押"，为的是当户一旦偿还不上贷款，典当行还可以通过质押物的变现来控制风险，弥补损失。但典当行的问题是，他们往往难以迅速将质押物变现。

在"三难"问题难以逐一突破的大背景下，如何进行"难题"的转化就成为解决问题的关键。

（原载于《西南金融》2015年第5期）

多层面发挥文交所交易平台功能

文交所最重要的功能是交易平台功能。只有定好位，才能鼓励广大文化企业在一切可能的方向上创新，激发文化市场的生机与活力。

从定位上看，文交所不应该扮演交易主体的角色，而应该扮演把关人的角色。只有这样，才可能做到公平、公正、公开。从文交所的发展历程来看，不少文交所在实际运营过程中，都曾同时扮演了运动员和裁判员的角色。这就从根本上将文交所置于一个非常不堪的地位，注定了文交所的发展必将遇到一系列问题。事实上，文交所交易模式的创新应该以是否降低了交易费用作为基本的判断标准。如果文交所的创新有助于降低交易费用，那么这种创新就是有生命力的制度创新；如果文交所的创新无助于降低交易费用，那么这种创新就是缺乏价值的制度创新。

从功能上看，文交所同时担负着（拍卖行不具备的）艺术发现功能和（画廊不具备的）价格发现功能。这是打破目前中国艺术品市场结构性困境的重要力量。从文交所目前的探索方向来看，已经有意无意开始模仿画廊、拍卖行和艺术博览会的经营方式，但还缺乏整体观和整合观。事实上，作为文化艺术品产权交易的综合服务平台，文交所完全可以同时扮演艺术品的艺术发现功能和价格发现功能。文交所是打破目前中国艺术品一级市场和二级市场畸形发展的结构性问题的重要突破口。

从角色上看，文交所是我国多层次文化资本市场建设的重要内容，扮演着文化企业股权交易平台的重要角色。相比之下，"新三板"的准入门槛较低，对企业的利润和成长性没有太高要求，这就使得"新三板"企业的"质量"普遍不高。文交所则应该提高文化企业挂牌交易的进入门槛，对挂牌企业的资本充足率、赢利能力和分红机制提出明确要求，从而与"新三板"挂牌企业形成鲜明的差异和对比。在交易制度方面，推出文交所的做市商制度。做市商制度的推出，不仅可以更准确地为在文交所挂牌的文化企业进行股权定价，而且可以大幅度提高文交所股权交易的活跃度和流动性。与此同时，降低投资者参与文化企业股权交易的门槛，从而吸纳更多的社会资金进入文交所股权交易平台。在后续发展方面，打通挂牌企业的"转板"之路。由于文交所提高了文化企业挂牌交易的进入门槛，因此，文交所挂牌企业比"新三板"挂牌企业的整体质量更高，更容易达到在主板市场、创业板市场或中小板市场上市的条件。对于这类企业，只要符合"转板"条件，可以无须通过中国证监会发行审核委员会的IPO审核程序，直接申请"转板"。

从政策上看，目前的文交所数量太多，而且缺乏能够有效满足市场需求的常规交易项目和创新性交易模式。但事实上，中国文化市场并不需要数量如此之多的文交所。为了更好地发挥文交所的交易平台功能，政府主管部门应该实施"可进可退"的准入政策，引入竞争机制和淘汰机制：一方面，关闭和停办一批声誉不佳、思路模糊、交易量小、创新性差的文交所；另一方面，鼓励和支持拥有新思路和新模式的机构并购现有的文交所，同时保护和扶持文交所具有原创性和可行性的交易模式,避免一有创新就被其他文交所简单模仿和盲目跟风的恶性竞争状况。

(原载于《中国社会科学报》2015年6月17日)

特色文化产业发展的误区与应对

近年来,随着文化产业的迅猛发展,产业结构雷同和发展思路单一的问题也日趋凸显,政府相关部门也意识到问题的严峻性,如文化部和财政部就联合下发了《关于推动特色文化产业发展的指导意见》,积极营造全社会支持特色文化产业发展的良好氛围。但在对特色产业发展的认识及实践中,依然存在一些误区。

误区一:特色资源=特色产业

中国幅员辽阔,不同地区之间的自然禀赋、文化资源、生活习惯和社会风俗的差异不小。正所谓"十里不同风,百里不同俗,千里不同情"。虽然很多地区都拥有具备一定区域特点和民族特色的文化资源,但仅拥有特色文化资源并不代表能够发展好特色文化产业。

首先,特色文化资源之"特"往往是相对的。一个地区的特色文化资源往往在较大的范围内是具有特色的,但在相对较小的范围内也许会缺乏特色甚至毫无特色。例如,就某省而言,该地某民族聚居县的民族文化产业确实具有一定特色,但就该县所处的自治州而言,并没有什么特别之处。这意味着,对于区域文化资源的特色性需要辩证看待。

其次，特色文化资源优势并不意味着特色文化产业优势。在文化资源的产业化过程中，还有许多不容易迈过去的"坎儿"。例如，西部一些欠发达地区拥有不少具有区域特点和民族特色的文化资源，但生产组织形式落后、配套服务体系缺乏、关键产业链条缺失等因素，都极大地制约着文化资源的产业化之路。

最后，某些特色文化资源不具有产业化价值和前景。笔者常常遇到一些朋友兴高采烈地介绍某地区具有区域特点的文化资源，并满怀期待地憧憬其产业化之路。问题是，不少区域性的特色文化资源往往缺乏大众性和时代感，并不具有产业开发价值。在特色文化产业发展过程中，必须分清文化资源的"大特色"和"小特点"，理清制约特色文化产业发展的主要约束条件，认清具有产业开发和市场前景的文化资源同仅具有保护和传承意义的文化遗产之间的界线。

误区二：区域文化品牌空壳化

随着市场经济的发展，人们越来越认识到品牌的价值所在。因此，培育区域文化品牌就成为特色文化产业发展的重要内容。《关于推动特色文化产业发展的指导意见》也明确表示支持各地实施"一地（县、镇、村）一品"战略，积极发挥具有代表性的民间手工艺人、工艺美术大师和文化名人在培育特色文化品牌中的作用，通过建立特色文化品牌认证和发布机制，完善传统工艺和技艺的认定保护机制。问题是，区域产业品牌常常先有区域企业品牌和产品品牌，再于相关产业集群的基础上形成区域产业品牌。例如，浙江温州皮鞋、广东佛山童装等。而区域文化品牌则不然。区域文化品牌往往是先有或只有区域文化品牌，如历史名人品牌、名山大川品牌、某文化发源地品牌等，缺乏甚至根本没有明确的品牌建设者和实在的产品及服务。

因此，综观各地的区域文化品牌建设状况，"有品牌、无企业、无产品、无服务"的区域文化品牌空壳化现象相当严重。譬如，某市提出打造"A文化品牌"（A为出生于当地的文化名人），当地政府相关部门不仅出台了《关于打造"A文化品牌"的实施意见》，而且主导建设了"A文化旅游产业园"。问题是，这种政府主导的区域文化品牌建设运动，不仅缺失具有市场效率的建设主体，而且没有相关的优质产品和服务支撑，从而导致区域文化品牌出现空壳化。

事实上，在区域文化品牌建设过程中，一要厘清区域文化品牌、文化产业品牌、文化企业品牌和文化产品品牌的逻辑关系，避免出现基本概念的混淆和发展思路的混乱；二要不能过于强调历史文化资源在区域文化品牌建设中的地位，而在很大程度上忽视文化科技和创意设计对文化品牌建设的作用，必须通过文化产业品牌和文化产品品牌的建设来充实区域文化品牌建设的内容。

误区三：小微文化主体不是发展主力

从理论上讲，在特色文化产业发展过程中，文化龙头企业和文化骨干企业在创意研发、渠道建设、品牌培育和市场推广等方面都发挥着带动区域特色文化产业发展的重要引领作用。因此，政府相关部门也从财税金融扶持、强化人才支撑、建立重点项目库和完善交流合作机制等多个方面给予了政策上的大力支持。问题是，在很多文化资源丰富的经济欠发达地区，缺的正是特色文化产业发展主体。尽管引进外地的文化龙头企业和文化骨干企业不失为一条跨越式发展的重要途径，然而，包括文化类个体创业者、经营者和工作室，以及小微文化企业在内的土生土长的小微文化主体更是特色文化产业发展的主力。从经验来看，盲目引入外来投资的风险不小，效果也未必佳。例如，某地为大力发展特色文化产业，从文化产业规划上强调大手笔，给出优厚的土地和税收政策招商，但引来的却是空手套白狼的骗子，该公司不仅利用当地政府的招商政策低价获得大量土地资源，而且利用该特色文化产业项目的政府背书效应进行非法集资。结果，既在拆迁过程中出现一系列矛盾和冲突，又因非法集资给当地政府留下一个烂摊子。

事实上，第一，与外来的文化龙头企业和文化骨干企业相比，本土小微文化主体的"在地优势"明显，对本土文化资源的认识远比外来企业全面和深刻。第二，与外来的文化龙头企业和文化骨干企业相比，本土小微文化主体的"事业"不是一个简单的项目，而是生存和发展的全部内容。第三，与外来的文化龙头企业和文化骨干企业相比，文化类个体创业者、经营者和工作室本身就是微观文化品牌，不仅是区域文化品牌的有力支撑，而且很可能发展为区域龙头品牌。因此，特色文化产业的发展必须激发本土小微文化主体的内生动力和创新活力，充分发挥市场机制的作用，促使小微文化主体通过公平竞争和优胜劣汰提高整体发展水平，走"专、精、特、新"和与大企业协调配套发展之路。

（原载于《中国文化报》2015年9月5日）

"做价"：艺术品市场的暗流

"做价"现象在艺术品市场并不罕见。在香港苏富比拍卖行今年举办的"现当代亚洲艺术"专场拍卖会上，画家贾蔼力的《早安，世界》（三联作）从500万港元起拍，以1100万港元落槌，并以此价格创下贾蔼力个人作品拍卖成交纪录。收藏者刘钢在自己的一条微信中提到，在当晚的拍卖中，雅昌艺术网的现场稿件早于拍卖时间45分钟发出了贾蔼力的该件作品最终以1100万港元落槌的消息，从而引发了贾蔼力作品"做局假拍"的争议。收藏者刘钢爆料称自己见证了"乌龙"事件，而雅昌艺术网解释称该事件为"操作流程失误"，苏富比拍卖行则被指疑似为高价艺术品"做局"。

由于各方说法矛盾，引发不少人对拍卖行"做局黑幕"的"吐槽"。事实上，无论此事的真相如何，艺术品市场上做价现象其实由来已久。曾任北平古物陈列研究馆研究员的著名书画鉴定家石谷风撰文回忆道，1936年，张大千和徐燕孙在中山公园办画展，画展开幕那天，展厅还未开门，他就吓了一跳：张大千80%以上的参展画作都被贴上了预订的红纸条。徐燕孙的也是一样，几乎所有的参展画作都被贴上了预订的红纸条。画展结束之后，石谷风等人帮忙把画送到买主家。领班传出画主的话："只管送画，不必多话。"他在送画时发现，买主付的钱与定价不一样：标价 300 元的实际上只付 30 元。后来他才知道，预订的红纸条其实是画家朋友捧场的。这就是典型的"做价"（pricemaking），即卖主刻意将艺术品的价格"做"高的现象。"做"出的价格与真实成交价格之间往往有不小的差距，甚至可能根本就并未真正成交。

总体来看，艺术品"做价"具有两个意义：一是显示品质信息。在艺术品市场上，人们往往会将价格与艺术混为一谈。正如美国经济学家凡勃伦所说，我们从使用和欣赏一件高价而且认为是优美的艺术品中得到的高度满足，大部分是出于在美感名义假托之下的高价感的满足。他甚至进一步认为，高价这个准则影响着我们的爱好，使我们在欣赏艺术品时，把高价和美感这两个特征完全融合在一起，然后把由此形成的效果，假托于单纯的艺术欣赏名义之下。

二是传播需求信号。拍卖会上的成交价能够以价格信号的形式将买主的价值判断和市场需求公之于众，并且通过媒体宣传报道的"放大效应"，使这个价格信号得以广泛传播。这从媒体对每场拍卖会的报道重点上便可见端倪，"天价"和"高价"一定不可或缺。正是由于拍卖价的需求信号的传播功能，匡时拍卖的负责人曾指出："某件作品在拍卖会上的高价成交往往会成为指标性事件，带动一时之风气，甚至成为整个市场的推动和转折力量。"这就是说，在市场信息费用和价值评判难度都比较高的情况下，高价的艺术品一方面意味着"品质高"（收藏价值高），另一方面也貌似"需求高"（有市场需求）。这两点是艺术品做价之风愈演愈烈的重要原因。

在拍卖会上，委托人在与拍卖人签署委托拍卖合同时，他可能就没有真正出货的打算，因为不经炒作则很难达到预期的心理价位，所以要先"做价"。委托人希望的是利用拍卖价传递该件（类）艺术品的品质信息和需求信号，或者是希望这件拍品能够在拍卖记录上"有案可查""流传有序"或者"创下纪录"从而博人眼球。《中华人民共和国拍卖法》第三十条规定："委托人不得参与竞买，也不得委托他人代为竞买。"从这个意义上讲，艺术品"做价"是违法的。但一方面，由于违法"做价"不容易被发现，因此风险低；另一方面，违法"做价"的成本也不高，因此危害不大。《中华人民共和国拍卖法》第六十四条规定："委托人参与竞买或者委托他人代为竞买的，工商行政管理部门可以对委托人处拍卖成交价百分之三十以下的罚款。"换句话说，即使东窗事发，也就罚款了事，相当于多交些佣金。

可问题在于，不同的"局"，"做价"成本各异。有的"局"分别交纳买卖双方的佣金，"老老实实"地"做价"，而有的"局"则通过委托人与拍卖人的合谋，只需按照双方事先商定的"真实成交价"交纳佣金就能实现"虚增成交价"的"演出效果"。在某些拍卖行，事先商量好的"演出费"甚至更低。还有的"局"则在"做出"天价之后，干脆"拍而不付款"，不要领取竞买号牌时所缴纳的竞买保证金了事。事实上，对于艺术品市场的"做价"现象，完全靠堵是堵不住的。为此，一方面，拍卖人必须严格把关，严禁委托人与拍卖人的合谋"演出"；另一方面，中国拍卖行业协会应该定期（如以半年为限）全面公布艺术品拍卖的结算情况，通过"吹牛要交足费和纳够税"来提高"做价"的成本，从而减少"做价"现象，增加所需"做价"的"硬度"。

（原载于《中国社会科学报》2015年10月29日）

艺术品市场的新常态与中国梦

多年以来，中国艺术品市场的参与者一直津津乐道欧美发达国家艺术品市场的规范和诚信，映衬出的则是中国艺术品市场的不规范和不诚信。这说明，在中国艺术品市场参与者的心中，其实也有自己的中国梦。不可否认，目前的中国艺术品市场确实存在很多盘根错节的老大难问题。但是，过去那种短视化、快餐化、高增速的粗放式增长模式显然已经难以为继了。亟须通过体制改革和机制创新，重建中国艺术品市场生态环境，使中国艺术品市场迈向新常态，实现艺术品市场参与者的中国梦。在我看来，中国艺术品市场的新常态至少有三个关键词：一是市场机制的"健康"，二是增长速度的"稳定"，三是发展创新的"持续"。

一、健康的市场机制

中国艺术品市场自 21 世纪以来的迅猛发展，受到了越来越多的关注。可是，很多随之而来的问题并未能在发展的过程中以发展的方式得以解决，甚至还日益严重，极大地影响了中国艺术品市场机制的正常运行。最为突出的有两大问题：

一是税收机制。中国艺术品市场的总成交额一直是个未解之谜。尽管有些研究报告曾经做过估算，然而，这些估算值显然既谈不上准确，又有很大差异，让人无所适从。因为中国艺术品市场的私下交易太过普遍，以至于根本无法准确统计。数据问题的表象背后，是严重的偷税漏税问题。中国艺术品市场的高速发展对中国经济的贡献值可谓不成正比。所谓的"一级市场"几乎收不到什么税，所谓的"二级市场"则一方面存在重复征收营业税的问题，另一方面存在难以征收个人所得税的问题。这固然同目前的税率设置和税收机制不合理有关，但很多纳税人对纳税义务的认识也大有问题。例如许多艺术家就从未自行申报过艺术品销售的个人所得税。就目前的情况而言，在中国艺术品产业链上，从画家到画廊再到各类交易商，很多环节的偷税漏税现象非常严重。中国艺术品市场的税制改革，则必须在考虑到行业特点、征税成本和配套服务等诸多因素的基础上，设定适当的税率，提供消费者保护，从而在降低税率的同时实现税收总额的净增长。

二是约束机制。中国艺术品市场是一个既无硬约束，又缺软约束的市场。从艺术家绕开签约画廊直接私下卖画，到画廊因市场趣味的改变而轻易毁约，再到拍卖行知假拍假但买家维权无门，如此等等，不一而足。在产业链的每一个节点上，几乎都缺乏有效的约束机制。例如画廊投入大量的资源为艺术家做推广，艺术家委托画廊全权代理却私下卖画，画廊即使知情也很难约束艺术家行为，画廊之间同样恶意竞争并且互挖墙脚，某些艺术家被惯坏之后更是有恃无恐。又如，画廊在同艺术家签约并初步推广之后，发现该艺术家的作品风格不太受欢迎，假如画廊缺乏诚信意识只重短期回报，很可能在不久后即放缓甚至停止推广，画廊也丧失了艺术家培育和推介功能。当然，艺术家或经营者本身都很难做到自律,必须有第三方机构——艺术品行业协会的介入,才可能有效实现中国艺术品市场的共同治理。例如对于不遵守游戏规则的"经纪人型艺术家",包括画廊在内的艺术品经营机构都应予以抵制。又如,对于不按合同条款为艺术家提供约定服务的画廊,行业协会也可公布其信用记录并警告和劝阻有意与之合作的艺术家。总之,一个健康的中国艺术品市场,必须有一套能够约束参与各方行为的市场机制,才能保证市场的健康运行。

二、稳定的增长速度

就市场规模而言,根据雅昌艺术市场监测中心的统计数据,从2000年到2014年,中国艺术品拍卖市场的总成交额增长了46.6倍。从增长速度来看,中国艺术品拍卖市场规模的增长速度也极为惊人,年均增长速度超过了40%。按照某些机构的统计口径,中国艺术品拍卖市场的总成交额甚至在2011年跃居全球第一。从某种意义上讲,中国艺术品市场近年来的迅猛增长,一方面得益于改革开放以来中国艺术品的首轮大规模换手潮所带来的交易机会,另一方面受惠于通货膨胀预期和资产价格重估所产生的财富效应。但现在的问题是,当中国艺术品市场的后发优势所释放的增长动能不断衰减时,还是否能够继续保持中国艺术品市场增速的"中国奇迹"?

事实上,中国艺术品市场经过十余年的高速发展,古代和近现代艺术品的首轮大规模换手过程已经基本结束了。拍卖行近年来普遍遇到的"征集难"问题就是这一状况的现实反映。在欧美发达国家的艺术品市场上,有一个著名的"3D"定律,即促成艺术品换手的三大因素,都是"D"打头的单词:Debt(债务)、Divorce(离婚)和Death(死亡)。在未来的中国艺术品市场上,我们会越来越熟悉这个目前离我们还显得有些遥远的"3D"定律。就当代书画和当代艺术而言，这两大门类的艺术品都曾遭到过资本的粗鲁爆炒。以山东青州为代表的民间资本为当代书画重塑了一个以艺术家职衔为核心的艺术品价格评估体系并且将其简单化和庸俗化。在海外资本主导下编织的以"当代艺术F4"（张晓刚、王广义、方力钧、岳敏君）为代表的中国当代艺术市场神话也已光环不再。

从某种意义上讲，中国艺术品市场经过跨越式发展后形成的畸形需求结构本身就存在很大的危机。消费性需求所占比重太小，投资性和投机性需求太大的结构注定了这个市场的不稳定性。当市场行情好的时候，这股力量会推波助澜。当市场行情低迷时，则产生雪上加霜之效。事实上，中国艺术品市场的新常态不可能再单纯地追求市场规模增长的速度，而是追求因结构调整和集成创新所产生的增长质量，进而积蓄和释放艺术品市场的正能量。因此，中国艺术品市场未来的增长很可能呈现出"低速是常态，中速是例外"的相对稳定增长的特点。而且，"中速"的出现，主要来自市场挖掘和商业创新。

三、持续的发展创新

我们首先要区分的是中国艺术品市场增长和市场发展这两个不同的概念。前者是指数量上的增加，后者则既包括数量，也包括质量。从只关注单价、规模和增速到同时关注模式、结构和机制，反映的是两种截然不同的中国艺术品市场发展观。总的来看，中国艺术品市场可持续发展的动力，主要来自技术创新和制度创新。在这种创新驱动型发展的过程中，需要特别强调三种观念。

一是新的市场观。在艺术品市场上，人们通常将画廊称为"一级市场"，将拍卖行称为"二级市场"。这其实是生搬硬套西方艺术品市场结构的教条主义。中国艺术品市场的结构要复杂得多，远非"一二级结构"可以简单概括。假如市场参与者还囿于这种想象中的艺术品市场结构，或者看到一、二级市场边界正在模糊便感到疑惑和担忧，那么，创新的高度、深度和广度都是极其有限的。中国艺术品市场的创新必须要有推倒重来，不被固有观念与历史包袱束缚的心态和勇气，才可能有大的突破。

二是资源组合观。不少业内人士在谈到信息技术和金融机构对中国艺术品市场的影响时，依然将其视为一种挑战原有市场结构的不友好力量。事实上，无论新技术，还是新制度，都是种资源。举个简单的例子，艺术家画室有画，居民家中有需求，商业银行有资金，网络公司有平台。艺术品交易的主要条件都具备，却未能实现供需的互通和平衡。为什么？因为要想实现中国艺术品市场的发展创新，各种分散的资源就必须被有效地组织起来。只有当各种资源被组织起来了，潜在的交易可能性才能变成现实的交易额。因此，中国艺术品市场的参与者应该以资源组合的心态看待和接受这些外来的新资源。

三是创新层次观。创新有层次之分。从宏观政策、中观市场到微观企业，都存在创新的空间和可能。从宏观政策层面来看，需要从顶层设计的高度，通盘考虑、深入探讨和仔细推敲中国艺术品市场管理的瓶颈和痼疾。根据"有所为，有所不为"的原则，主动倾听问题，积极调查研究，加大改革力度。从中观市场层面来看，需要从社会治理的角度出发，充分发挥行业协会、产业智库和新闻媒体的作用，综合考虑中国艺术品市场参与各方的利益，提出经过利益整合之后具有可操作性的问题解决方案。从微观企业层面来说，艺术品经营企业是对产业趋势和供需变化最为敏感和最具活力的微观创新主体。正所谓

"无企业，不市场"。艺术品经营企业的不断试错将为中国艺术品市场探索出新的可持续发展之路。

（原载于《美术观察》2016 年第 1 期）

如何运作艺术品质押融资

随着艺术品金融的兴起，艺术品质押融资成为国内商业银行尝试的新业务。但如何防范和减少风险，关系到这项新业务能否顺利开展。在过去的一年，一些机构纷纷推出艺术品质押融资产品，如北京市文化科技融资担保有限公司同北京798文化创意产业投资股份有限公司合作推出了"798画廊通"，服务于798园区内画廊的艺术品质押融资产品。一些金融机构也通过银行与第三方机构合作的方式共同控制风险，为艺术品质押融资闯出了一条新路。

一、常规模式：不具有简单的可复制性

2015年5月，深圳同源南岭文化创意园有限公司以其收藏的中国苏绣艺术大师任慧娴的一批苏绣艺术品作为质押物，向中国建设银行深圳分行贷款3000万元。为了进行精确评估，经文化部推荐，组织了由5名专家组成的评估小组，对这批苏绣进行了实地查勘、市场调查、询证和评估，最终确认154件苏绣的市场总价值为5000万元。其主要理由是：苏绣藏品具有稳定的物理及化学性质，不易变形，易运输，易保存且仓储期限较长，易变现，功能多、实用性强，价值看涨，

其作为贷款抵押物的风险较小。中国建设银行深圳分行在解决质押品价值确定的难题后，又遇到另一难题：如何对质押品进行有效监管？双方协商之后引入了合作方——中远物流作为此项业务的仓储监管方，针对苏绣的特点制定了个性化监管方案，以保障担保物的价值。同时，中国建设银行深圳分行还与深圳国际文博会拍卖有限公司签订协议，为这批苏绣可能出现的处置提供帮助。

以上这种艺术品质押融资模式是艺术品质押融资的常规模式，它同其他动产的质押融资并没有本质的区别。但由于艺术品本身的特殊性，这类质押融资往往是由于某些特殊原因促成的，不具有普遍意义，不具有简单的可复制性。

二、"预收购"模式：为艺术品质押融资提供新思路

在国内，具有标志性意义的艺术品质押融资案例是山东潍坊银行推出的艺术品质押融资业务。这是中国商业银行首次以书画为质押标的发放贷款。截至2014年底，潍坊银行已累计投放艺术金融贷款11亿元，并且没有出现不良贷款。据潍坊银行董事长史跃峰介绍，国外银行开展的艺术品质押融资业务已较为成熟，但国内银行却很难涉足，主要存在四个方面的制约：一是缺乏具有公信力的艺术品鉴定和评估机构；二是缺乏艺术品委托保管机构；三是艺术品难以迅速变现；四是缺乏相应的监管政策法规，同时银行也缺乏业务自主权和创新意识。潍坊银行之所以能够取得成功，主要是由于出台了一系列配套制度和有力措施，基本解决了上述问题。

由潍坊银行总行成立艺术品质押贷款审查委员会，实施与常规资金贷款不同的贷款调查、审查与审批流程。艺术品质押融资业务的核心则是"联盟+五项机制"的运作模式：一是建立战略联盟；二是建

立质押品价值评估机制；三是建立艺术品质押物保管机制；四是建立风险控制机制；五是建立贷款收回机制。

潍坊银行推出的这种"预收购"模式的意义是，在艺术品鉴定、评估和变现等诸多难题尚未一一解决的情况下，通过制度创新而将问题绕过去，为艺术品质押融资业务的创新提供了新思路。

三、"大机构主导"模式：大型机构提供后盾

江苏扬州工艺美术集团与交通银行扬州分行达成"玉金融"合作协议，玉器经营商户可通过质押玉器获得银行信贷资金。玉器经营商户申请贷款时，由借款人向扬州工艺美术集团进行自有玉器质押，扬州工艺美术集团对借款人申请的交通银行贷款提供担保。扬州工艺美术集团同时设立专门区域对商户质押品进行集中展示：一方面不影响质押玉器的二次销售，另一方面破解了玉器质押后不能正常展销的难题。那么，如何给玉器质押物定价呢？扬州工艺美术集团的做法是，由国家级玉器专家组成专业评估团队，利用自身的技术优势进行评估，对玉器质押物进行定价并给予担保。根据该评估团队的定价，交通银行扬州分行最终确定玉器质押物的评估价并发放相应贷款。

又如，乌鲁木齐商业银行、乌鲁木齐农村信用合作社、万盛达小额贷款公司与新疆和田玉市场信息联盟交易中心共同签约，确定每年向全国玉石行业提供7亿元规模的贷款。玉石质押融资主要接受新疆和田玉（白玉）子料的质押，其贷款方式依据《新疆和田玉（白玉）子料分等定级标准》，结合当季新疆和田玉市场信息联盟发布的价格行情，由新疆和田玉市场信息联盟交易中心的专家对质押和田玉进行评估。银行的放贷金额一般是评估价的七折，小贷公司的放贷金额一般是评估价的二至三折。截至2014年底，乌鲁木齐商业银行已完成400

多笔和田玉质押贷款业务，贷款总金额约20亿元。

以上两种是艺术品质押融资的"大机构主导"模式，主要是由大型机构制定标准、提供后盾，并进行主导的艺术品质押融资模式。最常见和易行的是鉴定评估标准比较统一的工艺美术品领域的质押融资。

四、"第三方担责"模式：只能作为个例存在

浙江省温州市鹿城区古玩商会与台州银行温州分行签署了协议，合作推出艺术品抵押贷款业务。双方约定，由温州市鹿城区古玩商会经手展卖的艺术品，如果成交金额不低于1万元，只要由温州市鹿城区古玩商会出具了艺术品鉴定证书和价格评估证明，就能在3—5个工作日内获得最高为艺术品评估价80%的贷款，贷款期限最长为半年，贷款利率按照银行现行抵押贷款利率执行。这是艺术品质押融资的"第三方担责"模式，它是一种通过专业的第三方机构以担责为保证，为放款人承担风险的艺术品质押融资。

温州市鹿城区古玩商会会长欧阳德康表示，启动艺术品抵押贷款业务，作为第三方的古玩商会责任重大。首先，由古玩商会经手展卖的艺术品，只要持有古玩商会出具的鉴定证书和价格评估证明，就能到银行办理贷款。这就迫使古玩商会对艺术品的真伪鉴定必须具有很高的权威性，绝对不允许"走眼"现象的发生。

其次，根据古玩商会与银行的协议，一旦艺术品所有者的抵押贷款到期后无力偿还，古玩商会必须出面偿清贷款。为此，商会还要承担一定的经济风险。本着谨慎起步和先易后难的原则，古玩商会设计了一系列的风险应对措施。例如，每一件艺术品都必须由3位以上专家共同鉴定。又如，抵押贷款业务先在会员范围内试点，待成熟后再向其他收藏者开放。同时限定抵押的种类，严格禁止将出土文物和象

牙、犀角等违禁品作为抵押物等。但由于风险—收益的不对等性,这种"第三方担责"模式只能作为个例存在,因为很少有第三方机构愿意承担这种不对等的担责风险。

(原载于《中国文化报》2016年1月30日)

深耕与前行：艺术品市场亟待转型

经历过 2003 年至 2012 年近十年时间的"长牛"行情后，2012 年以来并延续至今的这一轮深度调整行情却依然没有出现任何反转的积极信号。那么，中国艺术品拍卖行业究竟处于什么境况？面临何种问题？应该如何突破？

一、资产重估后进入调整期

首先需要明确的是，中国艺术品拍卖市场的这一轮深度调整属于经历过一轮资产重估后的正常的周期性调整，是估值中枢下调的过程。21 世纪以来的中国宏观经济和投资市场行情表明，除了古董、艺术品和邮币卡等另类资产，股票、土地、房地产和大宗商品等金融资产和实物资产，同样经历过波澜壮阔的资产重估过程。

就市场本身而言，中国艺术品拍卖行业十余年来的高速发展，一方面得益于政府对文物艺术品拍卖公司设立条件的放松管制——由较为严格的审批制变为相对宽松的登记制。一大批艺术品拍卖公司的成立就直接受益于此。另一方面是改革开放以来，中国古代和近现代艺术品需要通过拍卖的方式进行首轮"二级市场"的大规模换手——不少备受关注的"天价"拍品就出自此轮换手潮。

从宏观经济来看,2002年以来美元汇率的不断贬值、2005年以来中国的庞大贸易顺差、2008年以来中国信贷的急剧扩张,等等,都在很大程度上推动着艺术品资产价格的重估过程,即艺术品资产价格的泡沫化过程。中国艺术品市场到了该进行深度调整的时候了。

二、供给侧问题有待消化

从供给侧的角度来看,中国艺术品拍卖市场的此轮深度调整,在很大程度上是供给侧方面出了问题。根据中国拍卖行业协会的最新统计数据,截止到2015年12月底,中国已有436家文物艺术品拍卖公司,年成交总额达300多亿元。一方面,中小型拍卖公司的拍卖会越来越难办;另一方面,拍卖公司的两极分化越来越严重。虽然北京保利、中国嘉德、北京匡时、杭州西泠、北京翰海、广东崇正、上海朵云轩、北京诚轩、北京荣宝、北京华辰这10家拍卖公司2015年的市场规模较上一年均有减少——上拍量减少了13.96%,成交量减少了13.40%,成交额减少了15.38%。但近4年来,上述10家公司的年成交总额基本上稳定在150亿—200亿元,同期的全国文物艺术品拍卖成交总额则基本稳定在300亿—380亿元。

这意味着,在这一轮的中国艺术品拍卖行业大洗牌过程中,由于优质拍品资源稀缺,一些实力较弱的中小型拍卖公司已经由于拍品征集能力较弱而处于市场边缘,但优质拍品的表现依旧不俗。2014年的中国内地拍场仅有1件成交价过亿元的拍品;2015年的中国内地拍场则有6件成交价过亿元的拍品。由此可见,在中国古代和近现代艺术品的首轮大规模换手潮结束之后,精品、生货、硬货的征集难问题已经成为拍卖公司普遍面临的"老大难"问题。

三、需求端问题一时难解

从需求端的角度来看,需求的结构性不旺也是中国艺术品拍卖市场深度调整的重要原因。一方面,受供给侧缺精品、缺生货、缺硬货的影响,很多"老钱"感觉没有可花之处。但只要拍卖公司能够提供有价值的拍品,依然会受到市场的热捧。像精品夜场和特色专场的热度就并未受到市场环境的太大影响。

以精品夜场为例,2015年北京保利十周年秋拍近现代书画夜场(一)和近现代书画夜场(二)的成交率分别为81%和80%,而同期举办的两个近现代书画日场的成交率则分别为61%和41%。2015年北京保利秋拍现当代艺术夜场的成交率为83%,而20世纪中国艺术日场的成交率仅为54%。以特色专场为例,上述10家公司在2015年共推出了15个近年来的市场热点——与宫廷艺术相关的专场。上拍695件(套),成交482件(套),成交率为69.35%,成交额为13.97亿元。与2014年相比,成交量增加了131件(套),增长幅度为23.19%;成交额增加了5.89亿元,增长幅度为72.90%。[1]

另一方面,前几年入市的"新钱"却普遍发现中国艺术品市场的钱并不像一些媒体和某些专家所鼓吹的那么好赚。尤其是在中国艺术品市场高位运行时抱着"短、平、快"心态入市,甚至负债投机的"新钱",面临着市场腰斩行情、交易成本太高、负债成本不低、回款周期偏长等一系列问题。"先吃螃蟹"者的财富缩水现象当然也产生了比较负面的放大示范效应。

---

[1] 参见《2015保利十周年秋拍》,《美术文献》2015年第12期。

四、艺术品拍卖行业陷入困境

中国艺术品拍卖公司以春秋大拍为主要甚至唯一业务板块的传统经营模式，已经越来越难以适应市场的发展和交易的节奏。

第一，运营成本高。根据中国拍卖行业协会的统计数据，中国艺术品拍卖公司2014年花在广告宣传、出版印刷、预展巡展等方面的直接支出为7.53亿元，占行业主营业务收入的24.34%，占行业主营业务成本的38.89%，而且呈逐年上升趋势。第二，交易成本高。中国艺术品拍卖行业在2014年对买卖双方实际收取的平均佣金率为15.43%，高居整个拍卖行业之首，是拍卖行业平均佣金率的10倍多。假如一买一卖的话，那么，交易佣金就占到了成交价款的三成以上。第三，交易时间长。从征集、上拍到结算，即使一切顺利，委托人往往需要几个月时间才能顺利拿到货款。第四，成交率不高。中国艺术品拍卖行业在2014年的整体成交率为46.71%。第五，结算率偏低。截止到2015年5月15日，中国艺术品拍卖行业2014年度的成交货款只有不到55%完成了结算。换句话说，中国艺术品拍卖的成交结算率仅为25.69%。这意味着，每四个委托人，只有一个能最终顺利拿到拍卖价款。这种交易效率显然已经很难满足更多客户的现实需要。

五、探索"互联网+"与"金融+"拍卖新模式

对于中国艺术品拍卖公司来说，要想走出前述困境，就必须花大力气进行创新和转型。一是积极拥抱"互联网+"。网络拍卖既是降低长期运营成本，从而降低拍品交易成本的重要手段，也是缩短交易时间、提高交易效率的重要途径。从提供入门体验和培育潜在市场的角度来看，中国艺术品拍卖行业不仅需要"高大上"的春秋大拍以及相关夜场和专场，而且需要接地气、高频次、结算快的网络拍卖。

就目前的情况而言，尽管一些拍卖公司已经敏锐地意识到网络拍卖的重要性，并且正在积极探索。然而，更多的拍卖公司还处于观望和纠结状态。事实上，拍卖公司的"互联网+拍卖"未必一开始就进行大张旗鼓的变革，不妨先从边缘切入进行"微创新"。例如，艺典中国首创的艺术品交易数据的实时同步网络报价系统——"同步拍"，就是传统的电话委托拍卖在新技术条件下的升级版。诸如此类的创新，不仅能够同传统的拍卖方式有机融合，而且可以为客户提供更丰富、更深入、更便捷的参与式体验。

二是积极探索"金融+"。近年来的艺术金融创新主要集中在产品上，很少涉及企业。事实上，拍卖公司既是艺术金融产品创新的最佳企业主体，也是财务投资者参与艺术品市场的最佳投资对象。首先，拍卖公司的艺术金融产品创新可以有效规避金融机构创新时所面临的因专业门槛而产生的一系列道德风险和交易成本。其次，拍卖公司的艺术品消费信贷等特色金融服务既可以增加艺术品的流动性，从而推动和维持市场繁荣，也可以提升服务质量和增加利润来源。最后，拍卖公司不仅是最适合上市融资的文化企业之一，而且是广大投资者通过资本市场间接分享艺术品市场长期回报的有效渠道。值得一提的是，由于现行《中华人民共和国拍卖法》的限制，最可行的拍卖公司金融化之路就是在成立包括拍卖部门、经纪部门、金融部门等在内的综合性文化产业集团的基础上谋求上市融资发展。

（原载于《中国社会科学报》2016年3月10日）

艺术品质押融资：如何因应风险

在中国艺术品市场，艺术品的真伪是令人头疼的问题，艺术品质押融资也因此面临较大风险。那么，如何预防这些风险并对风险进行有效管理？针对该问题，业内人士提出建立三种风险管理机制，并给出了风险管理机制的完善方案。

一、风险识别机制是风险管理的基础

艺术品质押融资的风险识别机制，是指在风险事故发生之前，贷款人连续和系统地认识所面临的各种风险，并分析风险事故发生的潜在原因机制。艺术品质押融资的风险识别主要由风险感知和风险分析两部分构成。所谓风险感知，就是贷款人了解其所面临的各种风险。风险感知是风险识别的基础。只有通过风险感知，才能进一步寻找导致风险事故发生的各种因素，从而为拟定风险处置方案提供相应信息。所谓风险分析，就是分析引起风险事故的各种具体因素。风险分析是风险识别的关键。

艺术品质押融资的风险识别之所以重要，是因为风险识别乃风险管理的第一步，同时也是风险管理的基础。因此，只有贷款人在正确识别自身所面临的风险之后，才有可能主动选择适当有效的方法进行相应处理。

艺术品质押融资风险信息的收集主要包括四个方面的内容：一是品质风险方面的信息。主要收集国内外艺术品品质风险所导致的个人或机构蒙受损失的案例。重点收集各类艺术品欺诈交易方面的信息。二是估价风险方面的信息。主要收集国内外对艺术品估价不准导致的个人或机构蒙受损失的案例。重点收集艺术品估价原理、方法、实践和最新进展方面的信息。三是保管风险方面的信息。主要收集国内外艺术品收藏机构保管不善导致的个人或机构蒙受损失的案例。重点收集导致问题出现的关键风险点方面的信息。四是变现风险方面的信息。主要收集国内外艺术品交易经验不足导致的个人或机构蒙受损失的案例。重点收集艺术品交易技巧和客户资源方面的信息。

二、风险预警机制犹如安装"雷达"

艺术品质押融资的风险预警机制，是指贷款人根据外部环境与内部条件的变化，对贷款人未来所面临的风险进行预测和报警的机制。面对瞬息万变的市场环境，贷款人要想在大浪淘沙中站住脚跟，就必须建立起有效的风险预警机制。贷款人建立风险预警机制，就如同给自己安装了"雷达"，在风险和危机还没有形成时，就已发出预警信号，将这些危机消灭在萌芽状态，增强贷款人的免疫力、应变力和竞争力，保证贷款人处变不惊、防患于未然。

艺术品质押融资的风险管理贯穿于艺术品质押融资业务的整个过程。具体而言，可分为事前、事中和事后3个阶段。风险发现得越早，措施采取得越早，风险管理的成本就越低，带来的潜在效益就越大。根据1∶10∶100理论，假如在第一阶段，控制艺术品质押融资风险的成本是1,那么,如果置之不理,直到第二阶段才采取措施,控制艺术品质押融资风险的成本就变为10。假如到第三阶段才采取措施,控制艺术品质押融资风险的成本就变为100。因此,在艺术品质押融资风险管理上,必须高度重视风险管理的计划性和预测性。艺术品质押融资的风险预警系统可以很好地为风险识别、风险分析和风险监控等工作提供强有力的手段,在整个艺术品质押融资风险管理机制中具有重要的地位。

艺术品质押融资风险预警机制的建立,首先,应该确定艺术品质押融资风险发生的可能性大小。所谓风险发生的可能性,是指某一事项在评估期内发生的概率有多大,也就是贷款人所面临的艺术品质押融资风险的概率有多大。其次,要确定该风险对目标影响程度的大小。不同事项对艺术品质押融资的影响各不相同。有的事项可能导致的风险极小,贷款人大可忽略不计;有的事项则可能导致灾难性后果,贷款人必须高度重视。最后,要综合考虑艺术品质押融资风险的后果和发生的可能性,确定艺术品质押融资风险的风险等级,以及相应的防范措施。

三、风险控制机制保障资金安全

艺术品质押融资的风险控制机制,是指风险管理者通过采取各种方法和手段,降低风险事件发生的可能性,或减少风险事件发生时所造成的损失的机制。在艺术品质押融资实践中,艺术品质押融资的风险控制机制是保障资金安全的重要手段。例如,清代典当业"值十之物,只当四五"的常制;又如,民国典当业"每按原值十分之四"的常制。贷款人之所以在进行谨慎估价的基础上,还要给出一定比例的放款折扣,就是为了规避当物在质押融资时期价格波动风险的重要风险控制机制。一般来说，艺术品质押融资的风险控制机制主要由四个方面构成：风险回避、损失控制、风险转移和风险保留。

一是艺术品质押融资的风险回避。这是贷款人有意识地放弃风险，完全避免特定风险损失的行为。相比之下，风险回避是最消极的风险处理办法，因为贷款人在放弃风险行为的同时，往往也放弃了获得潜在收益的可能。因此，只有当下列情况出现时，贷款人才会选择风险回避：贷款人对质押物的真伪做出确切的判断；贷款人无能力通过制度安排消除或转移风险；贷款人无能力承担该风险或承担的风险得不到足够补偿。

二是艺术品质押融资的损失控制。损失控制不同于风险回避，而是通过制定周密计划和采取有效措施来降低损失发生的可能性或减少实际造成的损失。损失控制主要包括事前、事中和事后三个阶段。事前控制的目的主要是降低艺术品质押融资业务出现损失的概率，事中和事后的控制则主要是减少艺术品质押融资业务实际发生的损失数额。

三是艺术品质押融资的风险转移。这是通过契约安排，将让渡人的风险转移给受让人来承担的风险控制行为。通过艺术品质押融资的风险转移，可以大大降低经济主体的风险程度。一般来说，风险转移的主要形式是合同和保险。所谓合同转移，就是通过签订合同，将部分甚至全部风险转移给其他参与者的风险转移方式。例如，山东省的潍坊银行就在艺术品价值评估认定机制尚未建立的大背景下，通过引入"预收购人"机制，要求借款人质押艺术品的同时与另一家有购买质押品意向的主体签订艺术品远期交易合约，一旦借款人违约，合约即自动生效，从而实现了艺术品质押融资的风险转移。

所谓保险转移，就是通过保险，将部分风险转移给其他参与者的风险转移方式。在大多数领域，保险都是使用最广泛的风险转移方式。

在国外，开展艺术品保险业务的公司和开展艺术品仓储业务的保险公司，不但可以为艺术品提供托管，而且能为艺术品真伪提供担保。遗憾的是，国内尽管已有保险公司涉足艺术品保险领域，但就目前的情况来看，依然有很长的路要走。

四是艺术品质押融资的风险保留。简单地说，风险保留就是风险承担。这是贷款人非理性或理性地主动承担风险，以其内部资源来弥补损失的风险控制行为。贷款人之所以选择风险保留，主要有两个方面的原因：其一，该风险是不可保的风险。如面对地震、战争等不可抗力因素，贷款人只能采取风险保留的无奈之举。其二，对于某种风险，贷款人认为自留风险比投保更为有利，因此，自愿选择自留的方式来主动承担风险。艺术品质押融资风险保留的典型案例是，潍坊银行在2009年开展艺术品质押贷款业务时，由于艺术品的仓储和保管找不到愿意提供相关服务的合作伙伴，最终在潍坊市政府的协调下，委托潍坊市博物馆来保管被质押的艺术品。潍坊银行于2014年启用自己的艺术品仓储库，同样是主动的风险保留之举。

（原载于《中国文化报》2016年3月19日）

困局中的艺博会：艺术品，该怎么卖

自 1993 年诞生以来，中国的艺术博览会（以下简称"艺博会"）已经走过了 20 多个年头。除了北京、上海、广州和深圳外，杭州、南京等二、三线城市也陆续举办过不同层次的艺博会。然而近些年来，一个个艺博会的出现与消亡的背后，艺术作为其中的支柱力量却动力不足，行业体系的粗放与展销观念的落后等问题也暴露无遗。

一、艺博会的"先天不足"

在中国，想要准确定义艺博会，并不是一件容易的事情。

按照"Art Fair"的本意，所谓的艺博会其实就是艺术品交易会，是像集市一样将艺术品集中起来展示和销售的展销机制。在西方国家，由于画廊业的发达和艺术品交易机制的成熟，画廊是艺博会当仁不让的主角。因此，根据传统但并不科学的艺术品市场划分方法，艺博会和画廊同属于一级市场。

问题是，中国的画廊业并不发达，而且在拍卖业的映衬下显得十分弱势。这样一个先天不足的大背景，也决定了艺博会的发展很容易发育畸形。在艺博会发展的早期，由于艺博会数量不多，创办人的情怀尚存，办好艺博会的意愿并不缺。但随着中国艺术品市场的日渐繁荣以及资本的无孔不入，各地的艺博会开始如燎原野火不断蔓延。

艺博会数量的猛增，导致对参会画廊需求的猛增。但由于缺乏明确定位，艺博会的同质化现象十分严重。例如，2015年举行的西岸艺术与设计博览会和第11届中艺博国际画廊博览会相隔仅1个月，参展的画廊和艺术家名单不仅高度重叠，作品也大同小异。特色的消失自然会降低对商家的吸引力，假如招商不成，就等于宣告艺博会失败。其结果就是，招商标准不断降低，从画廊到民营美术馆，以及艺术媒体，甚至拍卖行都涌入艺博会。机构鱼龙混杂，展品五花八门，堂堂艺博会越来越像地摊式的大集市——这显然已同真正意义上的艺博会相去甚远。

二、热闹背后的"易展难销"

艺博会有展也有销，但重点在"销"。换句话说，艺博会与双年展的本质区别在于，艺博会是文化产业项目，而不是文化交流项目。假如没有交易额，画廊是没有动力花钱捧场的。例如，第11届中艺博国际画廊博览会为了吸引优秀的画廊参会，不仅免费提供展览空间，更提供专属的收藏家导览、媒体报道和相关现场服务。

问题是，由于种种原因，中国的画廊并没有扮演好艺术品市场的把关人和艺术家推手的角色，其在国内的地位和作用都远不如拍卖行。既然如此，又如何指望经营不善的画廊在艺博会上大卖？尽管艺博会主办方往往都会在"圆满落幕"后公布参观者人次、成交额甚至成交率，然而，连强势的拍卖行尚且面临收款难的问题，相对弱势的画廊又凭何钱货两清？事实上，即便是艺博会对外公布的数据，也暗含了"注水"的可能性。

能在艺博会上达成交易的意向固然不错,但据笔者了解,现场当即成交的概率并不大。假如艺博会主办方最终公布的是附发票的总成交额,只怕结果会让人大跌眼镜。如此一来,最实在的数据只能是参观者人次,艺博会现场热闹与否也就成了判断艺博会是否圆满的最直观指标。例如,2015年底举办的第20届广州国际艺术博览会就向院校、社区和商业机构发放了15万张免费入场券,极大地提升了会展现场的人流量。

但对于许多艺博会而言,热闹背后的无奈却是易展难销。在很多时候,中国的艺博会已沦为圈内人士自娱自乐的"大Party"。如果说,在前互联网时代,艺博会还能够为交易各方提供包括信息和人脉在内的参会价值,那么,在移动互联网时代,艺博会已经越来越成为"O2O模式"中的众多线下连接点之一。从这个意义上讲,艺博会在中国艺术品市场生态环境中的地位和作用正在急剧下坠。

三、挑战下的应对之策

自"艺术北京"从2010年为拍卖行打开大门之后,拍卖行开始名正言顺地在艺博会上亮相。例如,匡时拍卖在2013年的"艺术北京"上举办的春季拍卖会精品预展,从VIP预展期间就吸引了大量来宾参观。该活动不仅展出了安迪·沃霍尔、草间弥生、徐冰等艺术家的作品,更附加了一场名为"新声:资深与新生代的收藏对话"的研讨会,话题十足。拍卖行进驻艺博会,既体现了其广阔思路、经营理念和经济实力,也反衬出与画廊及艺博会在企业文化、服务意识和管理水平方面的不小差距。

除了老对手拍卖行的挑战,来自新技术的挑战同样不容小觑。随着移动互联网时代的到来和高清图像数字呈现技术的成熟,"互联网+"

已经成为艺术品产业的关键词。艺博会要发展，同样离不开互联网和数字化技术的支撑。以"不朽的梵高"中国巡展为例，通过高科技手段的数字化展览，可以最大限度地呈现艺术品的风采，甚至能让观众看到一些肉眼看不见的细节。

此外，在艺博会的举办理念和管理水平上，"国际化"也是绕不过去的概念。首先是形式上的国际化，这一点相对比较容易。其次是内容上的国际化。这原是多数艺博会主办方的初心，却往往遭遇水土不服的问题。例如，中国国际画廊博览会从2004年举办之初就主打国际牌，但客观环境的压力却迫使参会的国际画廊与本土画廊比例从一开始的7：3逐渐转化为3：7。到第9届时，这个比例已经变为1：5。其中反映的正是国际化与本土化的碰撞和冲突。再次是管理上的国际化。如果说中国画廊业的管理水平还处于"农耕时代"，那么，国内艺博会的管理水平至多也就处于"工业时代"初期。无论是展场的整体规划，还是客户的数据管理，都离国际化水准相去甚远，亟待提高。

面对当下的困境，中国的艺博会首先必须在观念上打破自己属于艺术品一级市场的传统思维，明确艺博会在新时期中国艺术品产业链上的定位和作用。同时，艺博会需要在企业文化、服务意识和管理水平上迅速缩小同老对手——拍卖行和新对手——艺术电商的差距，更必须以开放的心态迎接互联网、大数据和高清图像数字等新挑战，逐步建立起以云计算为基础，以移动终端应用为核心，以感知互动体验为特征的"智慧"型行业架构。

当然，无论是艺博会的发展，还是艺术行业的扩张，都离不开大环境的深厚土壤。在当下文化产业朝向国民经济支柱性产业阔步前进之际，艺博会更应抓住机会，借力政策，乘时代之长风为自己的未来闯出一片新天地。

（原载于《光明日报》2016年4月2日）

艺术品质押融资的瓶颈与突破

就目前的情况而言,学界和业界对艺术品质押融资的三大难题(鉴定难、估值难和变现难)基本上达成了一致共识。但这三大难题并非彼此孤立的问题,而是十分紧密地构成了"一揽子问题"。按照传统的思路,中国艺术品质押融资的发展,取决于三大难题能否以及可以在多大程度上得以解决。

中国艺术品质押融资的瓶颈实际上是变现问题,假如变现问题能够通过制度设计得以解决,那么,鉴定问题和估值问题相对而言都要容易解决得多。从这个意义上讲,在艺术品质押典当实践中,宝瑞通典当行民品首席鉴定师于本生甚至明确表示:"不是说你手里的画好我就要,市场因素是我不得不考虑的。市场好,即便是高仿也做,像'苏州片'[1]就属于此类。"[2]在艺术品质押融资实践中,潍坊银行也是抓住了变现机制这个"牛鼻子",通过创造性地引入"预收购入机制"来解决质押艺术品的违约变现问题。因为对于银行而言,投放信贷最担心和关心的问题是假如授信到期时,借款人不能还款,可以通过何种方

---

1 苏州片:明清时期最著名和规模最大的书画造假中心是苏州山塘街专诸巷和桃花坞一带,其所造假画统称为"苏州片"。
2 岳岩:《艺术品典当的关键先生》,《收藏》2010年第3期。

式快速变现？

既然中国艺术品质押融资的瓶颈问题已经找到，那么，接下来的问题就是，金融界是坐等上述三大难题一一得以解决之后再进入艺术品质押融资市场，还是寻求可替代的途径，通过瓶颈问题的"破题"从而绕过一时间难以解决的问题。相对而言，"绕过"比"坐等"更务实。总的来看，中国艺术品质押融资发展的突破主要有三个可能的方面。

一是艺术品质押融资难题的问题转化。由于鉴定、估值和变现难题皆非一时间就可以顺利解决的复杂性系统难题，因此，问题的关键是进一步明确其中的变现问题。在此基础上，顺藤摸瓜地寻找关键问题的转换之道，通过瓶颈"破题"和问题"转化"来解决问题。

二是艺术品质押融资的专业人才问题。鉴定和评估人才不仅存在水平能力的问题，而且存在职业道德的问题。二者相加，问题复杂。因此，与其自己网罗人才，不如对外寻求合作，通过合作化解风险。

三是艺术品质押融资合作的风险—收益。假如问题是可以转换的，那就自然而然涉及银行与合作机构在开展艺术品质押融资时应该如何共担风险和共享收益的问题。因此，科学地设计出具有"激励—约束"相容功能的"风险—收益"合作机制，就成为有效解决问题的重要环节。

从产品创新的角度来看，中国艺术品质押融资的发展，有利于推动多元化、多层次的信贷产品开发和创新。众所周知，金融是现代经济的核心。艺术金融在引导艺术资源配置、调节艺术市场运行、服务艺术市场发展等方面具有至关重要的作用。中国艺术品市场的持续、稳定、健康发展迫切需要金融业的大力支持。《文化产业振兴规划》明确提出："鼓励银行业金融机构加大对文化企业的金融支持力度。积极倡导鼓励担保和再担保机构大力开发支持文化产业发展、文化企业'走出去'的贷款担保业务品种。"《关于金融支持文化产业振兴和发展繁荣的指导意见》也明确要求"推动多元化、多层次的信贷产品开发和创新"。作为文化产业信贷产品开发和创新的重要内容,中国艺术品质押融资产品的开发既是贯彻中央文件精神的具体表现,更是具有重要示范效应的文化产业创新产品。

从产业发展的角度来看,中国艺术品质押融资的发展,有利于通过重大项目的突破拉动艺术品市场的发展。虽然中国艺术品质押融资只是艺术品产业链上看似微不足道的小小一环,但涉及的问题同样是制约中国艺术金融产业乃至整个中国艺术品市场的关键问题。从某种意义上讲,假如中国艺术品质押融资面临的难题能够最终得以解决的话,那么,制约中国艺术金融产业乃至整个中国艺术品市场的很多难题也能够随之迎刃而解。因此,尽管中国艺术品市场上有待解决的问题很多,需要政策支持的地方不少,然而,在政策支持力度上应该有轻重缓急之分。政府主管部门不妨选择一些"先行先试"起来,把积累了一定经验的金融机构作为中国艺术品质押融资试点,将其作为具有先导性、基础性、战略性重大文化产业项目,加大文化产业政策和金融发展政策的扶持力度,尤其在项目立项、政策扶持、土地使用和配套服务等方面给予积极支持,充分调动艺术界、收藏界、金融界乃至社会各方面的力量,将中国艺术品质押融资试点项目建设成具有重大示范效应和产业拉动作用的重大文化产业项目。

从金融监管的角度来看,中国艺术品质押融资的发展,有利于防范金融风险、规范市场秩序、探索监管新路。《关于清理整顿各类交易场所 切实防范金融风险的决定》《关于贯彻落实国务院决定加强文化产权交易和艺术品交易管理的意见》《关于加强艺术品市场管理工作的通知》等一系列重要文件相继出台，直指艺术品金融市场的种种乱象。虽然中国艺术品金融市场发展中出现的诸多问题早已引起了政府部门、专家学者和市场人士的高度重视，但解决起来却殊为不易。由于中国艺术品金融是一个新生事物，没有现成的先例可循，因此，中国艺术品质押融资可以作为相关主管部门进行艺术金融监管的试验区，通过对中国艺术品质押融资的监管，总结艺术金融监管的经验和教训，为中国艺术金融监管政策的出台积累实践经验和鲜活案例。

（原载于《中国社会科学报》2016 年 4 月 21 日）

艺术品电子商务：亟待找准平台位置

所谓艺术品电子商务，是指利用微电脑技术和网络通信技术进行的艺术品商务活动。简单地说，艺术品电子商务就是传统的艺术品商务活动各环节的电子化和网络化。艺术品电子商务的信息平台、支付平台、安全平台能够有效实现信息流、资金流、物质流的有序、安全和高效流动，从而降低各方的交易费用。

1995年，美国成立了第一家艺术品电子商务平台"artnet.com"，拉开了艺术品电子商务时代的序幕。2000年，"嘉德在线"（artrade.com）和"赵涌在线"（zhaoonline.com）分别在北京和上海上线，标志着中国艺术品电子商务时代的来临。但随之而来就遇到了整个互联网行业的"寒冬"。再加上理念过于超前，网购意识缺乏和配套条件不足等多种因素的制约，因此，在相当长的一段时间里，中国艺术品电子商务的发展可谓不温不火。近年来，随着保利拍卖与"淘宝"的成功合作，"苏宁易购·拍卖频道"和"国美在线·国之美"艺术品交易平台的上线，中国艺术品电子商务进入了一个群雄并起的新的发展阶段。据不完全统计，虽然目前中国的艺术品电子商务平台已逾千家，但绝大多数仍然寂寂无名，惨淡经营，陷入"不烧钱不赚钱，不赚钱不烧钱"的两难境地。那么，艺术品电子商务的发展究竟难在何处？

一、艺术品电子商务的品牌与定位

对于艺术品电子商务来说，最容易被忽略的是"品牌"，最容易出差错的是"定位"。首先来看艺术品电子商务的品牌问题。十多年来陆续上线的艺术品电子商务平台当然不止"嘉德在线"和"赵涌在线"，但数得上名或者依然还在的确实屈指可数。其中，一个非常重要的原因就是对品牌不够重视。事实上，作为至关重要的无形资产，艺术品电子商务的品牌是艺术品品质及其相关服务的信誉保障，是将自己同竞争对手区分开来的分辨器，是客户与电商之间建立信任关系的基础。此外，由于艺术品电子商务的"透明度"远远高于传统的艺术品交易，互联网时代的信息传播速度极快，一旦艺术品的真伪存疑或者出现负面丑闻，就很容易迅速发酵，引起轩然大波，并重创品牌声誉。例如，2014年8月，数十名艺术家就联名声讨某艺术品电子商务平台长期任意克扣艺术家作品和拖欠款项的行为，并拿起法律武器进行维权。因此，对于艺术品电子商务而言，必须要有强烈的品牌意识和合适的品牌战略，才有可能在众多艺术品电子商务中脱颖而出。

艺术品电子商务品牌建设的最典型案例就是"赵涌在线"。作为改革开放以后的最早一批留学生，早在1985年，赵涌就成立了以自己姓名命名的德国赵涌邮票公司。在2000年开始拓展电子商务业务时，同样使用了包含赵涌姓名的品牌"赵涌在线"。这种将个人声誉与企业发展绑定起来的品牌发展战略比较容易在"互不见面"的电子商务客户与平台之间建立初步的信任关系。在相当长一段时间里，"赵涌在线"差不多成为邮票和钱币电子商务的代名词。目前，"赵涌在线"的业务已经拓展至邮票、钱币、纸杂、文献、书画五大领域。另一种艺术品电子商务品牌战略则是已有品牌的延伸，例如，嘉德拍卖延伸出来的"嘉德在线"品牌，"苏宁易购"延伸出来的艺术品"拍卖频道"和"国美在线"延伸出来的"国之美"艺术品交易平台。品牌延伸战略的优点在于，假如原有品牌的美誉度较高，那么，很容易迅速打响知名度，但打响知名度只是"万里长征第一步"，除了品牌，定位同样重要。

众所周知，艺术品的门类繁多。每个门类下面还可分为不同的板块。很多野心勃勃的艺术品电子商务平台，一开始就贪大求全，希望涵盖所有门类，做"大而全"的交易平台。例如，"嘉德在线"就同时涉足瓷器、杂项、书画、油画、钱币和工艺美术等不同艺术品门类。又如，"盛世收藏"更是除了陶瓷、书画、油画、钱币等大类，还涉及竹木牙雕、珠宝玉器、青铜器具、文房用品等细分小类，不便准确归类的部分还专设"其他"项目予以涵盖。但事实上，就目前中国艺术品电子商务的发展状况而言，"大而全"战略并不合适，"小而精"战略更为可行。因为几乎没有哪一个艺术品电子商务平台能够在艺术品的各个门类上都做到领先。假如在每个领域都业绩平平，缺乏亮点，是不可能让客户在想到某类艺术品时，就在第一时间将其与某个电子商务平台联系起来的。"小而精"的专业平台则不然。当经过一段时间的积累，理顺供货渠道，拥有核心客源，形成品牌价值之后，那么，这些"小而精"的电子商务平台不仅能够形成市场势力，而且能够掌握定价权，成为该艺术品门类不可小觑的重要力量。

二、艺术品电子商务的真伪与品相鉴定

在中国艺术品市场上，艺术品的真伪问题是由来已久的老大难问题。在不能"上手"的情况下，这一问题又被进一步放大。从技术上讲，假如不是与艺术家本人直接合作，要完全杜绝赝品几乎是不可能的。从制度上讲，比较现实的态度其实是如何降低赝品出现的概率，以及出现真赝纠纷之后如何解决问题。早在 2011 年 4 月，商务部发布

的《第三方电子商务交易平台服务规范》就明确指出:"鼓励平台经营者设立冷静期制度,允许消费者在冷静期内无理由取消订单。"尽管该规定不属于强制性要求,然而,对于艺术品这类极易出现争议的交易品种来说,"冷静期制度"显得至关重要。

遗憾的是,中国艺术品电子商务在这方面做得比其他类别的电子商务差得多。例如,《北京嘉德在线拍卖有限公司拍卖规则》"第三十六条买家审验拍品条款"在涉及"拍品实物与拍品描述明显不一致"问题时指出:"买家出具相关书面鉴定意见以证明该拍品为赝品:如果是书画作品,需要出示画家本人的书面鉴定意见说明该拍品为赝品;如果是作者已经过世的,需要出示两位以上相应专业的国家级鉴定专家关于该拍品赝品的书面鉴定意见;其他类拍品需要出示两位以上相应专业的国家级鉴定专家关于该拍品赝品的书面鉴定意见。"这种处理模式沿用的还是传统拍卖的争议解决思路。又如,《赵涌在线服务协议》"第三十三条收藏品争议"虽然提出"买受人若在成交后对收藏品存在争议的,除非能够提供经赵涌在线认可的,经国家政府机关出具的证明文件,否则买受人不能以存在争议为由延期付款或拒绝付款",但还是给出了具有回转余地的解决方案,即"买受人可及时向赵涌在线提出争议申诉,赵涌在线同意协调买受人和委托人之间的争议,但赵涌在线不对能否协调解决争议以及争议处理结果作出任何承诺或保证"。再如,"国之美"在"退换货政策"上更是直接给出了"不接受任何理由退换货申请"的霸王条款。从操作层面上讲,一方面,国家文物鉴定委员会不面向社会提供服务;另一方面,为了避免麻烦,鉴定专家的书面鉴定意见一般只提供真迹证明。由于在艺术品电子商务平台交易的艺术品通常价格不高,而提供"书面鉴定意见"的成本不菲,并且难度不小。因此,退货之路并非坦途。

除了真伪问题，艺术品的品相问题也是虽然不如真伪问题重要，但也不容忽视的问题。因为客户在没有亲眼见到艺术品实物之前，任何影像和文字描述都可能产生偏差。因此，如何通过制度创新，有效解决可能出现的艺术品真伪和品相方面的争议，就成了制约中国艺术品电子商务发展的重要约束条件。

三、艺术品电子商务的仓储与物流

在艺术品电子商务的运营过程中，仓储与物流也是绕不过去的重要环节。据《上海证券报》报道，2014年初，潍坊银行启用了投资200余万元，面积150余平方米的艺术品仓储库，开银行投资建设艺术品仓储库之先河。从功能上讲，该艺术品仓储库分为库房、鉴定区和办公区三大功能区，有机结合了银行金库的安全标准和博物馆库房的专业标准设计建造而成，实现了在恒温恒湿条件下保持艺术品。从安全上讲，该艺术品仓储库达到了金库级别的安保系数：安装了16路数字监控录像设备和110联网报警装置各一套。在库房、出入库交接场地、主要通道进行实时不间断录像和录音。在库房墙体、地面、顶部均安装了震感探测装置，库房内还安装双鉴探测装置、报警装置与声光报警联动。[1] 相比之下，绝大多数艺术品电子商务平台却由于理念问题或者经费制约，对艺术品仓储库不够重视。事实上，对于具有一定规模的艺术品电子商务平台而言，其艺术品的常规库存数量远超过一般画廊和拍卖公司。因此，不仅需要在尽量控制仓储成本的前提下做好艺术品仓储库的硬件建设工作，而且还需要在艺术品的到货、入库和发货方面做好日常管理工作。总之，艺术品仓储库的硬件和软件

---

1 参见曹原《探索艺术金融新思路　潍坊银行开先河投建艺术品仓储库》，《上海证券报》2014年2月17日，第8版。

缺一不可，是艺术品电子商务运营的重要保障。

此外，物流问题同样是制约中国艺术品电子商务发展的一块短板。在京东商城、苏宁易购等电子商务巨头建立独立物流体系的同时，各大艺术品电子商务平台却无力拥有自己的艺术品独立物流体系，而艺术品恰恰是最需要特殊物流服务的产业：如果依靠普通的快递公司，在安全和服务上没有保障；假如使用专业的艺术品物流公司，在数量和单价上又难以兼顾。就目前的情况而言，"嘉德在线"物流选择的是同EMS和顺丰速运等机构合作，"国之美"也是同顺丰速运合作，同时通过对货品包装的严格要求，尽量规避物流过程中的各种风险。根据《顺丰服务指南》，客户在中国大陆地区邮寄艺术品，可以选择两种保价方式：一是普通保价，保额在1000元以下者，采用千元定额保费：500元及以下收取1元服务费，501—1000元收取2元服务费，超出1000元按标准服务费率收取，即保费=声明价值×标准服务费率（5‰），四舍五入取整，最高声明价值不超过2万元。二是顺丰特安，对于单票声明价值大于2万元小于30万元的高价值艺术品，顺丰速运还提供了特殊监控、专车派送和专业理赔的快递服务，顺丰特安的保费=声明价值×标准服务费率（5‰）。值得一提的是，除了陶瓷类、石膏类等易碎品以及玉雕、木雕艺术品等不易妥善包装的物品，其他类别艺术品都在承保范围之类。但是，并非每家物流公司都愿意承保艺术品业务。例如宅急送快运就明确将"金、银、白金制品、首饰、镶有贵重宝石或钻石的首饰及物品；古董、古玩、玉器、宝石（包括水晶、玉石）等难以确定价值的货物"列为不予承保范围。从某种意义上讲，这也是诸多艺术品电子商务平台选择顺丰速运的原因。当然，假如物流公司不能继续创新，为艺术品量身定制物流方案，最终还是会制约艺术品电子商务的发展。长期来看，艺术品物流的安全性、快捷性和覆盖度将成为影响艺术品电子商务发展的重要因素。

四、艺术品电子商务的 C2C 模式

C2C 是 Customer to Customer 的缩写。艺术品电子商务的 C2C 模式，是指个人与个人之间的艺术品电子商务模式。在艺术品电子商务的 C2C 模式中，电子商务平台扮演着举足轻重的角色。

第一，买卖双方素未谋面，假如没有一个具有一定知名度和可信度的艺术品电子商务将交易双方汇集到一起，那么，单靠客户漫无目的地搜索，是很难发现交易机会的。以"中国书法超市"为例，假如在"中国书法超市"开店的话，专卖一区第一年的价格是 10000 元（有老店家介绍者收 8000 元），第二年开始与老店家年租金开始保持一致（4000 元或者略有微调）。专卖二区第一年的价格是 5000 元，第二年开始与老店家年租金开始保持一致（2500 元或略有微调）。正如地理位置对店铺经营的重要影响一样，即使在互联网上，位置也是吸引眼球的重要因素。

第二，艺术品电子商务担负监督和管理的职责，负责对交易双方的诚信进行监督管理，负责对交易行为进行监控，最大限度地避免欺诈行为的发生，从而保障交易双方的权益，实现电子商务平台的可持续健康发展。以"中国书法超市"为例，"中国书法超市"要求各专卖店必须严格遵守诚信规则，不得欺诈、坑害消费者，不得以次充好，照片与实物不符等。否则视同违规。各专卖店不得出售赝品。对其他人指出的有争议作品或物品，须经"中国书法超市"组织相关人员审议，并要求双方服从审议结果。对于被其他消费者和网友投诉 3 次违规现象者，"中国书法超市"将取消专卖店资格并不退款。其造成的后果和相关经济损失由该专卖店自负。尽管上述解决方案谈不上完善，

但流程清晰，且方案可行。

第三，艺术品电子商务还能为交易双方提供一定的技术支持服务。例如，帮助卖家开设个人店铺、发布产品信息、制定定价策略，等等。又如，帮助买家搜索、比较和选择艺术品等。正是由于有了类似的基础性技术支持，C2C 模式才能够在短时间内迅速被广大客户接受。以"中国书法超市"为例，"中国书法超市"从宏观上为各专卖店提供相关市场信息和导向，供专卖店参考。同时有权管理"中国书法超市"的整体布局、栏目设置、版面设置等技术问题，并且有权根据发展需要和网络技术发展的趋势对各专卖店进行必要的调整。此外，还有义务为各专卖店提供基本的技术服务和技术支持。

五、艺术品电子商务的 B2C 模式

B2C 是 Business to Customer 的缩写。艺术品电子商务的 B2C 模式，是指企业与个人之间的艺术品电子商务模式。从理论上讲，与艺术品实体店相比，互联网上的艺术品商城具有产品丰富和成本较低的优势，再加上无区域限制，无时间限制，因此，具有较好的发展前景和成长空间。据《中国文化报》报道，2013 年 11 月 18 日，中国大陆最大的家电零售连锁企业——国美集团官方网上商城"国美在线"旗下拥有独立域名（gomeart.com）的文化艺术品在线交易平台"国之美"悄然上线。该事件也被一些媒体认为是"国内大型 B2C 电商网站首次涉水艺术品市场"的标志性事件。

从公司战略的角度来看，国美集团的艺术牌其实是公司战略布局的内容之一。近年来，经历过多次震荡的国美集团同竞争对手之间的差距正在不断拉大。根据国美集团公布的年报，公司在 2012 年总共亏损 5.97 亿元，是"上市近十年来首次年度亏损"，而 2011 年的盈

利则是 18.4 亿元。主要竞争对手苏宁电器 2012 年净利润同比虽也有 44.37% 的下滑，但仍有 26.82 亿元的盈利，营业收入更是国美集团的两倍左右。从"国美在线"的营运状况来看，情况也很不乐观。根据 2013 年上半年的数据，天猫以 50.4% 的份额高居中国 B2C 市场榜首，京东则以 20.7% 的份额紧随其后，而国美的份额仅为 1.7%。只有清楚了上述背景，我们才能真正理解"国美在线"的"3C 产品—快速消费品—文化娱乐产品—金融产品"，直至构建完整的会员深度生活圈的"去电器化"发展战略。

不过，"国之美"让人备感意外之处在于：一是异常低调。根据各大媒体报道，"国之美"是在 11 月 18 日"悄然上线"的，但 2 个月来却一直杳无声息，有多低调，可想而知。问题是酒好也怕巷子深！更何况"酒"还不够好。二是商品"双低"。截止到 11 月底，"国之美"艺术商城所销售的艺术品基本上可以用"双低"二字来形容——作者知名度低，商品性价比低。知名度稍高的作者，其作品价格都远高于艺术品实体店和拍卖行的交易价格。一些作者知名度和艺术水准都很低的艺术品，价格却并不低。三是不退不换。"国之美"在"退换货政策"方面所执行的是"不接受任何理由退换货申请"的霸王条款。作为一个对比，老牌艺术品电商"嘉德在线"承诺，当"拍品实物与拍品描述明显不一致"或者"买家出具相关书面鉴定意见以证明该拍品为赝品"时，"负责退货退还买家已付的落槌价和佣金"。虽然操作起来也不容易，但好歹表明了一种"有错还是可能会改"的态度。总的来看，"国之美"存在两大致命问题：

一是商品定位不清。"国之美"的本意或许是专注于"让艺术品走进更多家庭，让更多爱好者感受艺术，使中国这个全球第一大艺术品市场，与普通民众产生反应"的艺术消费领域。通过直接与艺术家本人合作的方式杜绝赝品,从而实现"保证所售商品都为真作"的郑重承诺,进而有底气宣称"不接受任何理由退换货申请"。问题在于,"国之美"销售的低知名度艺术家本来就几乎不存在赝品问题,保真承诺毫无意义。但从价格上看,"国之美"却完全丧失了艺术品电商同艺术品实体店相比本应该具有的低成本运营优势和价格竞争优势。艺术商品性价比太低的直接后果就是,既满足不了以艺术品投资为主要诉求的收藏投资者的需求,也满足不了以艺术品消费为主要诉求的收藏爱好者和礼品购买者的需求。定位的模糊必然导致销售的困难。

二是市场认知不深。国美集团和"国美在线"多年来积累的"3C产品"管理和服务经验既是宝贵的财富,也是沉重的包袱。虽然从"3C产品"到艺术品的跨度非常之大,但"国美在线"似乎依然在沿用销售同质化商品的思路来销售个性化商品。从某种意义上讲,国美集团进军文化艺术品市场,确实做到了"摒弃传统艺术界的思维定式,以全新的角度审视艺术,服务更多大众消费者",但他们的艺术商业思维方式却是工业式的。最典型之处就是"国之美"将他们所认为的"中国书法、美术界国家级权威艺术家及八大美院先锋艺术家"提供的作品简单等同于标准化的"优质原创作品",而对作者的市场接受度不甚了了,对每件作品的艺术水准不加区分。简单地将"正品行货"和"正规机打发票"视为艺术品的"质量保证"乃至想象中的销量的保障。凡此种种,都体现出了"国之美"团队对艺术品这种特殊商品和艺术品市场自身特点的肤浅认知。[1]

---

[1] 参见马健《国美集团打出艺术牌》,《人民政协报》2013年11月28日,第B04版。

六、艺术品电子商务的 O2O 模式

O2O 是 Online to Offline 的缩写。艺术品电子商务的 O2O 模式，是指将线下商务机会与互联网结合的艺术品电子商务模式。有人认为，只要一家企业既涉及网上商城，又涉及线下实体店，就可通称为 O2O。也有人认为，O2O 是 B2C 的一种特殊形式。但不管怎样，其核心都是线上和线下的有机结合。对于中国艺术品电子商务而言，线上与线下相结合的道路非常重要。对于买家而言，O2O 平台提供了及时而丰富的艺术品信息，以及线下的艺术品鉴赏机会，有效解决传统的艺术品电子商务不能看货和难以上手的体验性困境，提高成功交易的可能性。对于 O2O 平台来说，O2O 平台可以为买家提供线上点评和交流的机会，吸引具有高黏度的买家，进而能争取到更多的艺术品货源。从而形成 O2O 交易闭环的良性循环。假如没有线下资源的支撑，线上交易就是无本之木。如果没有线上交易的积累，线下资源也会各自散去。

以上海驰翰拍卖有限公司的网络拍卖为例，竞买人在淘宝拍卖平台进行注册，交纳保证金，办理必要手续后即可在电子商务平台上参与竞买。在正式开拍之前，竞买人不仅可以在网上查看拍卖标的，而且可以亲自前往驰翰美术馆实地参观拍卖预展。与传统拍卖不同的是，最终的竞拍场所不在现场，而在淘宝拍卖平台。2013 年 8 月 31 日，上海驰翰拍卖有限公司举办"《大道》——渡海专场淘宝网拍卖会"初战告捷，在短短 36 个小时的时间里，经过 200 多次出价，张大千、黄君璧、于右任、溥儒等人的 29 幅书画以 136.85 万元的总成交额圆满"落槌"，总成交额超出底价 3 倍。其中，欧豪年的《双喜图》经过了 31 次的争夺，朱玖莹的《行草》以起拍价 4.5 倍的价格成交。总之，艺术品电子商务的 O2O 模式一方面可以通过互联网吸引线上客户，另一方面可以为线上客户提供线下深入体验的机会，从而较好地解决了

传统的艺术品电子商务虚拟度高和体验相差的问题,可以说是中国艺术品电子商务的重要发展方向。

七、艺术品电子商务的前景

对于艺术品电子商务的前景,人们的看法不一。悲观者和乐观者都有。关于艺术品电子商务的发展前景,存在两种截然不同的观点:看淡者强调的是艺术品的特殊性和老一辈收藏者的交易惯性;看好者注意到的是艺术品电商的创新潜力和新一代收藏者的亲电商性。例如,2013年7月,在亚马逊上线艺术品频道"Amazon Art"的第二天,美国乔治梅森大学经济学教授泰勒·科文(Tyler Cowen)就炮轰称:"一件艺术品出现在亚马逊艺术网站是一种侮辱,会让艺术品掉价,电商平台更适合'海报、低质量的石版画、丝网版画'。"[1] 但无论观点如何,理由其实更重要。总的来看,中国艺术品电子商务的前景至少受到年龄结构、消费习惯和商业创新三个方面的影响。

从年龄结构来看,上海泓盛拍卖的客户平均年龄为52.3岁,"赵涌在线"的客户平均年龄为42.3岁,相差约10岁。这说明,艺术品电子商务的客户比艺术品传统交易的客户要年轻。对于老一辈艺术品买家来说,由于消费习惯和可用技术等问题,从未在电子商务平台上网购过艺术品,甚至从未在电子商务平台上网购过生活用品都是很正常的。但随着"70后"和"80后"买家的成长和成熟,客户群体将会发生根本的改变。

从消费习惯来看,"70后"和"80后"买家大都非常熟悉网络,拥有网购经验,并且基本认同电子商务的交易模式。事实上,对于所有的艺术品交易平台来说,不能适应网络,就不适合年青一代。无论

---

[1] 金子:《B2C电商靠什么赢市场》,《中国文化报》2013年12月9日,第5版。

信息传播方式，还是艺术品交易方式，都存在这样一个根本性的变革。因此，随着艺术品买家的更新，年轻买家会轻而易举将网络消费习惯带到艺术品交易中去，这是一个自然而然的过程。

从商业创新来看，中国艺术品电子商务的发展，依然受到一些技术和制度方面因素的制约。事实上，艺术品电子商务解决不了的艺术品鉴定难题对于线下交易而言同样是个"老大难"问题。而艺术品电子商务的仓储、物流、保险和支付等相关问题正在逐步得以解决。随着艺术品电子商务的技术创新和制度创新，尤其是O2O模式的创新和细化，艺术品线上交易和线下交易的边界会日益模糊，从而实现交易闭环的良性循环。

总之，艺术品电子商务既是艺术品在线交易平台，也是艺术品信息交流平台。这意味着，艺术品电子商务既可以作为交易平台，也可以作为线上线下互动的重要渠道。针对艺术品电子商务实践中出现的问题，由作者提供或来源可靠的艺术品，可以直接通过艺术品电子商务交易。容易出现真伪争议的艺术品，则可以采取线上线下有机结合的O2O模式的交易。从长期来看，必须建立标准化交易流程，完善纠纷处理机制，加强消费者权益保护，才能实现中国艺术品电子商务的可持续健康发展。

（原载于《文化产业导刊》2016年第4期）

艺术金融学论纲

2009年7月,国务院通过的《文化产业振兴规划》(国发〔2009〕30号文)明确要求"加大金融支持。鼓励银行业金融机构加大对文化企业的金融支持力度"。2010年3月,中宣部和中国人民银行等九部委联合发布的《关于金融支持文化产业振兴和发展繁荣的指导意见》(银发〔2010〕94号文)也明确提出,"各金融部门要把积极推动文化产业发展作为一项重要战略任务,作为拓展业务范围、培育新的盈利增长点的重要努力方向,大力创新和开发适合文化企业特点的信贷产品,努力改善和提升金融服务水平,促进我国文化产业实现又好又快发展"。

在这样的大背景下,中国艺术金融产业以前所未有的速度迅猛发展。然而,一方面,由于理论研究跟不上产业实践,实践前沿所遇到和提出的很多极具现实性和紧迫性的重大问题却长期得不到理论界的正面回应与系统解答;另一方面,由于监管部门的缺位和监管政策的滞后,中国艺术金融产业也是乱象丛生,成为一个名副其实的"金融险区"。从这个意义上讲,艺术金融学的学科建设进展直接关系到艺术金融产业能否持续、稳定、健康发展。

一、艺术金融学的学理价值

所谓艺术金融学（Arts Finance），是一门研究艺术活动的资金融通规律的学科。广义的艺术金融学研究同所有艺术活动有关的一切资金融通活动；狭义的艺术金融学则主要研究艺术品产业的各种资金融通活动。根据主流金融学的学科框架与艺术产业的实际情况，艺术金融学可分为四大研究领域：艺术作品投资、艺术机构金融、艺术金融产品与服务、艺术金融政策与监管（见表1）。

表1 艺术金融学的四大研究领域一览表

艺术作品投资	艺术机构金融
▲艺术资产定价与资产硬度 ▲艺术作品投资风险与收益 ▲艺术资产配置与财富管理	▲营利性艺术机构的融资 ▲非营利艺术机构的募款 ▲无形资产的资本化运营
艺术金融产品与服务	艺术金融政策与监管
▲风险与信用管理 ▲债务性资金融通 ▲艺术资产证券化 ▲信用评级与披露	▲艺术金融风险控制 ▲艺术金融监管机制 ▲投资者教育与保护

事实上，艺术与金融对接的历史非常悠久。从早期的艺术赞助，到后来的质押典当，再到当今的众筹融资。虽然艺术金融在不同的时代呈现出不同的特点，但万变不离其宗的核心都是"资金融通"。进一步讲，艺术与金融的对接可分为三个层次：第一个层次是金融市场对艺术产业的资金支持。例如，艺术企业通过发行债券和股票来实现资金的融通。第二个层次是金融资本直接介入艺术产业。欧美国家的很多金融机构早就将艺术品作为企业资产配置的组成部分，从而一方面规避金融市场的系统性风险，另一方面借此文化优势塑造企业形象，

甚至开拓私人银行业务中诸如遗产继承与合理避税之类的细分市场服务。第三个层次则是艺术金融产品与服务的创新，例如通过互联网发行的电影众筹产品，不仅"测试"了市场，而且通过事件营销制造了话题，最终还实现了利用"粉丝经济"融资的目的，可谓一举多得。相比之下，艺术与金融在前两个层次上的对接都只是"量变"，第三个层次的对接才属于真正的"质变"。

从理论上讲，艺术金融学还是一门很新的学科，因此，艺术金融学的学科建设既可以拓展金融学和艺术经济学的研究范围，又可以深化人们对艺术金融问题的认识。艺术金融学的研究成果，不仅有利于提升艺术金融服务（例如艺术消费信贷）水平以鼓励艺术消费，而且有利于通过艺术金融产品（例如艺术金融征信）创新规范艺术产业，还有利于通过深化艺术金融服务（例如艺术家共同信托）构建和谐艺术生态。

就实践而言，如果说金融是现代经济的血液，那么，艺术金融就是艺术经济的血液。遗憾的是，时至今日，依然有很多人远未深刻意识到艺术金融之于艺术经济的至关重要性。许多艺术工作者对艺术金融甚至还存在着严重的抵触情绪。这显然很不利于他们了解、接触和享受艺术金融服务。事实上，艺术界和金融界之间的隔阂依然很深，并且亟须通过对相关问题的研究澄清由来已久的误解，架起沟通二者的桥梁。

二、艺术金融学的研究现状

在国外，关于艺术金融的早期研究主要集中在被视为另类投资（alternative investment）的艺术作品投资领域。早在 20 世纪中期，Richard Rush 就在《作为投资的艺术》（*Art as an Investment*）一书中试图解释为何20世纪50年代的艺术品价格一直稳步上涨。[1]约翰·斯坦（John Stein）认为，艺术品具有双重性质，既是消费品，也是金融资产。他较早尝试通过编制英、美两国过世油画家的艺术品在1946年至1968年间的价格指数来测算艺术品投资收益。[2]在西方艺术品市场极为繁荣的20世纪80年代，威廉·鲍莫尔（William Baumol）通过比对1650年至1960年间的640对重复交易的油画作品数据来分析艺术品投资规律。[3]在艺术金融产品与服务的研究方面，随着艺术金融产品的创新，人们开始将目光投向新兴的艺术金融产品，例如彼得·坎农-布鲁克（Peter Cannon-Brookes）对英国铁路养老基金（British Rail Pension Fund）艺术品投资案例的研究。[4]随着金融衍生工具的发展，以卡洛斯·乌利巴里（Carlos Ulibarri）为代表的晚近研究则开始将艺术品交易视为是一种实物期权交易，并采用期权定价模型来研究艺术品投资收益率。[5]在艺术机构金融方面，由于西方的金融市场比较发达且税收政策相对完善，因此，无论营利性艺术机构的融资，还是非营利艺术机构的募款，都不成其为所谓的特殊问题。这方面的研究相对欠缺。但彼得·沃森（Peter Watson）关于上市公司苏富比拍卖行的专著《拍卖苏富比》（*Sotheby's: The Inside Story*）却不失为揭露艺术品产业链黑幕的一本力作。[6]总的来看，同关

---

1 Richard Rush, *Art as an Investment,* New York: Bonanza Books,1961.
2 John Stein," The Monetary Appreciation of Paintings," *Journal of Political Economy,* Vol. 85, No. 5, 1977, pp.1021-1035.
3 William Baumol," Unnatural Value: Or Art Investment as Floating Crap Game," *American Economic Review*, Vol. 76, No. 2, 1986, pp. 10-14.
4 Peter Cannon-Brookes," Art Investment and the British Rail Pension Fund," *Museum Management and Curatorship,* Vol. 15, No. 4, 1996, pp. 406-407.
5 Carlos Ulibarri," Perpetual Options: Revisiting Historical Returns on Paintings," *Journal of Cultural Economics,* Vol. 33, No.2, 2009, pp. 135-149.
6 Peter Watson, *Sotheby's: The Inside Story,* London: Bloomsbury Publishing, 1997.

于艺术作品投资的大量研究成果相比,关于艺术机构金融、艺术金融产品与服务、艺术金融政策与监管的研究要薄弱得多。

相比之下,由于中国艺术金融产品创新的步子比国外迈得更大更快,因此,关于艺术金融产品与服务、艺术金融政策与监管的研究成果也更为丰硕。游春和邱元指出,虽然艺术品金融创新总会伴随着风险和质疑,但艺术品金融化却是艺术品投资不可逆转的趋势。[1] 西沐认为,金融机构的支持、赞助和介入是一把双刃剑,如果操作不慎,盲目投资也会阻碍艺术的发展。[2] 黄隽的研究表明,金融服务是艺术品市场发展的推动器和加速器。金融与艺术的结合应该着眼于夯实基础,培育和支持艺术品创作、评估、抵押、流通、保管、保险、物流、消费等方面的产业链的形成。[3] 张秀娟注意到,监管机构的缺失是中国艺术品金融化探索过程中的通病。[4] 马健则提出了艺术金融深化的解决思路,并认为艺术金融深化的方向是推出更多更好的艺术金融产品与服务。艺术品金融化的创新则是往控制艺术品的品质风险、增强艺术品流动性的方向不断创新。[5] 杨烨进一步提出将艺术品市场纳入金融管理体系和构建"艺术金融管理学"的设想。[6] 杨枝煌则建议,从国家管理、人才培养和基本保障方面入手加强中国艺术品金融的治理。[7] 此外,关

---

1 参见游春、邱元《探析艺术品金融化:份额化交易模式》,《金融教学与研究》2011年第5期。
2 参见西沐《金融化:中国艺术品投资的突破口》,《艺术市场》2009年第7期。
3 参见黄隽《中国艺术品市场金融服务研究》,《新金融》2013年第4期。
4 参见张秀娟《当艺术遭遇金融》,《东方艺术》2011年第9期。
5 参见马健《艺术品金融化与艺术金融深化》,《现代营销》2012年第9期。
6 参见杨烨《〈艺术金融管理学〉是为艺术品投资、拍卖市场量身定制》,《美与时代》2011年第3期。
7 参见杨枝煌《繁华遮蔽下的贫困——浅谈我国艺术品金融化的市场表现》,《对外经贸》2012年第2期。

于艺术金融的理论著作也相继出版，例如西沐的《中国艺术金融产业引论》[1]、倪进和何元春的《艺术品金融》[2]，以及黄隽的《艺术品金融：从微观到宏观》[3]。总的来看，虽然艺术金融已经成为近年来艺术产业的一个热门话题，但学术界关于艺术金融的系统性理论研究依然不够全面和深入，而且呈现出高度集中于艺术品产业金融领域的特点。

三、艺术金融学的研究领域

（一）艺术作品投资

作为艺术金融学的历史最悠久研究领域，艺术作品投资主要关注三个方面的问题。一是艺术资产定价与资产硬度问题。艺术资产定价是艺术作品投资的核心难题。几乎所有资产定价理论的思路都如出一辙：资产价格等于未来收益的折现。问题是，与股票或房产不同，艺术资产本身往往产生不出股息和房租之类的资产性收益，传统的资产定价理论解释不了艺术资产的定价问题。但反过来看，正是由于艺术资产不会受限于资产性收益，因此，艺术资产其实又有无限升值的想象空间。艺术资产硬度这个概念，则可以很好地解释为什么有的艺术作品可以迅速变现，有的艺术作品却"三年开不了张"。二是艺术作品投资风险与收益问题。这个问题恐怕是投资者最为关注的问题。首先需要明确的是，假如艺术作品成为投资品，那么艺术作品的金融属性就会逐渐取代单纯的当期市场供求关系，而以动态价格机制的形式成为决定当期价格的重要预期因素。因此，在进行投资风险与收益分析时，不仅要关注艺术作品本身，更要深刻地理解人性的弱点及其背后

1　西沐：《中国艺术金融产业引论》，北京：中国书店出版社，2012年。
2　倪进、何元春：《艺术品金融》，南京：江苏凤凰美术出版社，2015年。
3　黄隽：《艺术品金融：从微观到宏观》，北京：中国金融出版社，2015年。

的投资心理和行为金融逻辑。三是艺术资产配置与财富管理。投资实践表明，艺术作品投资的最大赢家往往并非精于算计的商人，而是大智若愚的"爱家"。从交易费用与投资收益的角度来看，艺术作品其实并非高效率的投资工具，却是比较好的能在一定程度上规避金融市场系统性风险的资产配置工具，同时也是遗产传承与合理避税的财富管理工具。但就目前的情况而言，这方面功能还未受到足够的重视。

（二）艺术机构金融

艺术机构金融是目前艺术金融实践中的十分薄弱但非常重要的领域。为艺术机构融资是艺术金融市场的最重要功能。具体来说，一是营利性艺术机构的融资。对于营利性艺术机构而言，艺术金融往往就意味着以发行债券或股票的方式进行企业融资。假如股票能够上市的话，艺术金融市场的形成将成为缺乏相关专业经验的投资者间接参与并且分享艺术产业繁荣的重要途径。二是非营利艺术机构的募款。非营利艺术机构的运行资金主要来自政府拨款，以及基金会、企业和个人的捐款。对于绝大多数的民间非营利艺术机构而言，这显然是远远不够的。事实上，欧美发达国家的非营利艺术机构在募款方面具有相当丰富的经验。抛开具体国情和税收体系，仍然有很多值得借鉴的经验可资研究与推广。三是无形资产的资本化运营。绝大多数艺术机构都属于"轻资产"类机构。机构的核心竞争力往往都是以无形资产的形式存在和构成的。由于传统的金融机构在无形资产评估方面的经验和人才都严重不足，因此，如何才能将无形资产盘活，进行资本化运营，就成为一项极具现实意义的理论课题。

（三）艺术金融产品与服务

与本应成为艺术金融学主角的艺术机构金融领域相比，中国的艺术金融产品与服务领域是关注度最高，同时争议最大的领域。具体而言，主要可分为四个方面的问题：一是风险与信用管理。艺术金融产品与服务面临的风险难测，主要是通过艺术作品担保与保险机制来进行风险控制。由于上述机制的缺失在某种程度上已经成为制约艺术金融深化与艺术产业发展的瓶颈性问题，因此，学术界的呼吁不少。遗憾的是，从风险与信用管理的角度入手，提出切实可行解决之道的研究依然不多。二是债务性资金融通。一方面，作为中国古代的常见当物种类，艺术作品质押典当的历史几乎同中国典当业的历史一样悠久。另一方面，在欧美发达国家，艺术作品贷款似乎并未被认为是特殊的资金融通方式。但中国艺术金融产业目前面临的问题是，如何在绝大多数艺术作品都缺乏完整档案、价格波动较大、评价和估价问题依然未能解决等诸多约束条件下常态化地开展艺术作品典当与艺术作品贷款。三是艺术资产证券化。艺术资产证券化一度是中国艺术金融产品创新的重点和焦点，但以艺术品份额化交易为代表的艺术资产"类证券化"实践的结果却是由于缺乏诸如市值管理目标之类的完善运营体系，缺乏诸如市盈率或市净率之类的市场分析指标，缺乏诸如"破发""破净""做空"之类的市场校正机制，表现出重"融"轻"服"、重"金"轻"艺"的特点并导致了一系列问题。尽管目前的艺术品份额化交易已经被叫停，但诸如邮币卡电子盘交易之类的收藏类资产证券化依然在大胆摸索和野蛮前行。业界提出的诸多极具现实意义的问题与困惑，都亟待学界的回应与解答。四是信用评级与披露。如果说虚拟价值的基础是信息态，艺术金融征信就是艺术金融产品与服务的前提和基础。因为中国艺术产业上的很多问题，无论评价问题和定价问题，还是产权问题和维权问题，归根到底都直指一个根本性的问题——信用问题。艺术金融征信就试图通过信用评级与信息披露，解决艺术金融所面临的信用难题。从这个意义上讲，艺术金融征信可以说是中国艺术金融产业发展的具有基础性和前提性的重要工作。

（四）艺术金融政策与监管

随着中国艺术金融产业的迅猛发展，已经到了不是讨论"该不该有"艺术金融的时候，而是到了研究"怎样发展"和"如何监管"艺术金融产业的阶段。艺术金融政策与监管需要研究和解决的问题是如何通过金融风险防范与监管协调机制的建立，为艺术品金融监管机制的完善和相关政策的出台提供理论参考依据。具体而言，主要可分为三个方面的问题：一是艺术金融风险控制。由于资本的逐利本性和扩张冲动，艺术金融的蓬勃发展是一个自然而然的历史过程，因此，在"堵"和"疏"的问题上，与其"一刀切"地全面叫停艺术金融，从而使其转为"地下金融"，不如积极面对艺术金融难题，引导艺术金融发展，防范艺术金融风险。通过制定促进艺术金融深化的政策，引导中国艺术金融产业往控制艺术品品质风险和增强艺术资产流动性的方向不断创新。二是艺术金融监管机制。艺术金融产业的监管主体尚不明确，监管主体缺失问题亟待解决。艺术金融监管应该在建立文化部门和证券、保险、银行三个监管部门之间的常态化协调机制的基础上，进一步建立和完善由文化部门牵头，有关部门参加的文化金融监管联席会议制度，加强艺术金融政策与文化产业政策的相互协调配合。通过建立健全艺术金融监管协调机制，切实防范金融风险。三是投资者教育与保护。中国艺术金融产业的金融风险防范，不仅是监管者的问题，而且是参与者的问题。因此，有必要加强艺术金融产业的投资者教育与保护，遵循"把规则讲透，把风险讲够"的原则，以多种形式持续和深入地开展投资者教育与保护工作，建立健全投资者的合法权益保护机制，改变投资者在发生艺术金融风险时总将政府有关部门视为理所当然的"最终善后主体"的不当观念。

四、艺术金融学的前景展望

随着产业政策的多重支持，金融机构的深度介入和艺术金融的不断创新，对于中国艺术产业而言，艺术金融的重要性正在与日俱增。然而，作为新生事物，艺术金融实践中出现的诸多问题既未得到学术界的积极回应，也尚未得到监管部门的明确表态。由于监管缺位，艺术金融实践过程中产生的各种纠纷也缺乏相应的解决渠道，从而出现了艺术金融创新的"甜头"由野蛮创新者独享，艺术金融创新的"苦果"却由政府有关部门善后的荒唐局面。

可喜的是，学术界近年来对艺术金融的关注度正在日益提升。从中国人民大学中国艺术品金融研究所的成立（2012年12月），到潍坊银行艺术金融研究中心的揭牌（2014年5月），再到亚洲艺术品金融商学院的获批（2016年3月），无不昭示着艺术金融已经得到了学术界的一定关注和初步探索。遗憾的是，就目前的研究而言，艺术金融学的研究热点还主要集中于狭义的艺术金融学，即关于艺术品产业资金融通活动的研究，对造型艺术的其他类别，以及语言艺术、实用艺术、表演艺术和综合艺术等艺术门类的资金融通活动的关注度还远远不够。

事实上，从学理层面系统建构艺术金融学的理论基础和分析框架，使艺术金融学从单纯的感性判断层面上升到理性分析层面，让艺术金融学也能像房地产金融学等金融学分支学科那样拥有自己独特的观察视角、概念体系、理论基础和分析框架，从而扭转中国的艺术金融理论研究远远落后于艺术金融实践的状况,是文化产业学者与金融学者的共同历史使命和学术责任。

[原载于《贵州大学学报(艺术版)》2016年第4期]

从供给侧释放文化经济活力

自从习近平总书记在中央财经领导小组会议上首次提出"供给侧结构性改革",无论是国务院常务会议,还是"十三五"《规划纲要》编制工作会议,中央高层对此话题的密集发声,不仅拉开了"供给侧改革"的大幕,也为新时期的文化经济发展指明了方向,那就是从供给侧发力释放文化经济活力,进而推动文化产业成为国民经济的支柱性产业。

一、文化产品和服务是核心

文化经济发展的动力来自何处?既来自供给,也来自需求;既来自生产,也来自消费。但不管供给还是需求,生产还是消费,围绕的都是文化产品和服务这个中心。套用一句老话,现阶段我国文化领域所面临的主要矛盾依然是人们日益增长的文化需求同落后的文化生产力之间的矛盾。简单地说,就是人们的文化"内需"日益旺盛,但文化产品和服务的有效"内供"不足。根据文化部文化产业司和中国人民大学联合发布的《中国文化消费指数(2013)》报告的调研数据测算,中国内地的潜在文化消费规模为47026亿元,实际文化消费规模为 10388 亿元，存在 36638 亿元的文化消费缺口。根据国家统计局对全国 31 个省（自治区、直辖市）开展的城乡一体化住户抽样调查，2014 年中国内地居民的人均名义消费支出同比增长 9.6%。其中，人均文化和娱乐消费支出同比增长 16.4%，远高于人均消费支出的增速。进一步看，中国内地居民从 2011 年到 2014 年的人均文化和娱乐消费支出平均增速都在 12% 以上。这表明，虽然中国内地居民的文化消费增速明显，但高品质文化产品和服务的供需缺口依然非常巨大。

从文化消费者的角度来看，文化需求有结构层次之分。一方面，中国文化企业的创新动能不足，文化产品和服务的同质化严重，而且普遍缺乏创意和技术含量，导致了内供无法有效满足内需。有效内供不足的结果就是外供占领了市场和阵地。想要解决文化产品和服务有效内供不足的状况，就必须通过大力开发优质且受欢迎的文化产品和服务，满足人们日益成熟和挑剔的文化需求。另一方面，"老少边穷"地区的文化供需失衡，公共文化服务供给错位和脱节，弱势群体的文化消费水平偏低，基本文化需求得不到充分满足的状况依然十分突出。需求难以满足的结果，就是不良文化的侵入。想要解决"老少边穷"地区封建迷信活动盛行和陈规陋习死灰复燃等突出问题，就需要政府加大文化产品直供力度和公共文化服务采购力度，通过"文化低保"工程等具有针对性、普惠性、引导性的文化供给满足边缘群体和弱势群体的基本文化需求。

二、创客与小微企业是主角

如何增加文化产品和服务的有效供给？文化创客与小微文化企业是当仁不让的主角。长期以来，我国的文化产业政策一直强调"做大做强"文化产业，并且大力推动文化企业的跨地区、跨行业和跨所有制兼并重组。其结果就是，以国有文化企业为主的大型文化企业的规模化、集约化和专业化水平迅速提高。根据中央文化企业国有资产监督管理领导小组办公室发布的《国有文化企业发展报告（2015）》，截至 2014 年末，我国共有国有文化企业 13313 户，从业人员 129.9 万人，资产总额 26488.9 亿元，实现营业总收入 12855.1 亿元，利润总额 1122.5 亿元，净利润 977.7 亿元。问题是，作为智力密集型产业，文化产业其实并不适合通过政策推动的方式并购重组。因为"加大"不等于"做大"，"大"也不意味着就"强"。事实上，大型文化企业的组织结构和生产方式往往无益于甚至有碍于文化产品和服务的创新。根据国家统计局抽样调查的数据测算，截至 2016 年底，我国小微文化企业数量已占到文化企业总数的 80% 以上，从业人员约占文化产业从业人员总数的 77%，实现的增加值约占文化产业增加值的 60%。如果再加上 200 多万的文化类个体创业者、经营者和工作室，那么，文化创客与小微文化企业对中国文化经济的贡献率将远远高于这个数字。

从文化产品和服务创新的角度来看，文化创客与小微文化企业往往处于充分竞争的细分文化市场，对文化消费者的个性化、多样化和多层次文化需求最为了解。因为能否从瞬息万变的市场中发现宝贵的商机，直接关系到企业的生死存亡。有时候，一个小小的创意以及由此衍生的文化产品和服务就能让文化创客与小微文化企业起死回生甚至迅速发展。2015 年源于成都宽窄巷子景区，之后很快风靡全国的文化创意产品——"豆芽花"发夹，就是小小创意引发广大需求的典型例子。可以说，文化创客与小微文化企业不仅是激发中国文化创造活力与中国文化经济活力的源头，而且是实现文化产品和服务多样化与中国文化多样性的主角。因此，政府能否以自信宽容、放松管制、多奖少惩和减税降负的态度和方式对待文化创客与小微文化企业，成为直接影响文化创客与小微文化企业在文化产品内容、文化服务模式、文化表现形式和文化传播方式等方面的创新动能，从而决定高品质、多样化、原创性文化产品和服务的有效供给能力之关键。

三、产业融合与联动是引擎

怎样提高文化创意对国民经济的贡献率？文化创意和设计服务与相关产业的融合与联动是重要引擎。根据工业和信息化部的统计，截至2016年底，我国制造业的平均产能利用率只有约60%。这一数字不仅低于欧美发达国家78.9%的平均水平，而且低于全球制造业71.6%的平均水平。更为严重的是，在我国的24个大产业中，就有22个产业存在严重的产能过剩。当然，判断产能过剩与否，不能只看现有的生产能力和可能的总供给量，还要看总需求。那么，在国内产能严重过剩的同时，却是海外"疯购"愈演愈烈和跨境电商野蛮生长，这种现状显然表明，内供和内需之间存在严重的结果性失衡。随着经济的发展和社会的进步，很多国产产品的品质、设计和创意已经无法满足日益挑剔并且愿意为之付费的消费者。在目前我国大力推动的供给侧改革中，"去库存"是最重要的内容之一。然而，假如不能从根本上提高国产产品的综合竞争力，"存量"的库存去掉之后，"增量"的库存就又来了。事实上，对于很多产业来说，具有高知识性和高附加值特征的文化创意和设计服务是促进产品和服务创新、满足多样化消费需求、提高人们生活质量的重要途径。

从产业价值链的角度来看，文化创意和设计服务与很多产业都具有非常高的关联度和融合性。包括新闻、影视、动漫、游戏、演艺在内的文化内容早已成为信息产业和旅游产业的"血液"，并且直接拉动了制版印刷、广播音响、电影电视和演艺娱乐等相关前端装备制造业以及电视机、计算机、手机和电子阅读器等相关后端电子设备制造业的产能。以设计为核心的文化创意是提升汽车、船舶、飞机等装备制造业以及包装、装饰、建筑等传统产业的产品外观、结构和功能的"灵魂"。因此，政府有必要一方面引导制造业企业更新文化创意和设计服务方面的观念，另一方面打造文化创意和设计服务同相关产业融合与联动的平台。切实通过政策上的有力扶持，以打造品牌、提升品质和加强设计为重点，推动服装服饰、家用电器、数字产品、家居用品、生活日用品、礼仪休闲用品、文化体育用品等消费品制造业向高品质、审美性、多样化的方向转变，以新供给创造新需求，从供给侧拉动消费升级和经济发展。

（原载于《人文天下》2017年第3期）

中国艺术品市场的特点及趋势

如果从 2012 年算起，中国艺术品市场的颓势已经持续 8 年了。造成这种颓势的原因很多，分析的文章也多，在此不再细述。首先来回顾中国艺术品市场近 3 年的走势。2019 年 2 月，中国拍卖行业协会文化艺术品拍卖专业委员会发布了《2018 年度全国十家文物艺术品拍卖企业述评》。这份报告以北京保利、中国嘉德、北京匡时、西泠拍卖等 10 家拍卖公司为样本，分析了中国艺术品拍卖市场的发展态势。我们不妨结合 2016 年度和 2017 年度的报告，大致梳理一下近年来中国艺术品市场的特点。

一、中国艺术品市场的特点（2016—2018 年）

从市场规模和门类结构的维度来看，近年来中国艺术品市场主要呈现两个特点：

第一，市场规模：波动较大，不容乐观。

2016 年，上述 10 家公司共举办了 403 个拍卖专场，上拍拍品 64516 件（套），成交 47162 件（套），成交率为 73.10%，成交额为 195.65 亿元。与 2015 年相比，成交量基本保持稳定，成交额增长了

16.23%，回升到了2014年的规模。但具体来看，这16.23%的增幅主要是由于北京匡时的业绩比上一年翻了一番，成交额高达48.04亿元。其他9家公司合计147.60亿元的成交额实际上与2015年基本持平。当然，这背后又跟北京匡时被上市公司——宏图高科收购100%股权的对赌协议有着千丝万缕的联系。

2017年，10家公司共举办了417个拍卖专场，上拍拍品67895件（套），成交49445件（套），成交率为72.83%，成交额为220.27亿元。与2016年相比，成交量保持稳定增长，成交额增长了24.62亿元，增幅达12.58%。在2017年，10家公司普遍呈现增长态势，可以说是自2011年中国艺术品市场高峰之后成交额最高的一年。这一方面说明，拍品本身的质量重要。不少"千万级"和"亿元级"拍品，有时候不太受中国艺术品市场行情甚至中国宏观经济状况的影响。另一方面也说明，2017年的数据增长具有一定的偶然性。

2018年，10家公司共举办了400个拍卖专场，上拍拍品64946件（套），成交48420件（套），成交率为74.55%，成交额为176.35亿元。与2017年相比，成交量基本持平，成交额则下降了19.94%。在这10家公司中，除广东崇正逆势增长14.63%外，其他公司均出现了不同程度的下滑。多数公司下滑幅度在20%左右，个别公司的下滑幅度甚至接近一半。形势不容乐观。

第二，门类结构：书画支撑，分化严重。

就中国艺术品市场的门类结构而言，中国书画对中国艺术品市场的稳定起到了关键性的作用。

2016年，10家公司的中国书画拍品成交额占到了所有拍品总成交额的63.30%。与2015年相比，中国书画的成交额增长了26.99%。增长的主要原因在于古代书画的迅猛增长。2017年度，

10家公司成交额为46.78亿元，与2015年相比，成交额增长了75.80%。因此，可以说是古代书画在很大程度上拉动了2016年中国书画市场的增长。同期的近现代书画成交额增长了11.15%；当代书画成交额则下滑了15.01%。

2017年，10家公司的中国书画成交额占到了所有拍品总成交额的63.66%，与上一年基本持平。但门类结构却发生了不小的变化：近现代书画占到了所有拍品总成交额的42.81%，比2016年提升6.34个百分点；古代书画占到了15.91%，比2016年下滑了8个百分点；当代书画占到了4.94%，比2016年提升了2.02个百分点。但当代书画成交额接近翻番的主要原因是当年有5件（套）崔如琢作品成交价过千万（其中2件过亿）。假如剔除这一业内存在争议的数据，2017年的当代书画市场状况其实很不乐观。

2018年，10家公司的中国书画成交额占到了所有拍品总成交额的51.60%。尤其需要说明，这是在比2017年的成交量增加1892件（套）、成交率提升近2个百分点的背景下，成交额却下滑了35.10%。具体来说，古代书画的成交额下滑了29.33%。"千万级"古代书画比2017年减少了23件，"亿元级"古代书画则由2017年的4件减至2018年的2件。近现代书画的成交额下滑了34.61%。成交价在5000万元以上的近现代书画作品继续保持2017年的15件，但"亿元级"近现代书画的数量则由2017年的8件减至2018年的5件。当代书画的成交额降幅高达53.13%，可谓腰斩。"百万级"当代书画由2017年的131件减少至93件，而"千万级"当代书画仅有2件。

二、中国艺术品市场的趋势（2019年至今）

对于中国艺术品市场的趋势，我有两个特征上的基本判断：

首先，艺术品的资产配置属性越来越突出：需求端的结构将发生显著变化。

梅建平和摩西关于"梅—摩艺术品指数"（the Mei Moses Art Indices）的大量研究表明，艺术品指数与标准普尔500指数的半年增长率相关系数很低。同样的低相关性也体现在艺术品指数与债券指数方面。由于相关性越低，越能平衡资产组合中其他种类资产的风险，因此，艺术品能够在资产组合多元化中发挥积极作用，成为资产配置的重要选项。

正如亚洲艺术品金融商学院创始人范勇所说："从1949年到现在，艺术品一直游离于国家资产负债表之外，形成了巨大的'表外资产'。"这种"表外资产"的属性正在由于两个方面的原因而备受重视：第一是日益严厉的央行大额资金监管。中国人民银行的新政策规定，自2018年12月1日起，公司账户与个人银行账户超过20万元人民币的资金交易将被重点稽查，有疑问的交易甚至要求银行拒绝办理。第二是愈加强烈的房地产税落地预期。在这样的大背景下，艺术品的"表外资产"属性和资产配置属性将更受收藏者和投资者的重视。

其次，艺术品整体估值水平处于相对低位：艺术品的投资价值将日益凸显。

如果从2011年的拐点算起，2018年的中国艺术品拍品均价创下了8年来的新低。2011年的中国艺术品拍品的均价为65.28万元/件（套），2012年即猛跌至39.57万元/件（套），此后以每年1万元左右的幅度持续下跌，直至2016年回升到41.48万元/件（套），并在2017年达到2012年以来的最高值——44.55万元/件（套），但第2年就又跌至8年来的最低值——36.42万元/件（套）。从上述数据来看，中国艺术品的整体估值水平显然处于历史相对低位，其投资价值也将日益凸显。举个不太恰当的比喻，目前中国艺术品市场的估值水平，可能比较类似于 2400—2600 点的上证指数。

10 年前，在全球金融危机的大背景下，我曾提出艺术品市场底部的"区间论"：艺术品市场的"底"不是一个"点位"，而是一个"区间"。因此，不能坐等所谓的价格最低点出现，而应该随时关注有没有"好东西"现身市场。因为当市场行情过于低迷时，假如不是出于特殊原因的话——例如促成艺术品流转的"3D"规律 Death（死亡）、Divorce（离婚）、Debt（债务）——卖家根本不会出货，买家也很难以低价买到"好东西"。今天，整体估值水平处于相对低位的中国艺术品市场是非常值得把握的又一次买入良机。

（原载于《美术报》2019 年 4 月 13 日）

理性研判艺术品市场数据

随着全球艺术品市场的不断创新与持续发展，关于艺术品市场的量化研究越来越多。但是，这些量化研究所涉及的数据，究竟能否反映艺术品市场的真实情况呢？事实上，假如艺术品市场的参与者和研究者只看数据，而不了解数据背后的情况，那么，我们恐怕不仅不能通过艺术品市场的数据来量化描述艺术品市场的真实情况，而且很可能会得出荒唐的结论或荒谬的臆测。

一、艺术品的特殊性

从艺术品的数据特征来看，艺术品的特殊性主要体现在两个方面：一是艺术品的异质性。虽然艺术品既包括原创作品，也包括有限复制品。但在艺术品市场上占有最重要地位的绝大多数艺术品都是原创作品。这些原创作品的最重要特征就是其具有非常强的异质性。既然每一件原创艺术品都是独一无二的，那么，即使是同一位作者创作的不同艺术品，实际上也很难进行价格上的精确比较。二是交易价的或然性。具体来说，第一，由于艺术品市场上"家乡偏好"（homebias）的普遍存在，同一作者的同一件作品在不同地点的交割能力存在着显著的差异。这就是说，艺术品的交易价往往随交易地点的不同而不同，并不符合经济学中的"一价定律"(the Law of One Price)。第二，由于艺术品交易强烈依赖于营销场景（marketing scene），因此，一件艺术品能否以及能够以多高的价格售出，高度取决于经纪人、画廊或拍卖公司的场景营销水平，并同时受到诸多不确定性因素的影响。

二、名实不副的范围

如果仔细比较各类艺术品市场指数和报告的话，我们会发现，针对同一时间段的不同指数和报告，其结论可能并不相同。而且，这种差异还并非因为数据分析师缺乏艺术品市场的专业知识或者采用了不合理的研究方法，而是因为这些艺术品市场指数和报告所涉及的"艺术品"概念并不相同，统计口径也不一致。举例来说，根据巴塞尔艺术博览会（Art Basel）与瑞银集团（UBS）发布的《全球艺术品市场报告》*(The Art Market 2019)*，2018年的全球艺术品市场销售额为674亿美元。根据全球艺术品市场信息网（Artprice.com）和雅昌艺术市场监测中心（AMMA）联合发布的《2018年全球艺术市场年度报告》*(The Art Market in 2018)*，2018年的全球纯艺术品拍卖总成交额为155亿美元。这种全球艺术品市场宏观数据的差异是由于：前者的统计范围既包括纯艺术品，也包括装饰性艺术品和古董，既涵盖拍卖公司，也涵盖画廊、艺术博览会和在线交易平台。后者则只包括拍卖公司的纯艺术品。假如你想尽可能"夸张"地描述全球艺术品市场的规模，会选择第一个数据，还是第二个数据呢？事实上，在很多文献引用此类数据时，并不会详加说明艺术品的涵盖范围和交易数据的采集范围。

三、内在有偏的样本

所谓内在有偏的样本，即不是随机抽取，不受概率支配，因而不能用于代表和推论总体的非概率样本或非随机样本。以全球艺术品市场信息网借鉴美国密歇根大学调查研究中心的密歇根消费者信心指数（Michigan Consumer Sentiment Index）的编制方法，从2008年初开始发布的艺术品市场信心指数（Art Market Confidence Index）为例，该指数通过对全球100多万注册会员发放在线问卷，就受访者财务状况、艺术品购买意向，以及受访者对未来3个月经济走势的判断和艺术品市场走势的判断进行作答，并以最新1000名受访者的答案为依据进行计算，构建了艺术品市场信心指数。虽然从理论上讲，"消费者信心指数上扬，代表着消费者有较强烈消费商品与服务意愿；消费者信心指数下滑，代表着消费意愿不强"。但问题是，该指数的受访者样本限定在了相比之下可能更具国际视野，外语水平更好，更乐于通过网络获取信息的全球艺术品市场信息网注册会员。但这一群体显然并不能完全代表艺术品市场的参与者，从而产生偏性样本问题。

四、精心挑选的数据

为了应对艺术品的异质性所带来的指数编制难题，梅建平和迈克尔·摩西（Michael Moses）借鉴标准普尔公司（Standard & Poor's）以独户住宅的重复交易数据为基础，反映美国房价走势的凯斯—席勒房价指数（Case-Shiller Home Prices Index）的编制方法，精心挑选了1810年以来，同一件艺术品在不同时间点交易的40000余对重复拍卖数据建立数学模型，构建了梅—摩艺术品指数（the Mei Moses Art Indices）。2016年10月，苏富比拍卖行将其收购，并更名为苏富比梅—摩指数（the Sotheby's Mei Moses Indices）。同采用平均价格法（Average Price Method）编制的艺术品指数相比，采用重复交易法（Repeat Sales Regression）编制的指数，反映的是同一件艺术品的真实价格变动情况，而不是不同艺术品之间的大致价格变动趋势。但由于艺术品的交易频率，尤其是西方艺术品市场的交易频率远不如房产活跃。因此，一方面，纳入梅—摩艺术品指数范围的艺术品只占全部拍卖交易的很小一部分，还有为数众多的艺术品未能被纳入统计范围。另一方面，纳入梅—摩艺术品指数范围的艺术品往往是流动性相对比较强的艺术品，很多流动性不够强的艺术品都被忽略了。采用这些精心挑选的相对高频交易数据编制出的艺术品指数可能很容易高估艺术品市场的市场价和流动性。

五、未曾披露的信息

从第一个艺术品指数——苏富比拍卖行与《泰晤士报》合作发布的泰晤士—苏富比指数（Times-Sotheby's Index）开始，在艺术品指数的编制中，就有很多至关重要的信息是未曾披露的。例如，泰晤士—苏富比指数就并未将流拍的交易数据剔除在外，而是统计在内。其结果就是，泰晤士—苏富比指数所反映出的艺术品市场变动趋势要比真实情况"乐观得多"。事实上，时任苏富比拍卖行主席的皮特·威尔森（Peter Wilson）编制该指数的初衷，就是希望通过看似精确的艺术品指数传递诸如"艺术品可以轻松变现""艺术品是最热门的投资"之类的信号。此外，即使没有流拍，最终是否付款，也是个未知数。根据中国拍卖行业协会文化艺术品拍卖专业委员会发布的《2017中国文物艺术品拍卖市场统计年报》，截至 2018 年 5 月 15 日，在纳入统计口径的 310.52 亿元中国文物艺术品总成交额中，已完成结算的仅为 153.22 亿元，结算比例为 49.34%。换句话说，2017 年上拍并看似成交的艺术品，截至下一年 5 月，都还有一半款项未能结清。但在编制艺术品指数的时候，可不管拍卖款项是否付清了。

六、可被操纵的变量

全球艺术品市场信息网采用特征价格法（Hedonic Regression），在对艺术品的基本特征进行回归分析的基础上，于 2018 年 1 月推出了 Artprice 100 指数。该指数涵盖了过去 5 年间在全球艺术品拍卖市场上排名前 100 位的所谓"蓝筹"（Blue Chip）艺术家。除此之外，入选艺术家还要满足关于流动性的基本要求。2018 年，在 Artprice 100 指数的构成中，排名前三位的巴勃罗·毕加索（Pablo Picasso）、安迪·沃霍尔（Andy Warhol）和张大千的权重就分别高达 7.4%、6.7%、4.7%。未能满足相关经济指标的艺术家将被无情地移出统计范围。例如，在 2018 年的指数编制中，弗兰西斯·培根（Francis Bacon）、皮特·蒙德里安（Piet Mondrian）、潘天寿、陆俨少就都被移出了统计范围。如果说 Artprice 100 指数是一种"艺术家成分指数"，但它所挑选的艺术家又并非最具代表性的艺术家样本，从而并不满足"成分指数"关于代表性的基本要求。事实上，通过每年对艺术家变量的调整，Artprice100 指数几乎总是能够代表全球艺术品市场当年表现最好的艺术家。然而，作为交易频率很低的市场，这种调整除了常年反映全球艺术品市场的最好一面外，恐怕并没有太多的参考价值。毕竟，艺术品投资不是"今年买、明年卖"的资本游戏。假如艺术品市场的参与者根据 Artprice100 指数的相关指标来"随时调仓"，恐怕很快就会亏得血本无归。

七、易被扭曲的信号

由于艺术品市场的交易量并不大,艺术品指数的更新实际上很难与艺术品市场完全同步。假如在某个时间段,样本艺术家只有一件作品通过公开拍卖的方式成交,这件作品显然不一定能够代表一位艺术家作品的整体走势情况。那么,这样的艺术品指数究竟能够在多大程度上反映艺术品市场的真实走势情况呢?举例来说,有一位艺术家曾经创作了一幅长13厘米、宽11厘米的微型山水画《思抽有绪》。这件艺术品以15000元的价格起拍,以62720元的价格成交。这幅约0.1平方尺大小的艺术品使作者一举成名,名列雅昌艺术市场监测中心当年发布的"当代国画艺术家价格指数排名"第一位。在此之前,中国艺术品拍卖市场上只出现过这位作者的3件作品,而雅昌艺术市场监测中心发布的个人指数正是根据这3次拍卖记录编制而成的。在这位艺术家自己创办的网站上,曾刊登过一篇文章。文章写道:这位艺术家将再接再厉,百尺竿头更进一步,选择时机,推出他的世界上最小的作品,开启"平方厘米时代",那样,单价会到每平方尺上亿元。从某种意义上讲,这样的"价格指数排名"和"每平方尺上亿元",也许恰好是说明艺术品指数局限性的最有力证据。

八、主要结论与建议

对于艺术品的参与者和研究者而言,艺术品市场的量化研究更像是一把双刃剑。一方面,以艺术品指数为代表的量化研究可能较为全面地反映艺术品市场的宏观变化趋势和整体发展轨迹;另一方面,艺术品指数,尤其是艺术家个体指数实际上很容易被利益相关者人为地操纵。事实上,艺术品指数和报告的样本来源很可能是非随机的样本。艺术品指数和报告的数据可能是被精心挑选过的。艺术品指数和报告的交易数据也可能并未真正发生。因此，艺术品市场的参与者和研究者必须以更为理性的态度对待我们所能看到的这些精确数据。为了更为科学、合理、有效地使用艺术品市场的数据，我们可以至少从两个方面入手：

一是努力提高艺术品市场的数据质量。例如，由中国拍卖行业协会牵头建立艺术品数据的二次发布机制，或者称为动态调整机制。第一次发布是在艺术品拍卖后，此时发布的数据满足的是人们对新闻性和时效性的需求。第二次发布则是在拍卖落槌的半年后或一年后，此时发布的数据满足的是人们对准确性和真实性的需求。根据真实付款情况，对拍卖数据进行动态校正和重新发布。

二是树立正确的艺术品市场数据观。例如，由艺术品市场的参与者和研究者组织撰写关于艺术品数据使用的科普文章，或者由艺术品数据的发布者编制艺术品数据使用手册。坦率而客观地指出使用艺术品市场数据及相关指数和报告的注意事项。提醒使用者注意，尽量避免扭曲的艺术品市场数据对人们的误导。

（原载于《中国拍卖》2020年第2、3期合刊）

陆 加大文物和文化遗产保护力度

为"既收也卖"正名刻不容缓

——收藏与市场新论

关于收藏与市场这个话题，有三个重要问题值得探讨：一是市场的意义问题，二是市场化思维问题，三是新的市场观问题。

一、重新认识市场的意义

收藏品市场的发展对收藏活动和收藏安全的影响非常重大而深远。中国在改革开放以前和改革开放之初，当收藏品市场还未起步发展，收藏品价格也不值几文之时，一麻袋一麻袋的古钱币如废铜烂铁一样被倒进熔炉化为铜水，整车整车的纸质手稿和古籍文献如废纸一般被打成纸浆造纸。诸如此类的情景，在20世纪50—80年代，可以说并不罕见。回过头看，正是由于收藏品市场的蓬勃发展，人们对收藏品价值的认识不断深入，在经济利益的驱使下，中国民间对收藏品的态度才发生了180度的大转变。假如没有收藏品市场的大发展和大繁荣，收藏品的价格还是像三四十年前一样低廉，那么，真不知这几十年来，还有多少收藏品横遭厄运。从这个意义上讲，对于收藏品的保护而言，收藏品市场功不可没。

从收藏史的角度来看，收藏品市场的历史同收藏活动的历史几乎同样悠久。因为收藏品流转的主要途径无非三种：交易、交换和馈赠。收藏品交易是双方以货币为媒介进行的收藏品流转，这种流转方式显然是最常见和最重要的方式。狭义的收藏品交换是指双方的收藏品与收藏品之间的互换，例如那段广为人知的故事：张大千就曾用清代金冬心的《风雨归舟图》换取徐悲鸿所藏的北宋董源的《西岸图》。问题是，由于缺乏货币的准确量化，又要双方皆大欢喜，所以这种流转方式的操作难度不小。广义的收藏品交换则不仅包括收藏品与收藏品之间的互换，而且包括收藏品与其他非货币商品的互换。收藏品馈赠则是指一方无代价地将收藏品给予另一方。这种流转方式的范围显然极其有限，多局限于至亲好友之间。

对于收藏品的流转而言，市场发挥着至关重要的收藏品配置功能，尽管我们对市场所具有的这种功能的理解依然不够深刻。事实上，同其他市场一样，收藏品市场在收藏品的配置上其实发挥着重要的基础性作用。我们必须清醒地认识到，收藏品市场是收藏者找寻、获取和转让收藏品的最主要渠道。因此，正视和认识收藏品市场的规律，是收藏者不得不重视的必修课。只有当我们弄清楚了收藏品市场的规律，才能更好地在收藏品的汪洋大海中畅游。

人们常说，收藏这一行的"水"很深。但这里所谓的"水深"，不仅是说收藏品市场的赝品泛滥成灾，而且意指收藏品市场的规律复杂。例如，人们常说的"十贪九打眼"，之所以"打眼"，恐怕还不仅是赝品众多和眼力不济的问题，人性的弱点和难免的贪欲，恐怕同样是问题的症结所在。又如，收藏品市场上司空见惯的造假、贩假、鉴假、捧假、护假、拍假和假拍，也都不仅是简单的文物学、艺术学和鉴定学问题，而且是法学、经济学和心理学问题。换句话说，收藏者要做的功课远不止收藏品本身，更需要深入了解同等重要的市场规律。

前者是必不可少的藏品知识，后者是不可或缺的市场知识。二者孰轻孰重固然不好评判，但多年以来的状况却是，收藏者更重视的是前者，对后者的认识远远不够。只有当我们深刻理解收藏品市场本身的规律，在碰到问题和遭遇困境时，才不会仅抱怨"诚信缺失"，或者四处呼吁"加强监管"，而是要寻找市场化的途径解决收藏品市场本身的问题。因此，从收藏品市场规律而不是收藏品本身入手，重新认识收藏品市场的重要性，加强对收藏品市场规律的研究，恐怕才是全面解决收藏品市场历时已久的诸多问题之正道。

二、收藏的市场化思维方式

人的思维方式在很大程度上影响着人的行为方式。因此，从思维方式的角度来探讨收藏活动其实是非常重要的视角。那么，什么是收藏的市场化思维呢？就我个人的理解，至少有四个特点：一是需求的导向性，二是交易的竞争性，三是藏品的公共性，四是风险的分散性。

所谓需求的导向性，是指收藏品的流转应该以需求为导向。众所周知，不同的收藏者对同一件收藏品的喜好和评价都是不尽相同的。因此，对同一件收藏品的"需求强度"也大不一样。对于整个收藏界来说，收藏品在不同收藏者手中的配置就应该遵循需求的导向性原则，这样才能使每一位收藏者都能够尽量各得其所并充分享受收藏之乐。

那么，如何实现需求的导向性原则呢。这就涉及第二个关键点，交易的竞争性。所谓交易的竞争性，是指收藏品交易的"价高者得"现象。需要指出的是，"价高"只是相对的，而非绝对的。因为买卖双方的信息搜寻成本和讨价还价成本会在很大程度上限制收藏品交易的"交易半径"，从而使所谓的"价高"只是某一个范围内的"价高"。而出价高低其实也可以在一定程度上反映出收藏者个人对某件收藏品的喜好程度。从产权经济学的角度来看，当某件藏品物归某主之后，如果产权是"完整"的，那么从理论上讲，这件收藏品的主人就拥有以下四方面的权利：以各种方式使用这件收藏品的权利，即使用权；享受因这件收藏品所获得的各种利益的权利，即收益权；改变甚至破坏这件收藏品的权利，即决策权；出售或出租这件收藏品的权利，即转让权。

从收藏安全的角度而言，"完整"的产权显得有些"可怕"，因为它赋予了收藏品的主人任意处置收藏品的权利。在一些影视节目里，我们就看到过这样的故事情节：为了使自己手中的某件收藏品从世间仅有的两件珍品之一变成独一无二的孤品，收藏者不惜成本地千方百计找到尚存于世的另一件同样藏品，找到之后却出人意料地把它毁掉。当然，这样的故事堪称"传奇"，虽然不是没有，但的确很罕见。然而，从学理层面来看，这个"思想实验"确实提出了一个严肃的命题，收藏者有没有破坏归自己所拥有的收藏品的权利？如果没有的话，又如何从制度层面上有效监管和保护？我的答案是一分为二来看：对于一般的收藏品而言，收藏者拥有"完整"的产权，因此有权任意处置；对于文物级收藏品而言，收藏者只拥有"残缺"的产权。事实上，无论是国际公约还是各国法律，大都会对那些造成文物灭失和损毁的行为依法追究其民事责任甚至刑事责任。问题的关键在于，收藏者的收藏活动是很私密的事情，因此，在司法实践上，虽有法可依，但无从知晓，更难以查办。值得庆幸的是，人是理性的动物，收藏者大多对自己心爱的收藏品视若珍宝，故意损毁收藏品的收藏者确实屈指可数。但即使如此，我们还是应该从道德义务和文化责任的角度强调和宣传收藏品的公共性特征，以免这样的悲剧发生。

所谓藏品的公共性，是指收藏品乃一个民族的历史文化遗产，而那些具有历史价值、艺术价值和科学价值的收藏品更是优秀的历史文化遗产。因此，即使一件收藏品归某个收藏者所有，但这件收藏品同时也是该民族乃至全人类共有的历史文化遗产。从这个意义上看，我们也不难理解，当阿富汗塔利班政权宣布炸毁位于阿富汗境内的巴米扬大佛时，为什么会引起世界各国和国际组织的极度震惊和强烈谴责。因为正如时任联合国秘书长的科菲·安南所说："它们（巴米扬大佛）是人类的共同遗产。"当然，公共性的含义不止于此。收藏品的公共性特征还意味着，无论公私收藏，都应该担当起展示与分享的公共文化责任：不以抽象的收藏安全为借口，而以公众的具体文化需求为导向，为公众创造更丰富和更方便的观赏和研究机会。对收藏品的公共性问题的重新认识，不仅涉及私人收藏者，更涉及各类收藏机构。因为中国国内的很多收藏机构对这个问题的认识是很不够的，具体反映到机构的收藏管理理念上，就不是以公众的文化需求为中心，而是抱着多一事不如少一事之心，在展品的更新和服务的意识方面，都大有改进的余地和创新的空间。

所谓风险的分散性，是指通过分散式而不是集中式的保管方式来规避因天灾人祸之类的难以预料因素所造成的收藏品损毁风险。这里所涉及的其实正是国家的收藏安全战略问题：究竟是以计划经济思维模式为主导继续主推公家收藏，还是以市场经济思维为立足点大力鼓励私人收藏？公家收藏的优势不必多说，但从风险规避的角度来讲，集中式收藏的问题显然也不少：从监守自盗和人为损毁到聊以塞责和慢藏诲盗。就这些年来文物部门和新闻媒体所披露的信息而言，这方面的问题可谓触目惊心。事实上，从收藏史的角度来看，在历史文化遗产的保护和传承过程中，公家收藏所面临的集中性风险可谓非常之大，私人收藏所发挥的风险分散作用则不容小觑。例如在中国收藏史上,收藏品遭受灭顶之灾的大难就有:秦始皇焚书坑儒、西汉末赤眉入关、东汉末董卓移郡、西晋末五胡乱华、南梁末周师入郢、隋炀帝广陵焚书、唐玄宗西逃入蜀、唐末黄巢入长安、北宋金人入汴梁、南宋元兵入临安、明末清军入榆关、清末列强入北京,等等。假设这些收藏品分散在各地保管而非集中于一处收藏,显然更容易躲过这些大劫大难。

相比之下,私人收藏在中国收藏史上所发挥的风险分散作用则十分明显。以"中国十大传世名画之一"的《清明上河图》的流转史为例。据陈传席考证,在《清明上河图》从1106年至今约900年流转史中,只有约190年(约占1/5)的时间由元秘府、明内府、清内府和新中国官方收藏,其余700多年(约占4/5)的时间都由私人收藏者收藏。从这个意义上讲,尊重和保护收藏者的收藏权益,培养和提高收藏者的文化意识,鼓励和支持收藏者和民间收藏,不仅是有效保护珍贵历史文物的重要途径,而且是维护中国国家收藏安全的重要基础。因此,政府部门和民间组织有必要从对国家和历史负责的高度,从维护国家文化安全和国家收藏安全的高度,充分认识到尊重和保护收藏者合法收藏权益的重要性,并深入研究和积极制定具体政策措施来鼓励和支持民间收藏。

三、收藏家应有新市场观

虽然关于收藏家的判定标准不尽相同,但在中国收藏界依然存在将"只收不卖"作为收藏家或者所谓"真正的收藏家"的判定标准,一些收藏者甚至将"只收不卖"视为值得标榜的收藏原则。毋庸置疑,这种观念的历史悠久,古已有之,甚至可以追溯到中国传统文化中著名的"义利之辨"。然而,这种简单地将"只收不卖"作为收藏家判定标准甚至上升到事关收藏家名誉的观念确实值得商榷。因为这种农耕文明背景下的传统思维方式显然早已不合时宜了。

首先,"既收也卖"是藏品质量升级的客观结果。对于收藏者来说,个人的收藏经历很难一帆风顺,难免遭遇坎坷和走冤枉路。在大浪淘沙和不断探索之后,才会逐渐确定自己的收藏方向和收藏标准。而一旦方向和标准确定以后,此前的那些收藏品可能就都入不了自己之眼。即使某些属于自己当下收藏方向的收藏品,也可能因为品质和品相等原因而不再中意。在这种情况下,处理掉这些自己不再感兴趣的收藏品,从而回笼资金瞄准新的领域,可以说是收藏者的理性选择。

其次,"既收也卖"是优化藏品配置的宏观需要。如前所述,不同的收藏者对同一件收藏品的喜好、评价乃至"需求强度"通常都不一样。所谓"萝卜白菜,各有所爱"。你不喜欢的收藏品,说不定别人正在苦苦寻觅,不仅爱不释手而且奉若珍宝。但假如收藏者都抱定"只收不卖"的教条观念,那么,从宏观的视野来看,这将极不利于收藏品在不同收藏者中的合理配置,从而影响整个收藏界的收藏者总效用。"既收也卖"则有利于收藏者各得其所并更充分享受收藏的乐趣。

最后,"既收也卖"是个人财富管理的自由选择。毋庸讳言,在收藏品市场高度发达的今天,收藏品本身就已成为一种财富。很多收藏者也确实将收藏品作为个人财富管理的资产配置之一,通过多样化投资组合的方式部分地抵御金融市场的系统性风险。那么,当个人的经济状况恶化或者经济开销增加之时,将自己的部分收藏品转让他人,也是情理之中的事情,这是个人的自由选择。旁观者不应也无权由此认为这种"既收也卖"的经历是有辱一位收藏家名誉的"污点"。

遗憾的是,时至今日,收藏界仍然存在那种将有过"既收也卖"经历的收藏家视之为"名不副实"甚至蔑称为"文物贩子"的事情出现。但通过对收藏与市场关系的梳理，我们不难发现，这些被某些人蔑称为"贩子"的人，正是活跃于收藏品市场的中坚力量！如果没有收藏品的买卖，那么，收藏活动恐怕也就不复存在了。值得一提的是，有一种略显尴尬的"只收不卖"很是特殊：非不愿也，实不能也。因为东西不对，根本无人问津。从这个角度来看，"既收也卖"实际上是通过市场化的途径检验收藏品真伪乃至收藏家眼力的大好途径。

因此，为"既收也卖"正名，可谓刻不容缓！因为"既收也卖"不仅符合收藏经济规律，而且有利于优化整个收藏界的藏品配置，应该得到收藏界的肯定、鼓励和支持。

（原载于《中国文化报》2014年4月20日）

《功甫帖》真伪之争的社会学思考

自从 2013 年 12 月，上海博物馆书画研究部研究员单国霖、钟银兰和凌利中公开质疑三个月前在纽约苏富比拍卖行以 822.9 万美元成交的苏轼《功甫帖》是"双钩廓填"的伪本以来，随着买家刘益谦的多次公开声明，上海博物馆三位专家 1.4 万余字研究报告和苏富比拍卖行近 9000 字研究报告的先后出炉，《功甫帖》事件可谓高潮迭起，不断发酵，引起了广泛关注。

2014 年 2 月 18 日，刘益谦带着《功甫帖》原件进京，用多种现代技术设备力证《功甫帖》为真迹，推翻"双钩廓填"的说法。4 月 16 日，上海博物馆再度发布新证，通过剖析鲍淑芳家族与纪晓岚、朱珪、尹秉绶、刘墉、翁方纲、邓石如等人的交往事实，以证明《功甫帖》墨迹本为伪作。抛开真伪问题不论，《功甫帖》事件反映的实际上是文博界和收藏界由来已久的问题。

一、专家与行家

不少人在谈论《功甫帖》事件时，都倾向于将其视为学术与市场之争。按照这种逻辑，学术与市场似乎是对立的。其实不然。对于艺术品而言，学术与市场并非水火不容。相反，一件艺术品的市场价格高低，已经越来越取决于学术意义上的生产和传播。但在绝大多数人的潜意识里，学术往往同体制、机构和专家紧密相连。因此，艺术品鉴定的话语权通常掌握在专家，尤其是权威机构的专家手中。问题是，虽然权威机构的专家并不等同于权威专家，但老百姓和收藏者却常常将其混为一谈。事实上，一位专家的"江湖地位"并不取决于职务和职称，而是通过学术研究与鉴定实践来建构和消解的。在体制外，一些通过长期的交易实践而积累经验、练就眼力的行家，其识真辨伪的能力丝毫不逊于甚至远远超过了某些供职于权威机构的专家。打个不太恰当的比方，专家就像工程师，行家如同维修工。工程师也许讲得头头是道，但多纸上谈兵；维修工可能说不出所以然，却是嘴笨手巧。

同体制外的行家相比，体制内的专家拥有的最显著优势就是话语权优势。假如质疑苏轼《功甫帖》是伪本的并非供职于享有盛誉的"世界级博物馆"（苏富比拍卖行语）——上海博物馆的专家，那么，该"打假"事件的影响力显然不会如此之大。相比之下，许多行家长期以来都处于话语权缺失的状态。如果不是因为一些小概率事件，包括马未都在内的行家可能依然不为世人所知。但随着自媒体时代的来临，艺术品信息的单向传播格局发生了根本性的变化，一些行家纷纷借助博客、微博、微信来发表自己的看法，其中不乏真知灼见，甚至还有考证入微的专业分析。在自媒体时代，专家与行家的交锋正以前所未有的方式进行着。

二、规则与规范

中国艺术品市场的规范无疑是一个老生常谈的话题。尽管尘埃未定，然而，《功甫帖》事件还是为我们提供了一个观察和思考艺术品交易规则和市场规范的重要案例。很多人都相信，艺术品市场的规范，立法和监管是根本。似乎有了规则，市场就规范了。但事实上，谁来执行规则和如何执行规则比规则本身更为重要。假如政府主管部门硬要抱着规范市场的雄心掺和水深且浑的中国艺术品市场，那么，随之而来的就是谁说了算数？凭什么是他？错了怎么办？如此等等的一系列问题。因此，中国艺术品市场的规范、规则很重要，但不能只靠规则。市场更重要，主要应该靠市场化的途径来解决市场发展过程中出现的问题。

以苏富比拍卖行为例，作为旨在促成交易的中介服务机构，虽然苏富比拍卖行不以鉴定为业，但不可避免地会经常涉及鉴定。根据苏富比拍卖行的业务规则，当其上拍的拍品受到质疑时，苏富比拍卖行有权利要求买家提供经其认可的两位行内公认的独立专业人士的报告，论证有关拍品被视为赝品的理由。然而，苏富比拍卖行无须受该报告的约束，还可自行寻求其他的独立鉴定意见。只有当苏富比拍卖行与买家都一致认定该拍品为赝品时，才能退货并补偿相关鉴定费用。正是由于这个原因，苏富比拍卖行针对质疑所发表的声明始终表示将积极回应，并强调"保留所有法律权利"。虽然该规则显得不尽公平，但退货并没有想象的困难。此外，当市场环境极其恶劣时，拍卖行还可能"用脚投票"：在十几年前，苏富比拍卖行和佳士得拍卖行就曾因为中国书画赝品泛滥、鉴定标准难以把握等原因，相继宣布暂停中国书画拍卖业务。这意味着，在某些情况下，未必合理的规则照样可以规范市场。因为艺术品市场本身就有一种比外部监管机制更为有效的自我调节机制。

三、面子与真相

纵观中国艺术品鉴定史，公开认错可谓屈指可数。当一位专家或行家被卷入艺术品鉴定之争时，就踏上了一条不归路。对于绝大多数专家和行家来说，面子比真相重要得多！因此，一旦认准了最初的答案，就算撞了南墙也不回头。正是由于这个原因，在旧时的古玩行里，鲜有行家退货之事，因为"丢不起人"，牙打碎了只能往肚子里吞。在当下的文博界，专家间因为鉴定意见分歧而交恶甚至老死不相往来的情况也不在少数。从这个意义上讲，在买家刘益谦参与竞买前为其提供咨询的藏家朱绍良之所以在2014年1月6日发表声明，公开表示"对于向刘益谦提供的竞买咨询，本人保持初始意见。面对纷争四起，刘益谦先生若不堪其扰，放弃《功甫帖》的收藏，本人愿意购藏"，既可以视为面子因素使然，更应该赞为负责任的古风。行家的眼力，正是在"吃药"和"发狠"的过程中练就的。

事实上，话语权是把双刃剑。使用不当的话，不仅不能增光添誉，反而可能沦为笑柄。或许正是由于这个原因，除了上海博物馆的三位专家，文博系统的专家大都抱着多一事不如少一事或者闷声看热闹、谁都不得罪的心态，鲜有公开表态者，因为他们很清楚卷入这种麻烦事的吃力不讨好后果。倒是很多行家随时跟进，屡屡发声。行家的积极和专家的回避，与其解释为关乎利益的市场与学术之争，不如理解为由来已久的话语权之争。就我的经验判断，争来争去也很难争出共识，争议双方最终很可能各执一词，互不理会，就此收场。虽说学术贵在真诚，但在面子比真相更重要的文博界和收藏界，即使某一方发现自己"打眼"，认错的可能性也微乎其微。好在公道自在人心，是非自有公论。因《功甫帖》的真伪之争所引发的严肃而公开的论证，为艺术品交易中赝品问题的解决提供了有益的思路。

链接：事件回放

2013年9月19日，刘益谦在纽约苏富比以822.9万美元（约5037万元人民币）拍得《功甫帖》。

2013年12月21日，《新民晚报》报道称，上海博物馆书画研究部三位专家钟银兰、单国霖和凌利中认为刘益谦拍得的《功甫帖》是伪本。

2013年12月22日，"苏富比拍卖行"官方微博发表声明，坚持《功甫帖》为真迹，称尚未收到上海博物馆的研究报告。

2013年12月23日，刘益谦在"新浪收藏"发表声明，催促上海博物馆尽快公布完整的研究报告；2013年12月26日，刘益谦再次发表声明，对上海博物馆提出了几点质疑。

2014年1月1日，上海博物馆三位专家的两篇研究文章在《中国文物报·收藏鉴赏周刊》刊出，认为刘益谦拍得的《功甫帖》是伪作。

2014年2月18日，刘益谦带着《功甫帖》原件进京，用多种现代技术设备力证《功甫帖》为真迹，推翻"双钩廓填"的说法。

2014年3月28日，刘益谦的龙美术馆（西岸馆）开馆大展，《功甫帖》独占一间近80平方米的展厅。

2014年4月16日，上海博物馆再度发布新证，通过剖析鲍淑芳家族与纪晓岚、朱圭、尹秉绶、刘墉、翁方纲、邓石如等人的交往事实，以证明《功甫帖》墨迹本为伪作。

至此，有关《功甫帖》真伪的论战愈演愈烈。

（原载于《中国社会科学报》2014年5月7日）

高价回购绝非良策

——流失文物回归的经济学分析

多年以来,流失文物的回归一直是个交织着爱国热情和民族情绪的沉重话题。正因为如此,最容易获得民意支持的立场便是由国家出面直接行使文物追索权。但从经济学的角度来看,问题却远非如此简单。

一、文物流失的途径

根据中华社会文化发展基金会国宝工程公益基金的定义,流失文物是指"1840年鸦片战争后到1949年新中国成立的一百余年间,因战争、盗掘等不道德的和非法途径而流失海外的文物",这是目前影响较大但却很值得商榷的定义。

近代以来,中国文物流失的途径主要有三:一是战争抢掠。在鸦片战争、甲午战争、庚子事变和抗日战争期间皆有大量文物流失海外。二是非法走私。中国近代史上最早的文物保护法是清政府于1909年颁布的《保护古迹推广章程》,国民政府也于1914年颁布了《大总统限制古物出口令》。但严格来讲,包括上述法规在内的多部文物法规,都普遍存在法规不完善、内容太笼统和操作性不强等问题。在这样的大背景下，非法走私并非难事。通过这种途径流失的文物，中国政府都应保留追索权。三是合法买卖。按照"法无禁止即可为"的司法原则，既然近代以来的文物法规"真空期"如此之长，那么，因合法买卖而流出的文物就是受到法律保护的正常出口，应该予以承认。这或许正是前引定义特别同时强调"不道德的和非法"两种途径的原因。但"道德"与否很难客观评判。从经济学的角度来看，交易双方合意并且合乎当时法律的交易就是道德的交易。从产权经济学的角度来看，"中国文物"和"中国的文物"则是必须要严加区分的两个概念。前者是"产地"概念，后者是"产权"概念，并非所有的"中国文物"都是"中国的文物"。但很多人往往混淆了这一点，误以为只要是"中国文物"就都属于中国并且应该"回家"，尤其是那些蕴含特殊意义的文物。

二、文物回归的途径

概而言之，文物回归的途径同样有三：追索、捐赠和回购。从回归成本的角度来看，追索是"看得见的成本"最低的回归途径。但问题是，近百年来，不少流失文物已经在海外经过了多次合意并且合法的交易。即使最初来路不明，也早已被顺利"洗白"，是有主的私有财产。在"私有财产神圣不可侵犯"理念早已深入人心的西方发达国家，追索可不是简单的国际关系问题，更是复杂的法律、政治和经济问题。西谚有云："世界上没有免费的午餐。"直接追索，谈何容易？至于捐赠，细究起来，又分两类：一是原藏家主动捐赠，例如日本收藏家太田博史将自己收藏的250枚秦代封泥，于2004年无偿捐赠给南京艺兰斋美术馆。二是由第三方买来捐赠，例如2006年，法国友人高美斯出资买下"咸阳宫"战国青铜鼎，并无偿捐赠给西安兵马俑博物馆。但这类个案的偶然性因素太强，皆是不可复制的文物回归模式。相比之下，回购文物应该算是最具可操作性但成本高昂且不断上涨的文物回归途径。

以最知名的圆明园兽首铜像为例。1985年，一位美国古董商以每件1500美元的价格从美国某藏家手中买下了马首、牛首和虎首。1987年，中国台湾地区国泰信托投资公司董事长蔡辰男以16.5万美元的价格从纽约苏富比拍卖行购得猴首。1989年，中国台湾地区寒舍集团董事长蔡辰洋（蔡辰男之弟）分别以18.15万英镑、14.85万英镑和13.75万英镑的价格从伦敦苏富比拍卖行购得马首、牛首和虎首。

2000年初，中国台湾地区某藏家委托佳士得拍卖行和苏富比拍卖行在香港拍卖牛首、虎首和猴首。中国保利集团分别以774.5万港元和818.5万港元的价格从佳士得拍卖行购得起拍价均为200万港元的牛首和猴首，并以1544.5万港元的价格从苏富比拍卖行购得起拍价为320万港元的虎首。这个价格较之前刚成交的两件兽首高出了一倍。2003年，澳门企业家何鸿燊向中华抢救流失海外文物专项基金捐款600万港元，用于向美国某藏家购回猪首，并转赠北京保利艺术博物馆。2007年9月，何鸿燊通过香港苏富比拍卖行与即将上拍的马首原藏家联系，在拍卖会举行前以6910万港元购得马首，并捐赠给了国家。2009年2月，法国藏家皮埃尔·贝杰收藏的鼠首和兔首分别在佳士得拍卖行以900万欧元和1000万欧元的价格起拍，最终都以1400万欧元的价格被中国藏家蔡铭超购得（但未付款）。

从某种意义上讲，圆明园兽首铜像的价格之所以能从1985年的1500美元疯涨到2009年的1400万欧元，同媒体的广泛报道、公众的密切关注密不可分。

三、文物追索的瓶颈

文物追索的瓶颈问题不是回归成本问题，而是连锁效应问题。据媒体报道，2010年7月28日，时任英国首相卡梅伦在接受印度某电视台采访时，很多印度观众纷纷给电视台打去电话，强烈要求英国归还一颗名为"柯伊诺尔"的钻石。卡梅伦经过短暂思考后给出了令印度人失望的答案："如果这样做，英国的博物馆很快就会空空如也。"卡梅伦的答案可谓一语中的，道出了文物追索难的症结所在。

以大英博物馆为例，大英博物馆虽然以"British Museum"命名，但从馆藏情况来看，却是名副其实的世界级博物馆。作为世界上历史最悠久和规模最宏伟的综合性博物馆，大英博物馆的600多万件馆藏文物中，大部分珍贵文物都是英国人在18世纪至19世纪期间通过各种手段从世界各地"搜集"而来的。其中，来自中国的文物就多达2.3万件，而且绝大多数皆为稀世珍宝。据联合国教科文组织的不完全统计，超过160余万件的中国文物被收藏在47个国家的200多家博物馆内。显而易见，没有哪个国家的政府和文博机构敢开先河。因为一旦松口，不光是馆藏的中国文物会被追索回去，馆藏的其他国家文物也面临着同样的命运。

四、如何低成本回归

从经济学的角度分析，就已发现这么多难题。就法律的角度而言，更有三重困境：首先，几个文物输入大国拒绝加入相关国际公约，从而不受国际公约的约束。其次，即使参加国际公约，按照"法不溯及既往"原则，也只能约束公约生效后的文物流失行为。最后，即使"溯及既往"，很多流失文物也早已超过了50年的追索时效期。由此可见，看似成本最低的文物追索实际上是几无可能之事。相比之下，捐赠和回购恐怕更为可行。因此，现在的问题是：如何促成文物的低成本回归？非常遗憾的是，一些中国藏家的过度关注正在不断推高流失文物的卖家预期和市场价位。但高价回购显然并非流失文物回归的良策。

为了实现流失文物的低成本回归，我有四条建议：第一，政府出台针对流失文物回购的管制措施，不鼓励回购流失文物。该措施看似不利于文物回归，实际效果则有助于低成本回归。第二，政府加大文物普查和文物登记工作力度，摸清国内的文物家底，建立系统的文物档案，为讨还追索时效期内的非法流失文物提供数据库和证据库。第三，藏家成立统一参与海外文物回购的组织，通过退出补偿或合谋竞价等方式，将藏家间的竞争矛盾内部化，避免中国藏家在国际市场上竞相抬价。第四，媒体提高不报道流失文物新闻的意识，主动回避关于流失文物交易的任何新闻和广告，媒体的不关注就是对文物回归的最有力支持。

（原载于《中国社会科学报》2016年1月21日）

后　记

这本文集收录的是我 2013—2023 年发表的 55 篇评论理论文章。其中的绝大多数文章都是我 2013 年从上海交通大学博士毕业，到西南民族大学任教后发表的。从某种意义上讲，这也是我近十年的研究成果集。

我之所以称其为"研究成果"，是基于我对文艺评论的理解。如果说，文艺理论是文化艺术领域的基础学科，那么，文艺评论就是文化艺术领域的应用学科。就本质而言，文艺评论具有二重属性：一是科研产品属性，二是文艺作品属性。文艺评论既是研究文艺现象、文艺问题、文艺规律的应用性科研成果，也是如作家创作诗歌、小说等文学作品一样的文艺创作成果。换句话说，文艺评论本身就是文艺作品，评论家本身就是文艺家。进一步讲，按照我的理解，首先，"文艺评论"中的"文艺"二字并非"文学艺术"的简称，而是"文化艺术"的简称。正如"中宣部文艺局"的全称是"中共中央宣传部文化艺术局"，亦如国家社科基金艺术学项目的课题指南在"艺术基础理论"类别之外专门设置的"文化艺术综合"类别。其次，严格来说，文艺学应如"科学学"（science of science）一样被翻译为"文学学"（science of literature）。"文艺理论"并非"中国语言文学"一级学科下设的

"文艺学"二级学科意义上的"研究文学的理论",而是研究文化和艺术的理论(cultural and artistic studies)。最后,文艺评论有广义和狭义之分。狭义的文艺评论是在微观层面上运用文艺理论的概念和理路对文艺作品、文艺展演、文艺人物等进行的研究和评论,即微观文艺评论;广义的文艺评论还包括在宏观层面上运用多学科的原理和方法对文艺现象、文艺思潮、文艺市场等进行的研究和评论,即宏观文艺评论。从这个意义上讲,我的评论理论文章大都属于宏观文艺评论的范畴。

在这本文集出版之际,我想借此机会总结一下自己写作评论理论文章的三点体会:

第一点体会是"以人民为中心"。"以人民为中心"的价值取向是文艺评论的出发点和落脚点。按照我的理解,这一出发点的最重要特征是站稳人民立场,即从人民利益出发去观察和思考问题。这一落脚点的最重要特征是文章通俗易懂,即不写读者敬而远之的晦涩难懂文章。有一段时间,我比较关注艺术金融问题,但这并非因为艺术金融领域"有利可图",而是因为:一方面,如果说金融是现代经济的血液,那么,艺术金融就是艺术经济的血液。但很多人尚未深刻意识到艺术金融之于艺术经济的至关重要性。另一方面,以艺术品份额化交易、邮币卡电子盘交易、艺术品P2P网贷为代表的艺术金融创新之路都走偏了,以至于该领域成为一个"金融险区"。因此,我对绝大多数所谓的艺术金融创新都持谨慎和批评态度。举例来说,我之所以在国内近十家文交所先后推出的邮币卡电子盘疯狂暴涨之际,率先公开呼吁政府主管部门应该在尽量确保中小投资者利益的前提下,设计出渐进式时间表,适时全面叫停文交所邮币卡电子盘交易,以至于被《中国文化报》等媒体视为"叫停派"的代表人物,原因就在于:一方面,这些文交所无法为所有市场参与者，尤其是中小投资者提供平等和透明的交易机会；另一方面，邮币卡电子盘交易存在着非常严重的投机和价格操纵行为，极易引发系统性和区域性金融风险，甚至影响社会稳定。具体到这篇文章的语境，保护中小投资者利益就是我写这篇文章的初衷。关心人民群众的切身利益、呼吁保护中小投资者利益，体现的不正是"以人民为中心"的价值取向吗？因此，在我眼里，"以人民为中心"绝不是空话、大话、套话。

第二点体会是"说真话"。我回成都工作后不久，前去看望曾长期担任中共四川省委宣传部副部长、四川省文联主席等职的文艺界老前辈——巴金侄子李致爷爷。他得知我当时主要从事文化政策和文化产业研究后，不仅签赠我两本书——《李致与出版》和《终于盼到这一天》，而且叮嘱我"说话要说真话"。这也成为我从事理论研究和文艺评论工作的"座右铭"。

按照我的理解，"说真话"就是真诚地表达自己内心的真实想法。当然，真话未必是真理，仅仅是一家之言。对于文艺评论来说，"说真话"是最困难的。因为评论家和文艺家往往"低头不见抬头见"。虽然从理论上讲，"作家艺术家要敢于面对批评自己作品短处的批评家，以敬重之心待之，乐于接受批评"，但就现实而言，因为一篇"说真话"的文艺评论而使评论家和文艺家交恶，甚至因此而诉诸法律之事不胜枚举，甚至还不时出现评论家及相关媒体败诉的判例，令很多评论家和媒体"心有余悸"。假如"说真话"的麻烦和后患如此之多，那么，评论家"说真话"的动机和动力自然不足。与其说那些"费力不讨好"甚至麻烦不断的真话，不如说些不痛不痒或皆大欢喜的大话和空话。与微观文艺评论相比，由于宏观文艺评论往往"对事不对人"，只要作者没有私心，反倒不易惹上麻烦。正是由于上述原因，我提出对文艺批评权的保护问题：评论家在从事文艺评论的过程中，由于个人认识和客观条件的限制，不可能做到百分之百的真实和准确，哪怕行文有过激言辞和偏颇之处，当事人都应该以宽容的心态对待。更为重要的是，最高人民法院的相关司法解释应该进一步明确：文艺批评权是受到法律保护的。只有这样，评论家才有底气和勇气表明真实态度、坦诚褒贬甄别，使文艺评论真正成为引导创作、多出精品、提高审美、引领风尚的重要力量。

第三点体会是"讲道理"。由于文艺评论的篇幅所限，往往不能对文章所提出的感性观点进行充分的理性论证，但文艺评论还是需要尽量把观点背后的逻辑讲清楚、讲透彻、讲明白。越是容易引发争议的观点，越要努力做到以理辨象、以理立论、以理服人。举例来说，我提出的国有画院从全额拨款（公益一类）事业单位或差额拨款（公益二类）事业单位转为自收自支（公益三类）事业单位的文化体制改革建议，显然很容易让国有画院的利益相关者下意识地反对——凭什么？我的道理是：国有画院的主要产品——美术作品不具备"公共"属性，并非公共文化产品，而是具有竞争性和排他性特点的私人文化产品。国有画院画师创作的大部分美术作品最终都成为私人收藏品或投资品。既然在中国演艺市场发育程度还比较低的情况，"底子薄、包袱重、经费自给率低、赢利能力弱"的大部分国有文艺院团都能够顺利完成转企改制，为什么处于中国艺术品市场最繁荣时期的国有画院还继续享受财政全额拨款？进一步地，我还找出了自认为非常具有说服力的实例：某省曲艺研究院的单位性质是差额拨款事业单位，该省画院的单位性质则是全额拨款事业单位。前者的职能是曲艺艺术的表演、传承、保护、研究，后者的职能则是培养人才、创作研究、宣传整理、对外交流。既然美术的市场化程度及景气指数都远高于曲艺，那么，国有画院为什么还要"守着金山讨财政饭吃"？因此，我的结论是：国有画院比国有演艺院团更具有市场化生存的能力。国有画院的改革，不仅符合中央关于"分类推进文化事业单位改革"的精神，而且可以优化资源配置、盘活文化资产、规范市场运作。上述观点未必全都对，但至少有几分道理吧？

需要说明的是，这本文集收录的文章，除根据出版社关于语言文字规范化的要求进行必要的技术性处理外，其他内容皆尽量保持发表时的原貌。既是尊重历史，也为验证判断。

这本文集能够得以出版，首先要感谢中国文艺评论家协会、中国文联文艺评论中心、中国文联出版社联合启动的"《啄木鸟文丛——文艺评论家作品集》出版计划"，以及上述单位的相关工作人员，尤其是中国文联文艺评论中心的蔡明女士和责编赵小慧女士为本书出版所付出的心血和汗水；感谢四川省文艺评论家协会的白浩先生和任艾女士在"啄木鸟文丛"申报过程中的耐心解答和高效工作；感谢让这些文章得以面世的《光明日报》《中国社会科学报》《中国文化报》《美术观察》《中国文艺评论》《中国文化产业评论》等报刊的编辑老师；感谢多年来关心我成长的恩师——中国艺术科技研究所学术委员会主任尹毅先生和我十分敬重的学者型官员——中共中央宣传部巡视组组长高书生先生在百忙之中慨然为之作序。

最后，我要将这本文集献给我的儿子马光耀和女儿马岚捷。在我写这篇后记时，他们都陪在我身边：元气满满、朝气蓬勃，充满生机和活力！

马　健 谨识
甲辰中秋于成都十之九斋